BERNHARD GRZIMEK

MIT GRZIMEK DURCH AUSTRALIEN

Abenteuer mit Tieren und Menschen
des fünften Kontinents

VERLEGT BEI KINDLER

Spätes Aufwachen
in Australien

*Junge Völker unterschätzen meistens den Wert
des nicht von Menschen Gemachten*

Als ich in Perth, an der Europa zugekehrten Westküste Australiens, von den Zooleuten am 4. Juli spät in der Nacht am Flughafen empfangen wurde, hatte ich 22 reine Flugstunden bei der Qantas, von England aus, hinter mir. Hier, in der Hauptstadt Westaustraliens, hatte es seit zwei Monaten geregnet, und es war erstaunlich kühl. Am nächsten Morgen wollten mich die Herren vom Zoo um zehn Uhr vom Hotel abholen. Als das Telefon des Portiers mich aus tiefem Schlaf weckte, war ich sehr beschämt. Seit Jahrzehnten hatte ich nicht mehr am Morgen verschlafen. So habe ich dann die grüne Stadt von 400 000 Einwohnern und den sauberen Tiergarten ohne Frühstück und unrasiert bewundert.

Noch acht Tage lang schlief ich immer erst um drei Uhr nachts ein. Das war mir nicht einmal so unlieb, denn so konnte ich Alan Mooreheads Geschichten von den Entdeckungsexpeditionen nach Inneraustralien lesen, über die erste Durchquerung des Kontinents, und Bücher über die Sträflingskolonie, mit der 1788 Sydney und die Besiedlung Australiens begann. Wir Europäer wissen so viel über die großen Entdeckungsreisenden Afrikas, über Baker, Livingstone, Stanley, Emin Pascha, Burton. Aber wer von uns kennt auch nur die Namen der australischen Entdecker: Charles Sturt, William Wills, Robert O'Hara, Burke, John McDouall Stuart? — Allerdings wachte ich nach dieser Lektüre auch erst um neun Uhr auf statt wie gewohnt um sechs. Ich brauchte eine ganze Woche, um meinen Körper auf die neun Stunden umzustellen, die der Tag in Australien eher beginnt als bei uns. Und darauf, daß ich vom Hochsommer plötzlich in den Winter gekommen war. In Melbourne wurde es um halb fünf Uhr schon dämmerig, einmal schneite es sogar, und in Sydney waren an manchen Tagen nur 4 Grad Wärme.

»Was halten Sie von Sydney?« fragte mich einer der Presseleute in der australischen Hauptstadt. »Sydney bedeckt eine Fläche siebenmal so groß wie London, die längste Entfernung innerhalb der Stadt beträgt fast hundert Kilometer. Ob wohl Touristen kommen werden, um sich unsere Wolkenkratzer, die riesige Hafenbrücke, das übermoderne neue Opernhaus anzusehen?«

Junge Länder sind immer besonders stolz auf ihre großen Städte, ihre Technik, ihre Fabriken. Sie überschätzen den technischen Fortschritt und halten das, was schon da war, für unwichtig, ja oft für minderwertig. Afrikanische Politiker lieben es zum Beispiel nicht, wenn die Filme in Europa immer nur Elefanten und unbekleidete junge Mädchen aus ihren Ländern zeigen; sie wünschten eher, man berichtete über ihre neuen Hospitäler und die Asphaltstraßen. In Kairo wollte mich ein Taxichauffeur gleich zur nächsten Polizeistelle fahren, weil ich alte Eselfuhrwerke und Kamele fotografierte; als ich die Bilder später zeigte, rief mich das ägyptische Konsulat in Frankfurt an und fragte, warum ich nicht lieber die vielen modernen Autos in Kairo aufgenommen hätte.

Weil die Australier so gastfreundlich, so tatkräftig und so liebenswert sind, konnte ich Reportern nur vorsichtig und auf manchen Umwegen sagen, wie die Dinge nach meiner Ansicht heute wirklich liegen. Wolkenkratzer, Autokreuzungen auf mehreren Ebenen, Riesenbrücken, gigantische Industriewerke, schöne moderne Theater, große Stadien, Weltflughäfen, Häusermeere, Millionenstädte gibt es überall. Und sie sehen überall fast gleich aus. Alle Menschen ziehen sich heute von Kapstadt bis London und von Los Angeles bis Tokio gleich an, essen das gleiche, haben die gleichen Möbel und sehen dieselben Filme im Fernsehen. Man kann in keinem Land ein Mitbringsel kaufen, das es nicht auch zu Hause im Laden gibt. Nein, ich glaube nicht, daß Amerikaner oder Engländer um die Welt reisen werden, um die Neubauten von Sydney und Melbourne zu sehen. Es mag schockierend für Australier klingen, die auf so viele neugeschaffene Dinge mit Recht stolz sind: Vergnügungsreisende, die schon die Rocky Mountains und die Schweiz, die Elefanten und Löwen in den Nationalparks Ostafrikas gesehen haben, fahren wohl bestenfalls noch nach Australien — um — Känguruhs zu sehen.

Gerade war ich mit meinem VW-Bus ein paar Tage lang auf allerlei Umwegen 1300 Kilometer von Sydney bis nach Adelaide gefahren. Dabei hatte ich vom Auto aus ganze 22 Känguruhs gesehen. Fünfzehn davon weit weg von der Straße, fast am Horizont; trotzdem liefen sie beim An-

blick des Wagens sofort davon. Die anderen sieben, alles Rote Riesenkänguruhs, hatte ich auf der Straße — totgefahren — gezählt. Als ich von
Port Darwin im tropischen Norden Australiens über 200 Kilometer weit
zu einer aufgegebenen, verödeten Riesenfarm fuhr, leuchteten mich in der
Nacht am Straßenrand immer wieder »Tieraugen« an. Sie stellten sich
stets als zerbrochene, weggeworfene Bierflaschen und leere Konserven-
büchsen heraus. Kein Meter Straßenrand, an dem nicht eine lag, Tausende, Zehntausende, Millionen . . .

»Natürlich können Sie Känguruhs sehen, Sie brauchen nur nach Sydney
oder nach Melbourne oder Adelaide oder Perth in den Zoo zu gehen!«
Aber Känguruhs in Zoos kann man in der ganzen Welt sehen, dazu
braucht man nicht nach Australien zu fahren. Weil heute 80 v. H. der
Bevölkerung Europas und Amerikas in Großstädten leben, fern von der
Natur und ihren Tieren, reisen jedes Jahr mehr und mehr Menschen in
ihren Ferien nach Ländern, wo sie noch wild lebende Tiere frei in der
Landschaft sehen können, ohne daß sie durch Jagen vor Menschen scheu
geworden sind. Millionen fahren dazu in die Nationalparks der Rocky
Mountains in den Vereinigten Staaten und in Kanada, Hunderttausende
in den letzten Jahren bereits in die großen Nationalparks von Afrika.
Jedes Jahr werden es mehr.

»Natürlich haben wir auch Nationalparks«, erzählen die Australier,
»sogar acht oder zwölf in unserem besonderen australischen Teilstaat.«
Die Gegenfrage ist dann: »Wie groß ist so ein Nationalpark?« — »So viel
tausend acres!«

Aber ich glaube, wenn man bei einem Nationalpark von Tausenden
von *acres* spricht, dann ist er gar kein richtiger Nationalpark, er ist zu
klein. Bei Nationalparks muß man von Tausenden von *square miles* sprechen. Denn nur in einem wirklich großen Gebiet kann sich die Natur
ungestört im Gleichgewicht erhalten, können alle Tierarten dieses Land-
striches am Leben bleiben. Schutzgebiete, in denen man an einer Ecke
die Tiere in großen Gehegen wie im Zoo besichtigen kann, sind keine
Nationalparks, auch wenn sie so heißen.

Nicht, daß ich irgendein Recht zum Kritisieren hätte. In meiner Heimat, Deutschland, gibt es nicht *einen* Nationalpark. Bei uns sind die schönsten Tierarten längst ausgerottet: der Bär, der Wisent, der Auerochse, der Luchs, Wolf und Biber. Andere, wie Auerhuhn, Uhu, Adler, Fischotter, schwinden immer mehr dahin. In den übrigen europäischen Ländern ist es nicht viel besser.

Aber ich arbeite seit vielen Jahren in Afrika und versuche mitzuhelfen, seine Großtiere, die nirgends in der Welt ihresgleichen haben, wenigstens an einigen letzten Punkten für unsere Enkel zu erhalten. Wohin ich sonst in der Welt komme, ob in die Sowjetunion, nach Kanada oder Australien, meinen weiße Menschen immer besorgt, die Afrikaner, welche jetzt eigene Staaten geschaffen haben, metzelten nun alle ihre Wildtiere ab. Ich bin immer sehr froh, dann aufklären zu können. In den meisten neuen Staaten Afrikas ist man sehr interessiert daran, große Nationalparks zu erhalten oder neu zu schaffen. In manchen dieser Staaten hat man schon in den ersten Jahren nach der Kolonialherrschaft mehr für die Wildtiere getan als wir Europäer vorher in Jahrzehnten.

Gerade das war ein Grund für mich, nach Australien zu fliegen. Natürlich wollte ich kennenlernen, wie die vierbeinigen und die geflügelten Australier, die ich schon seit Jahrzehnten in meinem Zoo hege und züchte, in Freiheit leben. Vor allem aber wollte ich gern wissen, was man in diesem tropischen und subtropischen Erdteil für die Erhaltung der Tiere und der Natur tut. Denn ähnlich wie Afrika ist Australien sehr empfindlich für menschliche Mißwirtschaft und Unvernunft. Sünden, die wir in Europa begehen, wirken sich wegen des mäßigen Klimas und des vielen Regens vielleicht nach Jahrhunderten aus, in tropischen Ländern aber schon nach Jahrzehnten, ja oft nach wenigen Jahren. Die Welt ist voll von menschengeschaffenen Wüsten, und Jahr für Jahr kommen Tausende Quadratkilometer dazu.

Kommen Menschen, und gerade Europäer, in einen leeren, jungfräulichen Erdteil, so haben sie oft das Gefühl, alles ist im Überfluß da, man kann mit der Natur alles tun. So fühlten die Amerikaner bis zur Mitte, bis zum Ende des vorigen Jahrhunderts. Auch sie sind erst spät aufgewacht, und für weite Landstriche, für viele Tiere zu spät. Wo vorher Millionen Bisons weideten, hat dort vielgepriesener menschlicher Pioniergeist in wenigen Jahrzehnten die berüchtigten riesigen »dust bowls«, die Staubwüsten, geschaffen.

In später besiedelten Erdteilen hält dieser unbekümmerte Pioniergeist länger an. Ich konnte in Australien mitten in überweideten Farmen Sträucher fotografieren, die auf anderthalb Meter hohen Erdsockeln standen. Der Wind hatte die trockene Erde, soweit sie nicht von den Wurzeln der Sträucher gehalten wurde, einfach davongetragen. Ich konnte bequem am Wege täglich die prächtigsten Aufnahmen von Waldbränden machen, die mir noch nirgends auf der Welt so gut gelungen waren.

Aber ich traf im Westen, Süden, Norden und im Osten dieses Erdteils Männer an, die sich darüber Gedanken machten. Noch kleine Gruppen und Verbände, die sich für die Tiere und diese graugrüne, so uralt wirkende Landschaft begeistern. Wissenschaftler, die seit Jahren und Jahrzehnten forschen, was die Tiere brauchen. Männer, die in der Öffentlichkeit dafür kämpfen und für Tiere leben. Sie werden, so bin ich gewiß, dafür sorgen, daß nach dem Jahr 2000 die australischen Tiere nicht nur noch auf Briefmarken zu sehen sein werden wie schon heute der berühmte tasmanische Beutelwolf. Ihnen allen sei dieses Buch eines Außenseiters bescheiden gewidmet.

Ich danke allen Australiern, die mich so freundlich aufnahmen und mir halfen, und meinem Kameramann Alan Root aus Ostafrika und seiner tapferen Frau Joan, die mich auf mehreren meiner Reisen dort begleiteten und noch weitere sieben Monate in Australien blieben, um Bilder und Filme für mich aufzunehmen.

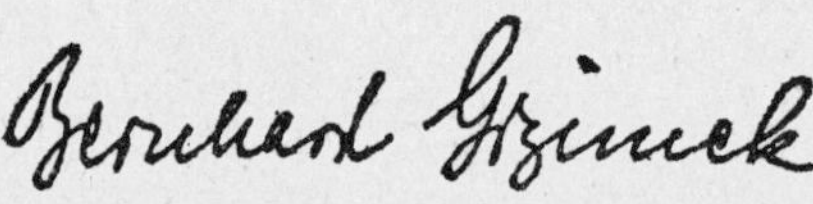

1

Sprung
auf die Känguruhinsel

Känguruhs leicht mit dem Stock totzuschlagen
Das »Trinknicht-Tier«
Ein Paradies reinrassiger Bienen aus Italien
Am Tisch saß ein Skelett
Schiffbrüchige lebten von »ekligen Pinguinen«
Große Köpfe der »Känguruhinsel-Känguruhs«
Das Geheimnis des Schafsterbens

Welche Frage — natürlich will ich nach Kangaroo Island, der Känguruhinsel, auch wenn es jetzt südlicher Winter und ziemlich kalt ist — auf
diese zweitgrößte Insel des australischen Staatenbundes (nach Tasmanien), an deren tückischer Küste seit ihrer Entdeckung im Jahr 1802
schon 163 Schiffe zerschellt sind; die eine eigene, dunkelbraune Riesen-
känguruhart beherbergt; wo man noch australischen Busch sehen kann,
so wie er war, ehe die ersten Europäer, ja die ersten Eingeborenen hinkamen. Schließlich ist es von Adelaide, der 600 000 Einwohner zählen-
den Hauptstadt des Staates Südaustralien, nur ein Katzensprung, ganze
150 Kilometer.

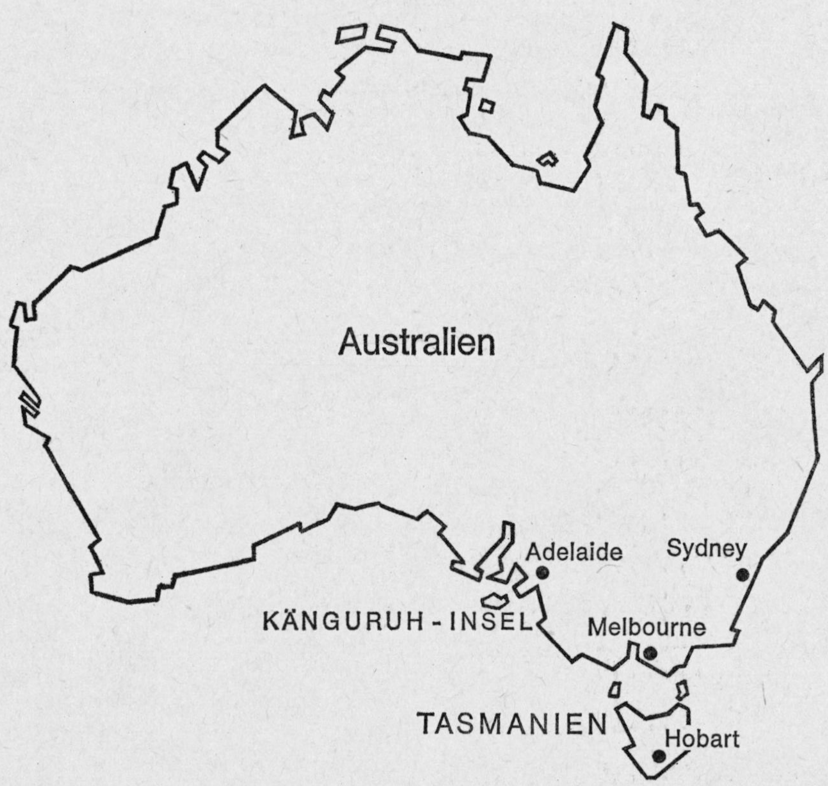

Zwar ist die vielgepriesene Fähre, die seit 1961 im Winter zweimal wöchentlich, im Sommer sogar dreimal dorthin fährt, gerade für ein paar Tage zur Überholung. Ich kann also nicht mit meinem VW-Bus in sechs Stunden für 160 Mark hinüberfahren, sondern muß mit meinen beiden Mitarbeitern fliegen. Im Grunde genommen ist mir das gerade recht, denn weil ich leicht seekrank werde, habe ich schon seit 34 Jahren einen Schwur gehalten und kein Schiff mehr betreten. Zum Unglück kommen wir auf dem Flughafen Adelaide in rasender Fahrt erst an, als die Propeller der Verkehrsmaschine schon laufen. Der Mann am Schalter wirft einen Blick auf unsere Koffer, Säcke, Kamera-Dreifüße und bleibt fest. Wir dürfen nicht mehr hinein.

Ich habe drüben auf der Insel, in dem Städtchen Kingscote, für die nächste Zeit schon telefonisch einen Wagen gemietet; ich will keinen Tag verlieren. So suche ich hastig auf dem Flughafen nach einem Kleinflugzeug, das ich chartern kann, und ich finde eines, das in zwanzig Minuten startbereit ist. Der Pilot will noch vor Sonnenuntergang zurück sein, und es ist schon später Nachmittag. Das rote Maschinchen ist gerade stark genug, um meinen Mitarbeiter Alan Root, seine Frau, mich und unser ganzes Packzeug in die Luft zu ziehen. So schweben wir ein paar Minuten später über dem offenen Meer, dem Vincent-Golf, überqueren die berüchtigte Backstairs Passage, den »Hintertreppendurchlaß«, erwischen auf der Insel sogar noch den Bus des Verkehrsflugzeugs und ziehen in die ungeheizten Zimmer des kleinen Hotels ein. Ich borge mir von der Wirtin eine Heizsonne und erwärme meines schon während des Abendessens etwas.

Am nächsten Morgen fahren wir dann in einem winzigen Auto, erst auf Asphaltstraßen, dann auf Staubstraßen, die ganze Insel entlang bis nach Flinders Chase, dem Naturschutzgebiet am anderen Ende. Die Känguruhinsel ist 144 Kilometer lang und durchschnittlich 40 Kilometer breit. An einer Stelle liegt sie nur 11,5 Kilometer von der Küste des australischen Festlandes entfernt, von ihr eben durch die gefährliche »Hintertreppendurchfahrt« getrennt. Die Insel ist 4360 Quadratkilometer groß, das ist etwa ein Fünftel des Landes Hessen. Sie hat die längste Besiedlungsgeschichte von Südaustralien; aber die Eingeborenen, die hier gehaust haben, waren schon ein paar hundert Jahre ausgestorben oder abgewandert, bevor die ersten Europäer hinkamen. Erst in den letzten Jahren hat man über sechzig uralte Lagerstätten von ihnen entdeckt. Wahrscheinlich kamen sie aus Tasmanien, nicht vom Festland. Die Bewohner Australiens selbst machten wohl gelegentlich einmal kurze Besuche hier, aber sie trauten sich nicht, sich niederzulassen, weil sie glaubten, auf Kangaroo Island hausten die Geister ihrer Vorfahren.

Als daher 1802 der englische Kapitän Matthew Flinders die Insel für uns Europäer entdeckte, stellte er am Fehlen des Rauches von Lagerfeuern bald fest, daß sie unbewohnt war. Er schloß es auch aus dem Benehmen der Tiere. Besonders die Känguruhs waren so zutraulich, »daß man sie ohne Schwierigkeit mit dem Stock totschlagen konnte«. Tieren, die zum Menschen Vertrauen haben und in ihm ein friedliches Wesen sehen, ergeht es meistens übel. Solche menschenfreundlichen Tierarten sind vielfach auf Erden ausgerottet worden. So ging es zum Beispiel mit dem flugunfähigen Kangaroo-Island-Emu, der kleiner war als die Emus des Festlandes. Er ist bald vernichtet worden; Überreste davon gibt es nur im Naturhistorischen Museum zu Paris und eine Nachbildung im Museum von Adelaide. Auch die ältesten Einwohner haben ganz vergessen, daß es jemals Emus auf der Insel gab.

Kapitän Flinders war jedenfalls so froh über das leicht zu erbeutende Känguruhfleisch, daß er die Insel Kangaroo Island taufte, und so heißt sie bis heute. Der französische Kapitän Nicholas Baudin, der bald darauf, 1802/03, die Insel umsegelte und genauer in die Seekarten einzeichnete, nannte ein Tal nach den besonders zahlreichen kleinen Emus (mit recht mangelhafter naturkundlicher Genauigkeit) »Ravine des Cassoars«, »Kasuartal«. Solche französischen Namen, die von ihm stammen, tragen heute noch viele Punkte der Insel.

Dann interessierte sich lange niemand mehr so recht für dieses große Eiland, das so dicht von Eukalyptusbusch überzogen war. Zwischen 1802 und 1836 siedelten sich an den Küsten ein paar ehemalige Schiffer mit ihren Eingeborenenfrauen an. Sie lebten von der Jagd, von Fischerei, sie verkauften die Häute von Robben und Känguruhs und Salz, nur manche trieben nebenbei auch ein wenig Ackerbau. Es waren Leute, denen selbst die neuen Siedlungen Sydney (damals noch »Port Jackson« genannt) und Hobart auf Tasmanien zu zivilisiert waren. Der berühmteste von ihnen war Henry Wallan, damals ganz allgemein »Gouverneur Wally« genannt. Auf seiner Farm, dem »Wigwam«, ein paar Kilometer vom heutigen Kingscote entfernt, herrschte er mit seinen zwei tasmanischen Eingeborenenfrauen »Puss« und »Polecat« (Iltis) wie ein richtiger Inselkönig. Als 1836 ein Mr. Stephen, ein Beamter des Staates Südaustralien, dort mit seiner Ladung landete, ging Wally an die Küste, um ihn zu fragen, wer er sei.

»Und wer sind Sie?« fragte Stephen seinerseits Wally.

»Ich bin der Gouverneur«, antwortete Wally.

»Das sind Sie nicht«, gab Stephen aufgebracht dem erstaunten Inselmann zur Antwort, »*ich* bin hier der Gouverneur!«

»Ich sage Ihnen, *ich* bin es«, rief Wally sehr bestimmt zurück und fuhr fort: »Wer hat dich zum Gouverneur gemacht? Du und ein Gouverneur! Du könntest nicht mal in König Johns Leibregiment eintreten, du stehst ja nicht einmal anderthalb Meter in deinen Strümpfen!«

Aber später ließ er sich überreden und leistete der neuen Kolonie gute Dienste. Er ging zum Beispiel mit seinen schwarzen Frauen und seinen Hunden quer über die Insel, um ein paar englische Matrosen zu retten. Sie hatten sich auf der anderen Seite von ihrem Kapitän an Land setzen lassen, weil sie von der langen Seereise genug hatten. Zwei davon kamen, ohne Wasser und Kompaß, im Gestrüpp um, aber die anderen konnte Wally retten. Übrigens versuchten die anderen halbwilden europäischen Bewohner der Insel mit ihren meist vom Festland geraubten Eingeborenenfrauen die neue Siedlung zu überfallen und niederzubrennen. Sie war überhaupt kein großer Erfolg. Die Schafe starben an einem geheimnisvollen »Küstenfieber«, Weizen und Gerste wollten nicht recht

wachsen, von den ungezählten Känguruhs, Wallabies und den Robben
an der 495 Kilometer langen Küste war bald nicht mehr viel übrig. Als
die Stadt Adelaide aufblühte, als man in Südaustralien immer mehr
Wein anbaute und schließlich sogar Gold entdeckte, verschwanden die
Siedler bald wieder dorthin. Im Jahr 1901 lebten nur noch 721 Menschen auf der Känguruhinsel.

Nur so ist es wohl überhaupt möglich gewesen, einen kleinen Teil der
Insel für die Tiere und die Natur zu retten — natürlich den abgelegensten und unfruchtbarsten, wie üblich. Dorthin sind wir jetzt unterwegs.
Er ist zugleich für die heutigen Menschen in den südaustralischen Großstädten gerettet, die einmal ein paar Tage woanders als zwischen
Wolkenkratzern, Autokolonnen und Neonreklamen leben wollen.

Die Naturschützer haben es hier schwer, sie müssen viel härter kämpfen als die einsichtigen Männer in den großen Kulturzentren der heutigen Menschheit, in Europa und Amerika. Dort hat man die Gefahren
für die Zukunft längst zu erkennen begonnen, und man weiß, daß der
kulturelle Ruf eines Landes heute nicht mehr zuerst von modernen
Bauten, Industriezentren oder Atommeilern abhängt, sondern auch davon, was es mit seiner Landschaft und seiner Natur macht. So mußten
hier die Naturfreunde fast dreißig Jahre kämpfen, von 1892 an, bis

*Seite 17 oben: »Alles, was man von dem Mut, der Kraft und Raubsucht des Steinadlers erzählt«, schrieb der Naturforscher Gould, »paßt auch auf den Keilschwanzadler«
(Uroaetus audax). Er raubt alle kleinen Arten von Känguruhs und die Jungtiere der
großen. Weil in Australien die Geier fehlen, nehmen die Keilschwanzadler ihre Rolle
bei der Aasvertilgung ein. Oft findet man sie in Scharen neben toten Großtieren.*

*Seite 17 unten: Bis zum Alter von einem Jahr reitet das Koalakind auf dem Rücken
der Mutter. Ganz selten haben sie einmal Zwillinge, aber gerade der erste Koala, der
1803 lebend in die neue europäische Siedlung in Sydney gebracht wurde, war eine
Mutter mit zwei Kindern.*

*Seite 18 und 19: An dieser Küste an der Südspitze der Känguruhinsel sind schon
ungezählte Schiffe zerschellt und untergegangen. Im Vordergrund sonnt sich ein
australischer Seebär (Gypsophoca dorifera).*

endlich im Jahr 1919 Flinders Chase unter Naturschutz gestellt wurde. Es ist 546 qkm groß, also kleiner als das Land Hamburg (750 qkm), etwas größer als der Westsektor von Berlin (480 qkm).

Bald nachdem unser Wagen durch ein einfaches Holztor in Flinders Chase hineingefahren ist, werden die Eukalyptusbüsche höher, in manchen Flußniederungen steht dichter Wald. In einem davon sind die ersten Koalas unschwer auszumachen. Sie sitzen in den gewaltigen Manna-Eukalyptusbäumen, meistens hoch oben, jeder für sich in einem Baum. Daß wir hier unten herumlaufen und die Dreifüße für die Filmkamera und für das lange Objektiv des Fotoapparates aufbauen, stört sie gar nicht. Hin und wieder sieht einer ernst und gelangweilt auf uns herab. Das Laub dieser Eukalyptusart ist hier ihre Lieblingsnahrung.

Ursprünglich gab es keine Koalas auf der Känguruhinsel. Man hat diese Tiere, deren Namen in der Eingeborenensprache »trinkt nicht« bedeutet, 1924 eingeführt. Sieben Jahre lang wurden sie in großen Drahtgehegen gehalten, weideten da bald alle Bäume ab und vermehrten sich nur wenig. Erst als man sie dann freiließ, wurden sie zahlreicher. Jetzt gibt es Hunderte davon, wenn auch viele bei dem großen Brand umgekommen sind, der 1958 weite Teile von Flinders Chase zerstört hat.

Leute, die hier während des Sommers wochenlang im Busch kampieren, werden manchmal recht vertraut mit ihnen. Es kann passieren, daß einer aufs Wagendach springt, und man kann beobachten, wie die Männer die dickpelzigen Weibchen verfolgen. Es ist offensichtlich schwierig für sie, herauszufinden, auf welchen Baum die Angebetete emporgeklettert ist. Aber wenn der Liebhaber ihre Spur gefunden hat, dann beschleunigt er sein Zeitlupentempo und verfolgt sie bis auf die

Seite 20: Australien ist die eigentliche Heimat der Warane. Fast die Hälfte aller Waranarten lebt auf diesem Erdteil. Auf der Känguruhinsel werden die Gould's-Warane zu Menschen, die wochenlang an derselben Stelle im Busch kampieren, oft sehr zutraulich und lecken zum Schluß den Kindern die nackten Füße. Sie leben von Ratten, Schlangen, Mäusen und allerlei Kleingetier.

dünnsten Äste, wobei er mit dem Körper nach unten hängt. Dann schimpfen und streiten die beiden, nur an den Armen hängend, und kümmern sich wenig um Zuschauer. Oft gelingt es der Verfolgten, an dem Verehrer vorbeizukommen, hastig hinabzusteigen, immer mit den Hinterbeinen voran, und auf einen anderen Baum zu flüchten. Das Männchen sucht unten lange, auf welchen anderen Baum sie sich gerettet hat. Oft verfällt es dabei zwischendurch wieder in einen »Erschöpfungsschlaf«.

Naturfreunde, die mit ihrer Familie im Sommer hier längere Zeit im Wohnwagen oder Zelt im Freien leben, bekommen am Abend und in der Nacht auch andere Tiere zu sehen, die tagsüber kaum zu entdecken sind. Etwa die liebenswürdigen kleinen Fuchskusus *(Trichosurus vulpecula vulpecula)*, welche die Australier »bürstenschwänziges Opossum« (Brush-tailed Opossum) nennen. Sie sehen weniger wie Füchse, sondern mehr wie kleine, kletternde Känguruhs aus. Die Kusus sind hier viel zahmer als auf dem Festland. Hausen die Besucher lange genug auf demselben Platz, dann klettern mitunter die jungen Fuchskusus schließlich vom Baum herab, lassen sich mit Leckerbissen füttern und streicheln. Manche kommen sogar in das Zelt und kümmern sich gar nicht um das Lampenlicht. 1926 hat man fünfzehn Fuchskusus einer anderen Art (ring-tailed Opossum) freigelassen, die ursprünglich hier nicht zu Hause war. Ihre Nachkommen sind noch da, aber sehr selten zu sehen. Ebenso geht es mit den mäusegroßen Zwergpossums *(Cercartetus concinnus)*. Diese Beuteltierchen sind zwar sehr zahlreich, huschen aber nur in der Nacht umher. Sie halten in Baumhöhlennestern Winterschlaf.

In der zweiten Hälfte des vorigen Jahrhunderts machten sich die Fachleute klar, daß es auf der Känguruhinsel keinerlei Bienen gibt, daß sie also ein wundervoller Platz wäre, um reinrassige Bienen zu züchten. Deswegen errichtete die Handelskammer von Südaustralien 1884 hier eine große staatliche Zucht von italienischen (ligurischen) Honigbienen und verbot jede weitere Einfuhr von anderen Bienen.

Die Sache war nicht sehr erfolgreich und geriet wieder in Vergessenheit. 1939 aber stellten zwei Regierungs-Bienenfachleute fest, daß die ganze Insel mit reinrassigen, zum großen Teil wildlebenden italienischen Honigbienen besiedelt war. Nun sind die Bienenrassen überall sonst in der ganzen Welt durcheinandergekreuzt und vermischt. Ein Regierungs-imker sammelte daher Bienenschwärme von Bäumen und Felsenlöchern und baute wiederum eine große Bienenzucht auf. Heute werden rein-rassige Königinnen in kleinen Schachteln, mit fünfzehn Arbeiterinnen zur Bedienung, an Bienenzüchter in ganz Australien und der übrigen Welt verschickt.

Im Hauptquartier des Naturschutzgebietes kommt uns der Wildwart, Herr Lanzar, mit seiner Frau aus einem neuen, modernen Haus freund-lich entgegen. Wir ziehen in das alte steinerne Farmhaus ein, das jetzt als Gästehaus dient. Es ist nicht gerade warm, wir machen schleunigst ein Feuer im Kamin, und ich hole mir möglichst viele Decken für die Nacht zusammen. Auf den 80 Hektar eingezäunten Koppeln ringsherum wei-den Herrn Lanzars Schafe. Wie ich aber frühmorgens fröstelnd in den scharfen Wind hinausgehe, sind ebenso viele große dunkelbraune Kangaroo-Island-Känguruhs darauf, und noch viel mehr Hühnergänse *(Cereopsis novaehollandiae)*, die hier auch pig geese, Schweinegänse, genannt werden, weil sie grunzähnliche Laute von sich geben. Sonst leben sie scheu und versteckt, aber hier auf der Koppel lassen sie mich bis auf vierzig Meter herankommen.

Der erste Wildwart, Harold Hansen, zog 1926 in dieses steinerne alte Farmhaus ein, sieben Jahre, nachdem die Gegend zum Naturschutz-gebiet erklärt worden war. Damals bekam er nur alle vierzehn Tage mit einem Reiter Post. Heute fahren die Autos bis zur Tür und auf mehreren Straßen durch das ganze Gebiet. Allerdings kann man kaum von den Straßen oder den Wanderwegen durch den Busch querfeldein gehen, dazu steht das Eukalyptusgestrüpp viel zu eng. Außerdem ist im Som-mer das Trinkwasser auf der ganzen Insel knapp, und man verläuft sich leicht. Die Känguruhinsel ist, nebenbei gesagt, berühmt für ihre Orchi-deen. Es gibt 51 verschiedene Arten davon.

Übrigens laufen hier um die Häuser zwei ausgewachsene Emus herum. Sie sind schon vor Jahren auf die Insel gebracht worden, haben bisher aber noch niemals Miene gezeigt, zu verwildern oder Junge auszubrüten.

In einer halben Stunde fahren wir am nächsten Morgen mit dem Gehilfen des Wildwartes und in seinem Auto bergauf, bergab, bis Kap Borda, dem äußersten nordwestlichen Punkt der Insel. Von hier brauchen wir nur zehn Minuten zu Fuß über die Klippen hinab bis zu dem Leuchtturm zu gehen. Er steht immer noch 120 Meter über den Wogen, die ganz unten brausen. Sein Licht scheint hier schon über hundert Jahre, seit dem Juli 1858, aber 1932 wurde es von Petroleum auf Elektrizität umgestellt, und neuerdings gibt es sogar einen Funksender. So sitzen wir vor der Tür des verlassenen Leuchtturmwärterhauses. Während wir einen Regenschauer abwarten, erzählt uns der junge Wildwart alte, düstere Geschichten.

Schon seit 1876 gab es eine Kabelverbindung von hier nach Adelaide. Die Schiffe, die nach dort in den Hafen fuhren, mußten erst hier vorbei, und so meldeten die Zeitungen von Adelaide jeden Tag den Namen der Schiffe, die von Kap Borda aus gesichtet worden waren. Von hier aus kamen auch die ersten Nachrichten von vielen Unglücksfällen. Denn die ganze Küste ist voll von Riffs, trügerischen Klippen und unberechenbaren Strömungen. Als die finnische Barke »Fides« in den Klippen südlich von Borda strandete, ertranken zwölf Männer. Der Leuchtturmwärter segelte mit den Überlebenden in einem offenen Boot bis nach Adelaide. Ein paar Jahre später lief die Brigg »Emely Smith« um halb fünf Uhr morgens, in einer dunklen Nacht, auf ein Riff. Nur eine Frau und vier asiatische Seeleute ertranken nicht, sondern wurden an die Küste geworfen. Vier Tage später schleppten sich drei von ihnen in das Haus auf Kap Borda. Die Wärter suchten nach den beiden anderen Überlebenden, fanden aber nur die scheußlich zugerichteten Leichen der Getöteten in den Klippen. Erst zwei Monate später entdeckte ein Känguruhjäger, der seine Hütte aufsuchte, die Überreste eines Mannes, welcher an seinem

Tisch saß. Das Skelett der Frau fand sich nach weiteren zwei Jahren, nach einem Buschfeuer, in der Nähe eines verlassenen Hauses.

Geschichten über Geschichten, und fast alle voll Tod und Düsternis. Die »Loch Sloy« lief ein paar Buchten weiter am 24. April 1899 auf eine Klippe. Das eiserne Schiff, das 33 000 Gallonen Whisky aus Glasgow beförderte, schlug um und lag mit den Masten nach der See und dem Kiel auf die Küste zu. Die ungeheuren Wellen schlugen das Schiff in zehn Minuten in Stücke und schwemmten die toten Passagiere und Matrosen weg. Nur vier von ihnen, darunter ein Passagier, wurden von einer einzigen Riesenwoge auf eine Klippe gesetzt. Die übrigen einunddreißig Menschen ertranken. Einer der Geretteten erreichte nach acht Tagen zu Fuß Kap Borda. Als die Wärter nach den anderen Überlebenden suchten, fanden sie noch zwei, die sich mühsam durch den Busch kämpften; der dritte, der Passagier, war schon tot. Die Gestrandeten hatten sich inzwischen von Pinguinen ernährt. An der Küste der Känguruhinsel leben nämlich Zwergpinguine *(Eudyptula minor)*, die nur vierzig Zentimeter lang werden und am Rücken graublau, unten weiß sind. Sie klettern die Küste bis fünfzig Meter hoch empor und bauen ihre Nester unter Grasbüschel oder in Felslöcher. (Die über 100 000 Köpfe starke Brutkolonie dieser kleinsten Pinguinart auf der Phillipinsel wird jetzt jährlich von über 100 000 Touristen besucht.)

Einer der Geretteten war ein Schiffsjunge namens Simpson, der nicht einmal schwimmen konnte. Er blieb trotzdem Seemann, heuerte sechs Jahre später, im Jahr 1905, sogar auf dem Schwesterschiff, der »Loch Vennachar«, an — und ertrank in der Nähe von Kap Borda mit der ganzen übrigen Mannschaft. Ein paar Wochen später wurden nur eine Leiche, ein Rettungsboot, fünfzig Tonnen voll Whisky und allerlei Wrackteile des Schiffes in der West Bay an Land gespült.

Weil die Seeleute das Leuchtfeuer auf Kap Borda wegen der davor liegenden Klippen von Süden her oft nicht sehen konnten, hat man 1908 wegen der vielen Schiffbrüche auf einem hohen südwestlichen Vorsprung, dem Kap du Couedic, noch einen zweiten Leuchtturm gebaut.

Auch die guterhaltenen Steinhäuser daneben sind heute unbewohnt. Vorräte und manchmal auch Menschen wurden auf einer Gleitbahn unten von der Bucht auf den Felsen steil heraufgezogen. Überreste sind noch da. Es schwindelt mir, als ich an ihr hinunter auf die kochenden Wellen tief unten blicke. Eine Leuchtturmwärterfrau, die wegen eines schlimmen Beines nicht laufen konnte, blieb auf dem Gleitschlitten zwei Stunden lang mitten zwischen Himmel und See hängen, weil der Mechanismus versagte. Als sie endlich heraufkam, soll sie ihren Mann verprügelt haben.

Von »ekligen Pinguinen« — wie die Zeitungen damals schrieben — lebten auch die Passagiere der »Mars«, die 1885 hier in den Klippen hängenblieb. Der Kapitän wollte die Küste in einem Boot erreichen, wurde aber mit ihm auf den Felsen zerschmettert. Schließlich schwamm ein spanischer Schiffer an das Land, und als der Morgen graute, konnte er ein Seil fassen, das ihm vom Schiff zugeworfen worden war. Daran zogen sich noch drei weitere Schiffer von dem Wrack an die Küste. Später fanden sie die Überbleibsel des Kapitäns, begruben sie unter der Gallionsfigur und erreichten endlich alle nach acht Tagen die Häuser auf Kap Borda.

Manche der Schiffbrüchigen konnten sich auch von Robben ernähren, wenn sie noch Gewehre gerettet oder schwere Gegenstände und Kräfte genug hatten, um Seebären umzubringen.

Ich kann von den Klippen aus unten an dem Sandstrand, der sich nur in wenigen der Buchten findet, keine Robben sichten. Als ich hinunterklettere, um ganz sicherzugehen, entdecke ich aber doch welche landeinwärts hinter der Dünenwelle. Sie schlafen, gut windgeschützt durch das hüfthohe grüne Gestrüpp. Es sind Australische Seebären *(Gypsophoca dorifera)*. Diese Seebärenart wurde hier auf Kangaroo Island 1802 von dem französischen Naturkundigen Peron entdeckt und beschrieben. Früher lebten sie in Kolonien von Tausenden an der Küste und an der von Südaustralien. Manche alten Bullen hatten bis zu fünfzig Weiber in ihrem Harem.

Die Tiere hier sind nicht besonders scheu. Wenn ich mich langsam bewege, kann ich bis auf zwei Meter an sie herangehen, erst dann bewegen sie sich langsam auf das Meer zu. Fasse ich einem Bullen an die Hinterflossen, so richtet er sich wohl auf, wendet mir Gesicht und Zähne zu und schimpft ein bißchen, greift aber nicht an. Die größeren Weißköpfigen Seelöwen *(Neophoca cinerea)*, deren Bullen drei bis vier Meter lang werden und gelbweiße Hinterköpfe haben, treffe ich nicht an.

Nicht alle Schiffsunglücke hier an diesen Küsten enden traurig. Die »Duncow« geriet am 25. Mai 1897 um Mitternacht dicht an die hohen Felsklippen des Kap Couedic. Die Matrosen hörten das Brüllen der Brecher, und als sie für einen Augenblick durch Gischt und Düsternis die beiden Kasuarfelsinseln dicht davor sahen, warfen sie zwei Anker aus. Am Morgen fanden sie ihr Schiff etwa hundert Meter vor den Felswänden der Küste, und in der Richtung, wohin der Wind es trieb, einige wilde Klippen im Wasser. Den ganzen Tag drückte es der Sturm in diese Richtung, während die Mannschaft die schwere Ladung Bauholz von Deck warf.

Am Abend riß einer der Anker ab, und während der Nacht trieb die »Duncow« langsam auf die Klippen zu. Am Morgen war sie nur noch fünfzehn Meter von den Brechern entfernt. Ein Boot wurde ins Wasser gelassen und sofort von den Wogen gegen die Breitseite des Schiffes zu Kleinholz zerdrückt. Schließlich brachte es die sechsundzwanzigköpfige Mannschaft fertig, mit dem letzten Rettungsboot vom Schiff abzukommen. Sie ruderten das überladene, ächzende, schlingernde Boot über neunzig Kilometer weit durch den Sturm bis zu der ersten Siedlung. Hier landeten sie und erhielten zu essen. Dann marschierten sie weitere neunzig Kilometer bis Kingscote und segelten später mit einem kleineren Schiff an der Nord- und Westküste der Insel entlang zurück, um etwaige Wrackteile zu bergen. Was aber sahen sie, als Kap du Couedic in Sicht kam! Die »Duncow« noch immer am Anker, nach acht Tagen! Eine Ostwestströmung dicht an der Küste hatte das Hinterteil des Schiffes die ganze Zeit etwas von den »düsteren und wilden« Klippen abgehalten. So segelte die »Duncow« heil davon, und jedermann war glücklich und zufrieden. (Das letzte Überseefrachtschiff ist übrigens in diesem Frühjahr hier vor der Küste auf Klippen aufgelaufen, trotz moderner Leuchttürme und Radiopeilung.)

Wenn man auf der Suche nach Pinguinen und Robben in den Klippen an der Küste umherklettert, muß man vorsichtig sein. Man glaubt, ganz auf dem Trockenen zu stehen, und doch ist diese Küste berüchtigt dafür, daß plötzlich einzelne hohe Wogen kommen, die bis zu sieben Meter emporsteigen und alles wegschwemmen. Dazu gibt es hier auch noch Haie im Wasser.

In den nächsten Tagen treffe ich hin und wieder Schnabeligel *(Tachyglossus)* an, die hier gar nicht selten sind. Sie graben sich, wenn man sie erschreckt, schnell mit dem Kopf und dem empfindlichen Schnabel in die Erde ein. Rücken und Hinterteil bleiben aber draußen, sie sind ja durch die Stacheln gut bewehrt. Schnabeligel hat es auf Kangaroo Island schon immer gegeben. Talegallahühner und Wallnister sind dagegen vom Festland her in das Schutzgebiet eingeführt worden.

Die »Goannas«, wie man die Gould's Warane hier nennt, werden an Lagerplätzen zu freundlichen Leuten so zutraulich, daß sie die weggeworfenen Knochenstücke und Fischgräten verschlingen, die Abfälle durchsuchen und sogar die nackten Füße der Kinder belecken. Diese bis neunzig Zentimeter großen Echsen, die ihren Schwanz nicht abwerfen und nachwachsen lassen können, sollen Schlangen fernhalten. Da hier die giftige Kupferkopfschlange lebt, die allerdings niemals von

allein angreifen soll, sind die großen Goannas um so beliebter. Ich gewöhne mich daran, die seltensten großen Kakadus und Sittiche durch die Bäume fliegen zu sehen wie bei uns Krähen oder Ringeltauben, Kakadus, die bei uns in Europa mit Hunderten von Mark gehandelt werden.

Von der kleineren Känguruhart, die hier »Dama Pademelon« oder »Dickichtwallaby« *(Wallabia eugenii)* genannt wird, sieht man am ehesten noch welche totgefahren auf der Straße; nicht aber so leicht lebende, wenn man im Auto fährt oder umhergeht, obwohl es viele von ihnen auf der Känguruhinsel gibt, zumindestens in Flinders Chase. Sie haben Gänge im dichten Gestrüpp, worin sie sich während des Tages verbergen. Diese hasengroßen Tiere huschen fast geräuschlos durch ihre Irrgänge. Untereinander warnen sie sich mit Fußklopfen gegen die Erde, was überhaupt viele gesellig lebende Känguruharten tun. Diese kleinen Känguruhs sind in leicht abweichenden Färbungen in Südaustralien bis nach dem Südwesten hin verbreitet und also auch ziemlich unempfindlich gegen kalte Witterung. Es ist die erste Känguruhart, die wissenschaftlich beschrieben worden ist, und wahrscheinlich auch das erste bekannt gewordene australische Beuteltier. In den europäischen Zoos werden sie häufig als »Derbykänguruhs« gehalten. Auf dem Festland sind sie beinahe verschwunden, weswegen es gut ist, daß ihnen hier eine letzte Heimat gesichert worden ist. Naturfreunde, die in Flinders wochenlang kampieren, haben es auch bei ihnen fertiggebracht, sie so vertraut zu machen, daß die hellbraun bis grauen Tiere sich streicheln lassen.

Mitten auf einer Lichtung sitzen große, dunkelbraune Känguruhs. Ich ziehe ganz leise die Kamera hervor, denn im nächsten Augenblick werden sie auf und davon sein.

Sie rühren sich nicht, als ich knipse. So gehe ich langsam ein paar Schritte näher: jetzt sind sie auf der Mattscheibe schon viel größer. Noch immer laufen sie nicht weg! Das ist wie ein Wunder. Ich darf mitten in eine kleine Gruppe von ihnen gehen, sie hoppeln nur ein paar Schritte beiseite, ja, das mutigste beriecht meine Hand, die ich ihm entgegenstrecke.

Diese Kangaroo-Island-Känguruhs *(Macropus major fuliginosus)* gehören zu den Riesenkänguruhs; sie werden 1,20 bis 1,40 Meter groß und haben größere Köpfe als alle übrigen Känguruharten. Obwohl sie in den letzten anderthalb Jahrhunderten wahrlich genug böse Erfahrungen mit uns Menschen gemacht haben, sind sie immer noch die ruhigsten und zutraulichsten von allen Känguruharten. Ich kann mich nicht entsinnen, jemals eines in einem europäischen oder amerikanischen Zoo gesehen zu haben. Diese »Känguruhinsel-Känguruhs« leben von dem Gras, das zwischen den Eukalyptusbüschen und auf offenen Plätzen wächst. Im heißen Sommer können sie recht mager und schwach werden. Wenn sie trinken, gehen sie ein Stück ins Wasser, sie schwimmen auch ohne weiteres durch tieferes Wasser. Oft werden sie durch ihre Neugier geradezu zudringlich, und man kann davon aufwachen, daß auf einmal zwei oder drei im Zelt sind und alles untersuchen. Der frühere Wildwart Hansen hat eines Tages beobachtet, wie ein alter Känguruhbock von einem Hund gejagt wurde. Der Bock packte den Hund mit den Vorderfüßen und sprang mit ihm in ein tiefes Wasserloch, wohl um ihn zu ertränken. Aber das Wasser war tiefer, als er wohl erwartet hatte, und beide gingen unter. Das Känguruh konnte mit seiner freien Hand einen niedrigen Ast fassen und bearbeitete auf diese Weise den kleinen

Hund im Wasser weiter. Schließlich brach der Zweig ab und beide Kämpen verschwanden wieder im Wasser, um dann schließlich an verschiedenen Seiten herauszusteigen.

Der Rocky River, der durch Flinders Chase fließt, bildet an einer Stelle in der Nähe der Straße ein großes, sehr tiefes Wasserloch, das selbst im heißesten Sommer immer kühl ist. Hier hat man vor einigen Jahren Schnabeltiere freigelassen, die es bis dahin auf der Insel nicht gab. Mehrere Jahre lang hat man sie hin und wieder noch gesehen, dann sind sie aber allmählich immer weiter stromaufwärts gewandert, viele Kilometer weit in dem unerforschten, wildverwachsenen Fluß. Das letzte wurde 1958 gesichtet. Aber man nimmt an, daß sie noch immer da sind.

Über das niedrige Gestrüpp in der Nähe von Kap Borda flüchtet ein rehgroßes, ziemlich langhaariges, gehörntes Tier. Ich weiß erst nicht recht, was ich davon halten soll, aber der Wildwart klärt mich auf. Es ist eine der vielen verwilderten Ziegen, die hier seit vielen Jahrzehnten in allen Fellscheckungen hausen. Sie sind so scheu wie echte Wildtiere; noch scheuer sind die Nachkommen von Hausschweinen aus Farmen. Man bekommt sie in diesem Gebüsch niemals zu sehen. Anders als sie gehen die Ziegen nicht weit von der Küste weg ins Innere. Zum Glück hat man, im Gegensatz zum Festland, niemals Füchse auf die Känguruhinsel gebracht. Die Einheimischen erzählen stolz, daß die Inselbewohner auch schlau genug gewesen wären, die Kaninchen fernzuhalten, die ja bekanntlich das ganze australische Festland verwüstet haben. Aber sie täuschen sich: vor vielen Jahren hat man auch hier Kaninchen ausgesetzt. Gottlob konnten sie sich nicht halten.

Ob das wohl dieselbe Ursache hatte wie bei den Schafen, die ein Jahrhundert lang auf der Insel nicht recht gedeihen wollten? Erst in den dreißiger Jahren dieses Jahrhunderts haben die Wissenschaftler entdeckt, daß das berüchtigte »Küstenfieber« nichts anderes ist als ein Mangel an Kupfer und Kobalt im Boden der Insel. Deswegen wachsen auch viele Nutzpflanzen hier nicht recht. Seitdem man diese Mineralien in den Boden bringt und mit Superphosphat düngt, gedeihen Weizen und Gerste ebensogut wie die Wollschafe. So hat man nach dem letzten Krieg 177 Farmen für ausgediente Soldaten angelegt; bis jetzt sind 38 v. H. der Insel gerodet. Die Zahl ihrer Bewohner ist rasch auf gegen 4000 gestiegen.

Nicht nur Schafe und Gerste haben das zuwege gebracht. Die Fähren und Flugzeuge bringen jedes Jahr mehr Ferienbesucher aus der Großstadt Adelaide. Denn die Insel hat mehr Regen als die meisten Teile des südaustralischen Festlandes, und sie ist im Sommer immer einige Grade kühler, und damit auch frischer und grüner. Vor allem aber kann man sich hier mit Känguruhs aus nächster Nähe unterhalten. Deswegen kamen im letzten Jahr schon 8000 Menschen herüber, und jedes Jahr machen ihn mehr: den Sprung nach der Känguruhinsel.

2

Großfußhühner »erfanden«
den Brutapparat
lange vor uns Menschen

Elf Monate lang Schwerarbeit
Wir brüteten erstmals
ein Talegallahuhn im Brutschrank aus
Die Zunge als Thermometer?
Bruteier stehen auf der Spitze

Für uns Angehörige des Säugetiergeschlechtes, soweit wir weiblich sind, ist es doch eine recht mühselige und langwierige Sache, Mutter zu werden. Vogelweibchen müssen sogar fest auf ihren Eiern sitzen. Aber meistens dauert das nur zwei bis vier Wochen, und in der Regel beteiligen sich die Männer an der Brüterei. Manche Vogelweiber, wie die südamerikanischen Nandustrauße und die australischen großen Emus, lassen sogar die Männer ganz allein auf den Eiern hocken und nachher Kindermädchen spielen.

Genauso machen es auch die australischen Großfußhühner oder Talegallas. Ihre Hähne haben aber, vermutlich schon vor Jahrhunderttausenden, ein Verfahren entwickelt, um sich die eigene Brüterei zu ersparen. Bei uns Menschen haben erst die alten Ägypter Brutöfen gebaut, um Hühnereier künstlich zu erbrüten, und wir selber tun das heute in Brutmaschinen mit elektrischer Wärme. Wie die Talegallas es machen, kann man seit Jahren im Frankfurter Zoologischen Garten im Frühjahr und Sommer aus nächster Nähe beobachten.

Manche Arten von diesen Großfußhühnern legen ihre Eier in die Nähe von heißen vulkanischen Quellen oder noch warmer Lava. Andere gehen an den Meeresstrand und nutzen die Sonnenwärme aus, die auf dem Sand glüht. Das klingt sehr einfach, ist es aber nicht, denn Eier brauchen gleichmäßige Wärme, während der Sand ja am Tag sehr heiß und in der Nacht recht kalt wird. Deswegen müssen die Tiere den Haufen über ihren Eiern an warmen Tagen sehr hoch mit Sand aufschichten. Wird es gar zu heiß, dann breiten sie ihn in den frühen Morgenstunden zum Auskühlen aus und packen kühleren Sand rings um die Eier, oder umgekehrt warmen, wenn es zeitweise nachts zu kühl wird. Der Zoologe Harry Frith, der sich viele Jahre mit den Großfußhühnern beschäftigt hat, konnte allerdings diese Temperaturregelung im reinen Sand nicht beobachten. Die Talegallahühner in Frankfurt aber benutzen die Wärme, die sich beim Verrotten von Laub und Pflanzen entwickelt.

Die ganze Sache klingt fast märchenhaft, und tatsächlich hat man sie auch zunächst lange Zeit nicht geglaubt. Antonio Pigafetta, einer der

Teilnehmer an Magellans unglücklicher Weltumsegelung von 1519 bis 1522 brachte die Mär aus Australien mit: es sollte dort Hühner geben, die Eier legen, welche größer sind als sie selber und welche sie in Laubhaufen ausbrüten lassen. Das mit der Eigröße stimmte nicht ganz, und was das zweite anbelangt, so glaubte man noch eher an Meermädchen und Riesenseeschlangen als an solche Hühnerkünste. Als dann Jahrhunderte später die ersten Siedler kamen, hielten sie diese großen Haufen im Gebüsch für Spielburgen, welche die Mütter der Eingeborenen ihren Kindern gebaut hatten. In Nordaustralien dachte man, es wären Gräber.

Bis dann, aber immerhin erst 1840, der Naturforscher John Gilbert auf den naheliegenden Gedanken kam, sie einmal aufzugraben. Es waren Eier darin, so wie die Eingeborenen immer behauptet hatten. Diese Eier sind ziemlich groß, 185 Gramm schwer. Da so ein Großfußhuhn etwa die Größe eines Haushuhnes hat und unsere Hühnereier 50 bis 60 Gramm wiegen, macht also ein Talegallaei zwölf Prozent vom Körpergewicht seiner Erzeugerin aus, bei der Haushenne nur vier Prozent. Die Eier schmecken gut. In Australien haben die einzelnen Haufen oft menschliche »Besitzer«, die den armen Großfußhühnern regelmäßig Eier wegnehmen.

Ein Hahn baut sich einen Laubhaufen von ein bis zwei Meter Höhe und mehreren Metern Durchmesser, indem er mit seinen großen Füßen Blätter und Pflanzenteile von allen Seiten zusammenscharrt. (Man hat bei Großfußhuhnarten der Gattung *Megapodius* schon Haufen von 12 Meter Durchmesser und 5 Meter Höhe gefunden, also überhaupt die größten »Bauwerke«, die von Vögeln errichtet werden.) Solange der Talegallahahn an dem Haufen arbeitet, hat er einen leuchtend roten Kopf und unten am Hals knallgelbe, herabschlenkernde Hautanhänge. Die Hennen jagt er für gewöhnlich weg; sie dürfen nur zeitweilig auf den Haufen hinaufgehen, Löcher graben und ihre Eier hineinlegen. Diese stehen senkrecht, ganz im Gegensatz zu der Lage aller übrigen Vogeleier. Jedes Weibchen legt zehn bis dreizehn Eier, die neun bis zwölf Wochen Brutzeit brauchen. Die Frankfurter Talegallahuhnart, die wissenschaftlich *Alectura lathami* heißt, lebt in Ostaustralien. Der münsterische Zoologe Prof. Rensch fand dort, daß sie recht zahm werden. Sie erschienen jeden Morgen an seiner Hütte, ließen sich füttern und duldeten, daß er bis auf einen Meter an sie heranging. Im Gebüsch allerdings wurden sie sofort scheu und liefen schon in fünfzig Meter Abstand weg. Es gibt zehn Arten von solchen Großfußhühnern, die von Australien bis zu den Philippinen und bis nach Samoa zu Hause sind.

Jedes Kind weiß, daß ein Misthaufen durch das Verrotten warm wird. Im Winter steigt oft eine Dampfsäule davon empor. Allerdings — unsere heutigen Kinder leben fast alle in der Großstadt und sehen keine Misthaufen mehr. Würde man da Eier hineinstecken, so verfaulten sie sicher und es kämen keine Küken heraus. H. J. Frith hat das in Australien mit Laubhaufen ausprobiert. Die Temperatur steigt in ihnen durch die Fäulnis bald bis auf 45 Grad an, was für die Brut zu hoch ist. Nach kurzer Zeit aber sind sie »ausgebrannt« — die Wärmeentwicklung ist vorbei. Der Hahn hat daher ständig zu arbeiten, damit um die Eier herum die richtige Wärme von 33,3 Grad Celsius bleibt. Dazu macht er meistens oben in der Mitte des Haufens eine Mulde, worin sich der Regen ansammelt. Mal scharrt er die obersten Schichten von dem Haufen weg, mal türmt er sie wieder auf. Die ganze Geschichte ist recht verwickelt. Gilbert baute in den Laubhaufen eines Talegallahahnes einen elektrischen Heizofen ein und schaltete ihn nach Belieben ein oder aus. Der Hahn hatte jetzt noch mehr zu tun als vorher, aber trotzdem

Seite 39 oben: Der Zwergpinguin (Eudyptula minor) brütet seine Jungen in Höhlen an der Küste der Känguruhinsel aus. Er ist nur vierzig Zentimeter lang, an der Oberseite graublau, am Bauch weiß.

Seite 39 unten: Die dunkelbraunen Riesenkänguruhs von der Känguruhinsel (Macropus fuliginosus) sind bisher wohl noch niemals in europäischen Zoologischen Gärten gezeigt worden. Von allen Känguruharten werden sie am leichtesten zutraulich. Beinahe wäre ihre fehlende Scheu vor Menschen ihr Untergang geworden. Im Vordergrund zwei australische Elstern (Gymnorhina tibicen).

schaffte er es, die Wärme um die Eier herum genau in gleichen Höhe zu halten.

Wie macht er das ohne Thermometer? Hin und wieder scharrt er Löcher von oben her in seinen Brutofen und steckt den Kopf tief hinein. Vielleicht haben die meisten Großfußhühner deshalb einen nackten Kopf und Hals, damit sie mit der bloßen Haut besser die Wärme empfinden. Gilbert hat allerdings bei einer Art von ihnen, den Wallnistern, beobachtet, daß der Hahn dann Sand aus der Tiefe des Haufens in den Schnabel nimmt. Wahrscheinlich hat er seine Temperaturgefühle auf der Zunge oder oben am Gaumen.

Die Küken schlüpfen bis zu neunzig Zentimeter unter der Erde aus. Es kann fünfzehn bis zwanzig Stunden dauern, bis sie sich emporgearbeitet haben. Gilbert hat sie dabei durch eine Glasscheibe beobachtet, mit der er den Haufen quergeteilt hatte. Wenn so ein kleiner Kerl dann zunächst nur mit dem Kopf oben heraussieht, blickt er in eine ziemlich feindliche Welt. Vater und Mutter kümmern sich nämlich nicht um ihn; er flüchtet vor ihnen genauso wie vor allen anderen Lebewesen, die ihm begegnen. Deswegen kann er auch schon flattern und fliegt am zweiten oder dritten Lebenstag bis auf niedrige Baumäste, wo er übernachtet.

Zunächst hatte man im Frankfurter Zoo gar nicht damit gerechnet, daß bei dem regnerischen Wetter wirklich kleine Talegallahühner aus-

Seite 40 oben: Die Hühnergänse (Cereopsis novae-hollandiae) leben auf den Inseln der Bass-Meeresstraße zwischen der Südküste Australiens und Tasmanien. Mitunter fliegen sie während der regnerischen Monate auch auf das Festland nach Victoria und Neusüdwales. Von diesen Gänsen gibt es nur noch etwa zweitausend. Sie legen und brüten in den südlichen Wintermonaten, d. h. zwischen Juni und September, »verheiraten« sich aber schon im Februar. Seit 1957 werden sie jedes Jahr im März von einem tieffliegenden Kleinflugzeug aus auf den Inseln gezählt. Ihre Zahl nahm bis 1960 ab (1616, 1205, 1259, 953 Stück). Seitdem ist sie bis 1964 angestiegen (1434, 1919, 1877, 2642 Stück).

Seite 40 unten: Die kleinen Zwergpossums (Cercaërtus nanus) sind winzige, mäusegroße Beuteltiere, die Blüten besuchen, um von Nektar und Insekten zu leben.

schlüpfen würden. Schon vor neunzig Jahren, 1872, war einmal eins im Berliner Zoo gezüchtet worden, und dann wieder eins 1932. Es glückt also nicht so sehr häufig. Aber eines Morgens fand ein Tierpfleger ein kleines graues Geschöpf ziemlich weit weg vom Gehege der Talegallahühner unter einer Holztreppe sitzen. Er hielt es erst für eine Ratte. Das Tierchen war weit durch die Drahtzäune gewandert. Insgesamt haben wir in den folgenden sechs Jahren dann dreißig Talegallahühner gezogen und haben zur Zeit Mühe, sie bei dieser »Massenerzeugung« noch an andere Zoos loszuwerden. Diese erbrüteten Großfußhühner sind im nächsten Jahr schon wieder ausgewachsen und bemühen sich ihrerseits, Haufen zu bauen. Im Zoo ist das gar nicht so einfach, denn sie brauchen riesige Mengen Laub dafür. Eine ganze Wagenladung voll, die man so einem Hahn frühmorgens durch die Tür kippt, hat er schon am späten Vormittag ein paar Meter weit durch das ganze Gehege gescharrt und auf einen Bruthaufen gebracht. Vor der Tür sieht dann alles erstaunlich sauber gerecht aus.

Herr S. Baltin und das Ehepaar Dr. Faust haben versucht, bei uns Talegallaeier im Brutschrank auszubrüten. Zunächst schlug das alles fehl. Keines der Eier zeigte auch nur den Ansatz einer Keimentwicklung. Offensichtlich war die Wärme im Brutschrank, die der für Haushuhneier entsprach, zu hoch. So maßen die drei in einem natürlichen Laubhaufen die Temperatur und stellten den Brutapparat im nächsten Jahr nicht auf 36—37,8 Grad Celsius und 65 Prozent Luftfeuchtigkeit ein, sondern sie wählten nun 33,6—34,4 Grad Celsius und legten die Eier in ein Vollglasaquarium mitten in Laubmull, der regelmäßig angefeuchtet wurde. Jetzt hatten sie 78 Prozent Feuchtigkeit. Ein Ei, das zuvor schon 33 Tage lang in einem natürlichen Laubhaufen gelegen hatte, schlüpfte nach 15 Tagen im Brutschrank ohne weiteres aus. Das zweite kam frisch gelegt in den Brutschrank, starb aber nach 21 Tagen ab. Das dritte sollte das erste sein, das jemals künstlich erbrütet wurde. Es brauchte insgesamt 47 Tage.

Die Eier der Großfußhühner haben im Gegensatz zu allen anderen

Vogeleiern eine bewegliche Luftblase. Sie stehen während der Brut stets annähernd senkrecht auf dem spitzen Ende im Bruthaufen, wo sie von den Eltern nicht wie andere Vogeleier umgedreht werden können. Genau so wurde es mit den künstlich erbrüteten Eiern gemacht. Die Luft im natürlichen Bruthaufen enthält 7—13 Prozent Sauerstoff und 8—13 Prozent Kohlensäure. Im laubgefüllten Glashafen innerhalb des Brutschrankes waren es kurz nach dem Schlüpfen 19,4 Prozent Sauerstoff und 1,5 Prozent Kohlensäure.

Die künstlich erbrüteten Küken konnten sich unmittelbar nach dem Schlüpfen noch nicht aufrecht halten, sondern waren erst nach ungefähr 24 Stunden imstande, richtig zu laufen. Erst dann sahen sie auch etwa so aus wie die Küken, die gerade aus der Oberfläche des Bruthügels hervorbrechen.

Noch schwieriger ist diese Kunstbrut jedoch bei der australischen Großfußhuhnart *Leipoa ocellata,* die im trockenen Inneraustralien wohnt, wo sie nur wenig Laub zum Bau ihrer Haufen zusammenkratzen kann. Außerdem schwankt dort die Luftwärme sehr stark, an manchen Tagen um mehr als 40 Grad Celsius. Dort sind die alten Vögel elf Monate des Jahres beinahe von morgens bis abends damit tätig, die richtige Wärme in ihrem Bruthaufen zu schaffen. Bis er überhaupt fertig ist, damit die Eier hineingelegt werden können, vergehen ganze vier Monate. Während es im Winter noch kalt ist und regnet, kratzen sie aus dem Umkreis von bis zu zwanzig Metern die feuchten Zweige und Blätter zusammen und schaffen sie tief in die Erde hinein, damit sie feucht bleiben und dann später in der Trockenzeit noch gären können. Diese Gärung liefert fast allein die Wärme für das Brüten im Frühjahr. Oft müssen die Vögel die Bruthaufen früh morgens aufmachen, um sie abkühlen zu lassen. Nach dem Sommer zu wird die Sonne kräftiger; jetzt müssen die Haufen über Mittag wieder zugeworfen werden, damit nicht von außen zu viel Wärme dazukommt. Im Herbst aber ist das Laub zersetzt, die Sonne wird »schwach« — nun heißt es die Erde mittags wegräumen, damit die Sonnenwärme noch eindringt. Abends werden sie geschlossen, um die Wärme festzuhalten. Frith maß in diesen Haufen auch 32—36 Grad Celsius.

Wenn man das erste Mal von dieser »Erfindung« der Großfußhühner hört, fragt man sich, warum sich eigentlich nicht alle Vögel solcher Brutapparate bedienen. Sieht man dann aber einem solchen Schwerarbeiter zu, wie er monatelang fast von frühmorgens bis zum späten Abend Laub und Erde hinauf- und wieder herunterharkt, Löcher gräbt und noch dazu wütend jedes Lebewesen vertreiben muß, das ungefähr nach Huhn aussieht, dann wird einem erst klar, daß die ganze Sache eigentlich kein rechter »Fortschritt« ist. Ich glaube, die altväterliche Art ist bequemer: man hocke sich lieber selber auf die Eier und bleibe schön brav und ruhig ein paar Wochen darauf sitzen.

Seite 45 oben: Der Talegallahahn (Alectura lathami) scharrt das Laub zu einem großen Haufen zusammen, in dem es verrottet und Fäulniswärme erzeugt. Diese brütet die senkrecht stehenden Eier des Vogels aus. Die Jungen müssen sich selbst herausarbeiten, können bald fliegen und schlagen sich allein durch das Leben.

Seite 45 unten: Der Tüpfelbeutelmarder (Dasyurops maculatus) ist in Ostaustralien zu Hause, selbst in der Umgebung von Sydney, und macht sich dort als Geflügelräuber unbeliebt. Das Tier kann, wie man sieht, den Mund ungewöhnlich weit aufreißen.

Seiten 46 und 47: Australische Farmer schießen jeden Keilschwanzadler, dessen sie nur habhaft werden können. Sie nehmen fälschlich an, daß diese Tiere Schafe umbringen. Die Köpfe werden zur »Abschreckung« gern an den Zäunen aufgehängt. Allein im Staat Queensland hat man 1961/62 Prämien für 11 563 getötete Keilschwanzadler gezahlt, im Staat Westaustralien im Jahr 1964 1817 Prämien.

Seite 48: Der Riesenflugbeutler (Schoinobates volans) wird bis anderthalb Meter lang, einschließlich Schwanz. Er schafft Gleitflüge von über hundert Metern Länge, je nachdem, wie hoch der Baum ist, von dem aus er abspringt.

3

Dreimal lernten
Beuteltiere das Fliegen

Der Zwergakrobat
Freundliche Zuckerhörnchen
Vor dem Gleitflug stöhnen sie
Riesengleiter in der Dämmerung

Wenn wir als Kinder »Vögel« oder »Flieger« aus Papier bauten, dann kamen wir niemals auf den Gedanken, etwa welche zu verfertigen, die selber mit den Flügeln auf- und abschlagen wie ein Sperling. Das geht auch, aber dazu gehört schon ein ausgewachsenes Genie: der zu früh an Gehirnschlag verstorbene Professor Erich von Holst konstruierte sie verblüffend einfach aus Wurstspeilen, Gummistrippen und Papier, und sie flogen in seinen Vorlesungen nicht nur theoretisch, sondern wirklich; die Papiervögel fingen sich sogar und flatterten weiter, wenn sie gegen die Wand geprallt waren.

Nein, Kinder falten überall in der Welt einen Bogen Papier dreieckig zusammen und werfen ihn in die Luft: er kommt dann im Gleitflug allmählich wieder auf die Erde. Oder sie bauen Papierdrachen, die von der Luft getragen werden. Diese bescheidenere Form, sich durch die Luft zu bewegen, haben die Kriechtiere, die Fische und die Säugetiere im Laufe der Erdgeschichte ausgebildet. Die Säugetiere gleich dreimal unabhängig voneinander, in drei verschiedenen Ordnungen.

Die ersten Flughörnchen meines Lebens habe ich mit einundzwanzig Jahren in den Vereinigten Staaten gesehen. Es sind gut mäusegroße, niedliche, eichhornähnliche Nagetiere. Später habe ich sie jahrelang neben dem Schreibtisch in meinem Büro gehalten, und sie haben sogar da Junge bekommen. Verwandte Arten von Flughörnchen durchschneiden fast auf der ganzen nördlichen Halbkugel bis nach Japan hin die Luft, sie gehen bis nach Südamerika hinunter, und manche leben in Indien und Indonesien, ja in Tibet.

Von den Fledermäusen und Flughunden abgesehen, welche die Luft richtig wie die Vögel mit Flügelschlägen bearbeiten, haben aber die Säugetiere gleich dreimal Gleitflieger oder Segelflieger entwickelt. Von den zweiten, den Pelzflatterern oder Riesengleitfliegern, die mit den Affen, den Fledermäusen und Insektenfressern verwandt sind und in Südchina und Indonesien leben, habe ich nie einen zu Gesicht bekommen. Um so glücklicher bin ich, daß wir während meines Aufenthaltes in Australien gleich Vertreter aller drei Gattungen von Beuteltieren sehen

und fotografieren konnten, die sich als »Papierdrachen« betätigen. Auch
die Beuteltiere Australiens haben den Vorstoß in die Luft gleich dreimal
selbständig gemacht. Die Zwergflugbeutler, die Beutelflughörnchen und
die Riesenflugbeutler sind gar nicht näher miteinander verwandt, sondern
sie haben sich aus drei sehr selbständigen Beuteltierfamilien ganz unabhängig zu Gleitfliegern entwickelt; ihre nächsten Verwandten sind
immer Beuteltiere, die *keine* Flughäute haben, und nicht die anderen
Flieger.

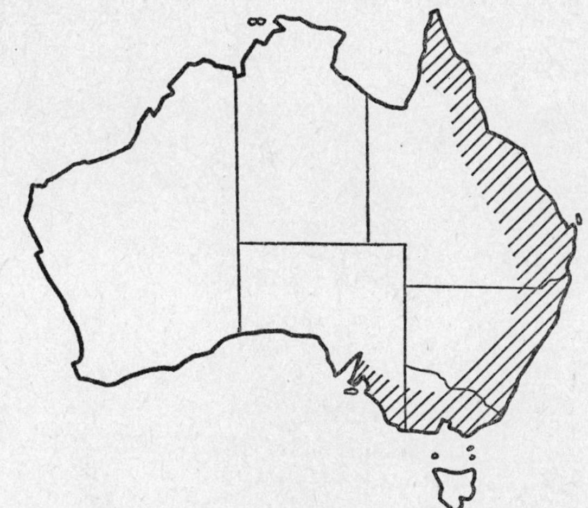

*Wo der Zwergflugbeutler
in Australien vorkommt
(nach Basil Marlow)*

Der kleinste von ihnen ist der Zwerggleitbeutler *(Acrobates pyg-
maeus)*. Bei ihm trifft der wissenschaftliche Name wirklich einmal den
Nagel auf den Kopf: wörtlich übersetzt heißt er »Zwergakrobat«.
Obwohl diese Kerlchen von der Größe einer zarten Maus in Ostaustra-
lien gar nicht selten sind — von der Halbinsel Kap York, die nach
Norden spitz auf Neuguinea zielt, bis herunter nach Melbourne im
Süden —, bekommt sie ein Australier kaum jemals zu sehen und ahnt
gar nicht, daß sie in seiner nächsten Nachbarschaft hausen, vielleicht im
Garten hinter dem Haus. Daß Mäuse und Ratten bei uns leben, merken
wir, weil sie unsere Vorräte annagen, auch wenn wir sie selber niemals

sehen. Da die kleinen Akrobaten Insekten verzehren, Blütennektar naschen und zudem nächtlich durch die Luft gleiten, bleiben sie uns zeitlebens verborgen.

Nur durch Zufall entdeckt dann dieser oder jener, welche Zeitgenossen er hat. In einem Vorort nördlich von Sydney hatte sich eine Katze darauf eingestellt, die fliegenden Zwerglein zu fangen. Meistens blieben sie unverletzt, und für ein Schälchen Milch und einen Happen Fleisch gab die Katze sie her. Zum Schluß legte sie die gefangenen Zwerggleitbeutler nachts neben den Kopf der Schlafenden ins Bett. Hauskatzen, die ja von uns Europäern in den fünften Erdteil eingeführt worden sind, setzen überhaupt diesen winzigen Segelfliegern am meisten zu, und nicht nur diesen.

Hat man sich aber in den Kopf gesetzt, so einen Zwergakrobaten zu fangen, dann heißt das etwa, eine Nadel in einem Fuder Heu zu suchen. Harry Frauca, der besonders große Erfahrungen mit australischen Tieren hat, lebte lange Jahre, wo Zwerggleitbeutler vorkommen. Er rettete sie gelegentlich aus gefällten Bäumen, hat sie aber in all der langen Zeit nur viermal durch die Luft gleiten sehen. Schließlich setzte er für die Arbeiter von Holzfällerfirmen Belohnungen aus und bekam dann nach drei Monaten endlich so ein Tierchen in einem Pappkasten angeliefert. Es war ein Weibchen mit einem blinden Jungen, das abwechselnd in der Bauchtasche oder auf dem Rücken saß. Obwohl es noch nicht sehen konnte, kroch es schon selbständig an Zweigen empor oder unter den Blättern am Boden hindurch. Sie leckten Wassertropfen von den Blättern und Honig, den Frauca an die Zweige schmierte.

Das Körperchen der kleinen Akrobaten ist nur 6 bis 8 Zentimeter lang, aber ebenso lang ist auch der Schwanz. Er sieht wie eine Feder aus: die Haare stehen in zwei Zeilen nach beiden Seiten, und auf diese Weise ist der Schwanz 8 Millimeter breit. Natürlich ist diese Schwanzfeder zum Segeln gewachsen, aber das Tierchen kann damit auch noch etwas greifen. Die Flughaut spannt sich vom Handgelenk bis zu den Fußknöcheln, sie ist bei weitem nicht so groß wie etwa bei den amerikanischen Flughörnchen, den kleinen segelnden Nagetieren. Die Akrobatenfrau baut sich ein ziemlich großes Nest aus Gummiblättern und Rindenstücken in Astlöchern oder hohlen Bäumen, und zwar sehr hoch, 15 Meter und mehr. Dort bekommt sie dann drei bis vier Junge. Mehr dürfen es nicht werden, denn sie hat nur vier Zitzen am Bauch, und die Tasche am Bauch faßt nicht mehr Kinder. Der Nachwuchs bleibt oft mit den Eltern zusammen; so trifft man manchmal Familiengruppen bis zu sechzehn Köpfen an. Wie alt sie in Freiheit werden, weiß man nicht. Im Londoner Zoo hat so ein Kerlchen fast vier Jahre gelebt.

In die Beutelflughörnchen *(Petaurus)* kann man sich sehr leicht verlieben. Sie fühlen sich so weich an, sind hellgrau mit schwarzen Streifen, haben große Augen und werden leicht zahm. Es gibt in Ostaustralien, Neuguinea und Tasmanien insgesamt drei Arten. Ihre Körper sind 12 bis 32 Zentimeter lang, und der dazugehörige, ringsum behaarte, buschige Schwanz ist immer noch ein Stück länger als der ganze Körper. Sie sind also etwa eichhörnchengroß und größer. Der Schwanz dient übrigens nicht nur zum Steuern in der Luft, sondern auch zum Fortschaffen von Nestpolsterung. Die »Zuckerhörnchen«, wie die Australier sie nennen, hängen sich nämlich mit den Hinterfüßen an Ästen auf, brechen mit den Vorderfüßen Blätter ab und fassen sie dann mit dem

Seite 54: Die Zwergflugbeutler (Acrobates pygmaeus) sind nur mäusegroß. Wenn Bäume gefällt werden und sie dann in Höhlen sitzen, oder wenn Katzen sie als Beute ins Haus bringen, merkt man erst, daß diese kleinen Gleitflieger in der nächsten Nachbarschaft von Menschen leben. Sonst bekommt man sie nie zu sehen.

Schwanz, der sich um das ganze Bündel herumrollt. Natürlich können sie so nicht mehr segelfliegen, sondern sie laufen mit dem zusammen-geschnürten Blätterpacken auf den Ästen zum Nest.

Wahrscheinlich zählen diese Beutelflughörnchen zu den häufigsten australischen Säugetieren. Am häufigsten zu sehen bekommt man sie aber auch wieder nicht; ganz im Gegenteil. Ein Arzt in Hobart, der Hauptstadt der Insel Tasmanien, fand eins tot vor seinem Haus. Es war wohl nachts gegen die weiße Wand gesegelt, die es für den Himmel gehalten hatte. Erst dadurch merkte er, daß sie bei ihm lebten. Manch-mal fallen einem nachts im Wald auch zwei Männchen, die ineinander verkrampft sind, vom Baum herab vor die Füße. Sie prügeln sich dort unbeirrt weiter.

Diese Zuckerhörnchen oder honey glider, also »Honiggleiter«, lieben als Haustiere alle süßen Sachen: Honig, Kuchen, Früchte. In Freiheit bringen sie auch Insekten und sogar kleine Vögel um. Blätter rühren sie nicht an.

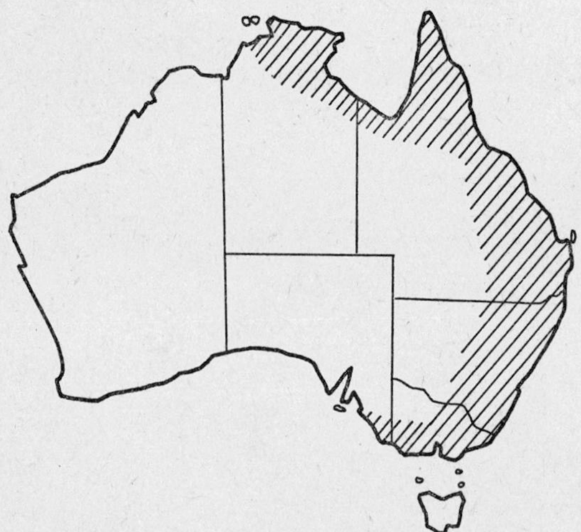

*Hier sind die Beutel-
flughörnchen (Petaurus)
zu Hause*

In den Büchern steht zu lesen, daß diese Beutelflughörnchen 55 Meter weit durch die Luft segeln können, von einem sehr hohen Baum aus natürlich. Der Zoologe David Flea hält das für übertrieben. Er ließ welche von einem Pfahl aus zu einem zweiten segeln, der nur sieben Meter entfernt stand. Die Tierchen schafften diese Entfernung mit viel Schwierigkeit, weiter aber nicht. Ich glaube, die fünfzig Meter mögen trotzdem stimmen; es kommt natürlich darauf an, von welcher Höhe aus man den Gleitflug nach unten beginnt. Ein Pfahl auf einer eingezäunten Weidekoppel wird immer zu niedrig dafür sein. Sobald so ein Segelflieger an dem zweiten Baumstamm ankommt, schießt er noch einmal ein Stück in die Höhe, so daß er mit dem Kopf nach oben landet, legt den Schwanz um den Stamm herum und läuft in Spiralen an ihm in die Höhe. Babies sitzen beim Gleitflug oft auf dem Rücken der Mutter. Mitunter hat sie schon gleichzeitig ein winziges neues Kind im Beutel.

Diese Gleitflieger-Kinderchen können sehr zählebig sein, obwohl sie nach nur drei Wochen Schwangerschaft wie Keimlinge, Embryonen, in den Beutel gelangen und die erste Zeit die Zitze mit dem Mund ständig umklammert halten. Ein Fräulein Ivey löste eines vom Gesäuge der toten Mutter ab, das »kleiner als ein Zweimarkstück« war. In die winzige runde Mundöffnung konnte sie nur mit Mühe aus einem Augen-Tropfgläschen ganz geringe Milchmengen einflößen. Nach zwei Milchtropfen war das Würmchen dick und rund. Sie gab ihm auf diese Weise fünf- oder sechsmal täglich warme Milch mit etwas Zucker darin. Erst nach drei Wochen konnte das Tierchen selbst Milch auflecken. Ein anderes Beutelflughörnchen war auf ähnliche Weise vom Leib der eiskalten Mutter gerettet worden, die von einer Katze getötet worden war. Der Pflegling lebte dann zehn Jahre.

Solch ein zahmes Hörnchen wacht am Tag meistens nur auf, um etwas Kuchen zu sich zu nehmen, und schläft dann wieder ein, den Schwanz über das Gesicht und den Körper gewickelt. Manche lassen sich so den ganzen Tag in der Jackentasche ihres Besitzers herumtragen. Mit der

Dämmerung aber werden sie lebendig, sausen die Fenstervorhänge hinauf und herunter und machen Gleitsprünge auf Menschen, als ob diese Baumstämme wären. Die Beutelflughörnchen selbst sind für Menschennasen geruchlos, aber ihre Höhlennester duften stark, wahrscheinlich, weil sie die Blätter mit Harn tränken. Th. Schultze-Westrum fand bei Papua-Beutelflughörnchen Duftdrüsen an der Stirn, der Brust und dem After, die verschiedene Gerüche abgeben. Angehörige derselben Sippe erkennen sich allein am gemeinsamen Duft als zusammengehörig, auch wenn sie sich persönlich noch nicht gesehen haben. Der sippenfremde Geruch allein löst noch keine Angriffe aus. Auch bei den Beutelflughörnchen findet man mitunter ein ganzes Dutzend im selben Nest, die zu einer Sippe gehören.

Bevor sie in der Nacht abfliegen, lassen sie ein tiefes, aber unüberhörbares Rufen ertönen, das wie Stöhnen klingt. Mitunter stoßen sie vorher auch einen lauten Schrei aus. — Viele Australier züchten die hübschen Hörnchen in Gefangenschaft. Man kann dann beobachten, daß die Mütter mitunter mit den Händen den Bauchbeutel aufmachen, um nach ihren Jungen zu sehen. Das sind ein bis drei, meistens zwei. Auch im Londoner Zoo haben sie wiederholt Junge bekommen. Obwohl sie ihren nächsten Verwandten unter den segelnden Beuteltieren äußerlich recht ähnlich sehen, sind sie kleine Räuber, töten sogar Mäuse und verzehren viel Insekten. Sie haben daher auch insektenesserähnliche Zähne wie die nichtgleitenden Zwergpossums, wogegen der Riesenflugbeutler ähnliche Zähne wie die laubessenden, nichtgleitenden Ringelschwanzkletterbeutler *(Pseudocheirus)* hat.

Dieser Riesenflugbeutler *(Schoinobates volans)* nährt sich nämlich nur von jungen Gummiblättern und den Blüten der Gummibäume. Er ist der größte von den dreien und wird einen bis anderthalb Meter lang. Dieser Riesensegelflieger schafft sogar bis zu hundert Meter im Gleitflug, und er hat hohe Abflugstellen, denn er lebt im Hügel- und Bergland Ostaustraliens, vom südlichen Queensland bis nach Victoria, in den lichten Eukalyptuswäldern. Bei ihm geht die Flughaut vom Ellbogen aus zu den Hinterbeinen, während sie bei den Beutelflughörnchen schon am äußeren Finger beginnt. Deswegen sieht der Riesenflugbeutler, wenn er durch die Luft gleitet, mehr dreieckig aus; er verjüngt sich nach vorn, während die Zuckerhörnchen rechteckig sind. Auch in der Nacht kann man den großen von den grauschwarzen kleinen Hörnchen leicht unterscheiden: Im Scheinwerferlicht »glühen« seine Augen, während die der Beutelflughörnchen das Licht nur schwach zurückwerfen. Weil der Riesenflugbeutler sich so einseitig auf eine bestimmte Nahrung eingestellt hat, ähnlich wie der Koala, ist noch nie einer lebend in einen europäischen Tiergarten gekommen. Die Tiere lieben besonders die schmalblättrigen, nach Pfefferminz riechenden Gummibaumblätter. Als man welche in einem Obstgarten schoß, hatten sie nur diese Blätter und Blüten zu sich genommen, die Pfirsiche und Aprikosen aber nicht angerührt.

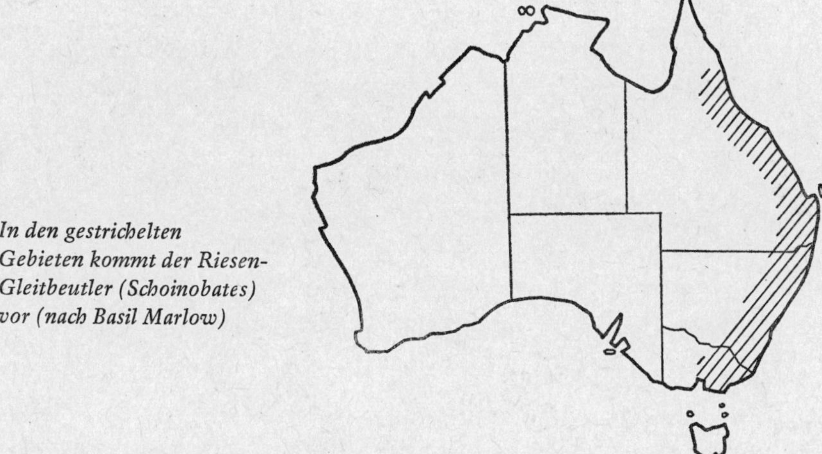

*In den gestrichelten
Gebieten kommt der Riesen-
Gleitbeutler (Schoinobates)
vor (nach Basil Marlow)*

Meistens sind diese Tiere braunschwarz, sie kommen aber in allen Färbungen vom reinen Schwarz bis sogar zum hellen Weiß vor. Obwohl ein solcher Riesenflugbeutler ein bis anderthalb Kilogramm wiegt, schwebt er recht weit durch die Luft. Einer brachte es in sechs aufeinanderfolgenden Gleitflügen auf über einen halben Kilometer. Der erste Abflug ging von der Spitze eines über dreißig Meter hohen Baumes bis an den Stammschaft eines anderen, der fast siebzig Meter weit davon entfernt stand. Sobald so ein großer Flugbeutler dort landet, läuft er sofort in Sprüngen, wie galoppierend, senkrecht am Stamm empor, nicht in Spiralen wie unsere Eichhörnchen oder wie die Beutelflughörnchen. Auf diese Weise kletterte er sofort auf die Spitze des nächsten Baumes, segelte zum übernächsten in fast achtzig Metern Abstand, glitt dann zu weiteren Bäumen, die 100, 110 und 82 m voneinander entfernt waren, und schließlich nochmals zu einem in 110 m Abstand. Immer wenn er einen Baum emporkletterte, gab er einen quietschenden Ruf von sich. Wo man eng zusammenstehende Bäume mit Stacheldraht einzäunt, um sie gegen das Rindenschälen von Haustieren zu schützen, findet man oft tote Riesenflugbeutler. Sie haben sich mit ihren Flughäuten auf den Drahtstacheln aufgespießt und dann langsam und elend zu Tode gezappelt. Sonst sind wohl die großen Eulen und die Füchse ihre Hauptfeinde, dazu noch die Buschfeuer. Obwohl die Riesenflugbeutler zwei Zitzen in ihrer Tasche haben, findet man für gewöhnlich nur ein Kind darin. Es hängt die ersten sechs Wochen fest an der Zitze, macht erst später die Augen auf und kommt im Alter von vier Monaten aus der Bauchtasche heraus. Auch dann sitzt es noch viel auf dem Rücken der Mutter.

Auch diese großen Segelbeutelflieger bekommt man noch am ehesten lebend in die Hände, wenn Bäume gefällt werden. Auf diese Weise erhielt auch David Flea ein Paar. Er fütterte es zweieinhalb Jahre lang mit Eukalyptusblättern und Honigbrot, das er vorher in Wasser einweichte. Die Tiere schliefen den ganzen Tag und waren nur nachts lebendig. Sie ließen sich streicheln, kletterten aber nicht wie die Beutelflughörnchen auf Menschen herum. Zudem war das nicht gerade ratsam, denn ihre Krallen sind scharf wie Stahlhaken. Das Männchen entkam eines Tages durch eine Spalte an der Tür des Käfigs, kehrte aber nach einigen Tagen durch das gleiche Loch wieder in die Gefangenschaft zurück, entweder weil es sein Weibchen suchte oder weil es nicht die richtige Nahrung in der Nachbarschaft gefunden hatte.

Der Riesenflugbeutler, das »schwarze fliegende Opossum« wurde schon 1789 beschrieben, in dem Bericht über die Reise des Gouverneurs Phillip nach Botany Bay, der ersten britischen Sträflingskolonie am Platz der heutigen Millionenstadt Sydney. »Das Fell ist so wunderschön, wahrscheinlich wird es eine wertvolle Ausfuhrware, sofern man die Tiere häufiger erbeuten kann«, schrieb damals der Verfasser. Zum Glück waren die Kürschner anderer Ansicht. Sowohl die Beutelflughörnchen als auch die Riesenflugbeutler haben zwar langhaarige, aber sehr lockere und weiche Felle, die sich nicht verarbeiten lassen. Wäre es anders, so lebten wohl nicht mehr viele von ihnen.

Seite 63: Die Beutelflughörnchen (Petaurus breviceps) sind sehr verspielt und werden ganz zahm. In Australien werden sie oft in Gefangenschaft gezüchtet, und auch im
Londoner Zoo ist das wiederholt gelungen. Die anderen Beutelflieger haben sich noch
nie in Menschenobhut fortgepflanzt.

Seite 64: Bis zu fünfzig Meter weit können Beutelflughörnchen oder Zuckerhörnchen
(Petaurus norfolcensis) von einem Baum aus gleitfliegen, meistens bis zu einem anderen
Baum, an dessen Stamm sie landen. Die Mütter tragen dabei die Kleinkinder in der
Bauchtasche mit durch die Luft.

4

Der Beutelwolf stirbt
auf einer fernen Insel aus

Was Gott schuf, mag zugrunde gehen —
was Menschen meißelten,
wird mit Millionenaufwand gerettet
Man tauschte Beutelwölfe gegen Elefanten
Hubschrauber sah den tasmanischen Tiger
Die gestohlene Leiche

«Er hat den Punkt erreicht, von dem es keine Wiederkehr mehr gibt, und die besten Absichten werden ihn nicht mehr retten«, so schreibt Michael Sharland, der führende Zoologe der Insel Tasmanien unter der Südspitze von Australien, über den Beutelwolf *(Thylacinus cynocephalus)*. Es ist zum Verzweifeln. Wäre dieses größte Beutelraubtier von menschlichen Künstlern erfunden und geschaffen worden, und nicht von der Natur in einer Jahrmillionen-Entwicklung, selbstverständlich würde man ihn retten. Schließlich wendet die UNO Millionen auf, haben reiche Leute weitere Millionen gestiftet, um die Steinkolosse von Abu Simbel vor dem Untergang in einem neuen Stausee zu retten (die am linken Nilufer seit über dreitausend Jahren gleich vierfach in zwanzig Meter Größe den toten ägyptischen König Ramses II. verewigen und, wie die Pyramiden, zugleich die grausame Zwangsarbeit von Zehntausenden armer Sklaven, ihr qualvolles Dahinsiechen zum Ruhme unmenschlicher Tyrannen. Diese von Menschen geschaffenen Werke werden von der Nachwelt bewundert und verehrt. Was nicht von Menschen gemacht ist, sondern von der Natur, von Gott, das darf man getrost vernachlässigen, verachten, zerstören). Um den Beutelwolf zu erhalten, eines der aufregendsten und seltsamsten Tiere auf Erden, brauchte man nur einen winzigen Bruchteil der Summen für Abu Simbel.

Aber er lebt auf einer waldreichen, zerklüfteten, menschenarmen Insel am Ende der Welt, wo die europäischen Einwanderer auch die wollköpfigen, dunklen menschlichen Ureinwohner bedenkenlos haben aussterben lassen. Hausten die Beutelwölfe in der Nähe der heutigen Kulturzentren der Menschheit, in den Vereinigten Staaten, irgendwo in Europa oder in der Sowjetunion, so gäbe es viel Aufregung und man würde es sich etwas kosten lassen, sie zu retten — vielleicht. In Australien, auf der anderen Seite der Erdkugel, wird man es ganz gewiß nicht tun. Was werden unsere Enkel im Jahre 2020 darüber schreiben? Ich glaube, ich weiß es heute schon.

Das düstere Schicksal des »Tasmanischen Tigers«, wie man dieses Tier wegen der Querstreifen auf dem Hinterkörper völlig unsinnig nennt, sah der berühmte Naturforscher John Gould schon voraus, als er die waldreiche, gebirgige Insel Tasmanien vor über hundert Jahren besuchte. Er schrieb: »Wenn die verhältnismäßig kleine Insel stärker bevölkert werden wird und ihre Urwälder durch Straßen von der östlichen nach der westlichen Küste durchschnitten sind, wird die Zahl dieser einzigartigen Tiere sich rasch verringern. Es wird in weitem Umfang ausgerottet werden und dann, wie der Wolf in England und Schottland, als ein Tier der Vergangenheit angeführt werden.« Wölfe gab es zum Glück nicht nur in England und Schottland, sondern sie leben noch an vielen anderen Stellen der Welt; Beutelwölfe aber gibt es nur auf der Insel Tasmanien. Die europäischen Neusiedler haben auch mit der Vernichtung der Beutelwölfe keineswegs gewartet, bis Straßen quer über die Insel hinweggingen oder sie dicht bevölkert war. Tasmanien, das mit 63 000 qkm immerhin dreiviertel so groß ist wie Irland, hat bis heute nur etwas über 300 000 Einwohner, von denen jeder dritte in der Hauptstadt Hobart wohnt. Sie haben schon vor über hundert Jahren einen Preis von hundert Mark auf den Kopf jedes Beutelwolfes gesetzt, weil die Tiere nicht nur von Känguruhs lebten, sondern nach der Einführung von Schafen sich auch aus diesen Herden ihre Beute holten. Seit über zwanzig Jahren steht jetzt umgekehrt eine Strafe von zweitausend Mark darauf, einen Beutelwolf zu töten. Aber das kann diese Tierart nicht mehr retten.

Ziemlich lange hat es gedauert, bis sich die Tasmanier selber klar machten, wie es um das größte fleischessende Beuteltier auf Erden stand. Erst wurden jedes Jahr Hunderte getötet. Was zufällig mit in Schlingen geriet, die für Känguruhs aufgestellt waren, sich darin nicht erwürgte und nicht von Beutelteufeln angefressen wurde, das kam oft lebend in den kleinen Zoologischen Garten der Hauptstadt Hobart, der um 1940 eingegangen ist. Insgesamt sind dort neun oder zehn Beutelwölfe gewesen, von denen die meisten im Florentinetal an der Westküste Tasmaniens gefangen worden waren, der letzte im Jahr 1933. Dieser Zoo tauschte sie gegen andere, mehr fremdländische Tiere um. So erhielt er im Lauf der Jahre erst ein Paar Löwen, dann einen Eisbär, dann einen Elefanten und schließlich eine ganze Sammlung exotischer Vögel gegen Beutelwölfe. Andere wanderten unmittelbar nach Übersee. So hatte Köln 1909 einen, der Zoo von Antwerpen 1913 und der Londoner Zoo nacheinander »mindestens ein Dutzend«; der letzte starb dort im August 1931. Zwischen 1908 und 1919 waren allein vier in New York. Die Leute in Hobart waren sehr munter mit dem Tauschen, weil sie glaubten, immer reichlich neue Beutelwölfe zu bekommen. Aber zum Schluß hatten sie nur noch einen lahmen, der dann einsam starb. Seit 1933 ist nie wieder einer gefangen worden.

In den Zoologischen Gärten zeigten sich die Tiere ziemlich unempfindlich gegen Kälte, und sie neigten durchaus nicht zu »nächtlicher Lebensweise«, wie in den Büchern zu lesen stand. Man machte nicht übermäßig viel von ihnen her. Bei Fütterung mit Rind- und Pferdefleisch und nur gelegentlich mal einem Kleintier lebte trotzdem einer in London acht Jahre und vier Monate, in Washington über sieben Jahre in Gefangenschaft. Sie konnten zwei bis drei Meter hoch springen. Geheimrat

Seite 69 oben: Die Henne der Leierschwänze (Menura) in den Wäldern Südostaustraliens legt in ihr großes, überdachtes Nest nur ein Ei und brütet es allein aus. Sechs Wochen lang bringt sie dem Jungen Insekten und Schnecken in das Nest, bis das Kind ihr endlich folgt. Es dauert aber wenigstens zwei Jahre, bis die jungen Hähne ihre berühmten Prachtschwänze anlegen, die länger sind als der ganze Vogel.

Seite 69 unten: Einig sind sich alle, daß Beutelwölfe niemals Menschen angegriffen haben. Trotzdem werden die letzten in unseren Tagen ausgerottet und werden für immer von der Erde verschwinden. Dieses Paar wurde einst im Zoologischen Garten von Washington aufgenommen.

Seiten 70 und 71: Besonders im Norden Australiens leben Tausende wilder asiatischer Wasserbüffel, die sich dort ganz ähnlich benehmen wie die Kaffernbüffel in Afrika. Diese Wasserbüffel stammen von verwilderten Hausbüffeln ab, die 1825 eingeführt worden sind. Seit der Einwanderung der Europäer im Jahr 1788 sind etwa zwanzig nichtaustralische Säugetierarten verwildert und leben jetzt frei in der Landschaft, darunter Pferde, Esel, Kamele, Ziegen, Schweine, Katzen, Füchse, Kaninchen. Durch sie ist die Zahl der einheimischen kleineren Beuteltiere und Vögel stark verringert worden.

Ludwig Heck, damals Direktor des Berliner Zoos, schrieb 1912, daß im letzten Jahrzehnt immerhin einige auf den Markt gekommen wären, das Paar zu zweitausend Mark. Die Beutelwölfe hatten gelblichgraue bis gelblichbraune Farbe, kurze, dichte und grobe Haare, ihr Körper war 1 bis 1,3 m lang, der Schwanz 60 bis 65 cm. Der wissenschaftliche Name besagt »Beutelhund mit Wolfskopf«, und das trifft die Sache noch am ehesten, obwohl der Beutelwolf als Beuteltier natürlich keinerlei Verwandtschaft mit Hunden oder Wölfen hat. Von Ansehen erinnert er allerdings sehr an einen Hund, obwohl das Beutelwolfgebiß mit 46 Zähnen zu den grimmigsten von Landsäugetieren gehört. Wie so viele Beuteltiere kann der Beutelwolf den Mund sehr weit aufreißen, man behauptet bis 180 Grad, so daß also die Kiefer beinahe eine gerade Linie bilden. Am wenigsten hundeähnlich sind wohl das Hinterteil und der Schwanz. Er hat eine dicke Wurzel und erinnert mehr an einen Känguruhschwanz als an den eines Hundes. Ein Beutelwolf kann nicht wie ein Hund oder ein Wolf seine Gefühle mit dem Schwanz ausdrücken, also nicht freundlich wedeln oder ihn bei Niedergeschlagenheit einklemmen. In Büchern wird behauptet, daß man die Tiere am Schwanz festhalten konnte, ohne daß sie in die Hände zu beißen vermochten.

Aber was über das Freileben von Beutelwölfen seit Jahrzehnten in Aufsätzen und Büchern wiederholt wird, ist wohl mit Vorsicht aufzunehmen. Schließlich hat sich niemand die Mühe gemacht, diese Tiere in Freiheit zu beobachten, solange es sie noch gab. Auch in den Zoos hat sich kaum jemand näher mit ihnen beschäftigt. So wird immer behauptet, die Beutelwölfe seien außerordentlich blutgierig, sie saugten bei Schafen und Känguruhs nur das Blut aus den Halsschlagadern und verzehrten bestenfalls die blutgefüllten Nasenschleimhäute, die Leber und das Nierenfett. Zu toten Tieren kämen sie niemals zurück und gingen nicht an Aas. Wahrscheinlich ist das eine »Verleumdung« der Schafzüchter, denn schon die ersten beiden fing G. Harris 1824 in einer Falle, die er mit Känguruhfleisch angeködert hatte, und das Tier, nach dem die ganze Art beschrieben ist, hatte die Überreste eines Schnabeligels im Magen. Die Beutelwölfe sollen nicht schnell und leichtfüßig wie Hunde laufen, sondern meist nur traben, sie sollen keine besondere Angst vor Hunden zeigen, auch mehrere große Hunde hätten es nie gewagt, einen Beutelwolf anzugreifen. Bei sehr scharfer Verfolgung sollen die Beutelwölfe zum Schluß nur auf den Hinterfüßen gesprungen sein, ähnlich wie Känguruhs. Dafür spricht nach dem Körperbau allerdings manches. Sie seien der Spur ihrer Opfer trabend gefolgt, bis diese müde waren, und hätten sie dann erst gehetzt. Bei Erregung hätten sie heisere Fauchlaute von sich gegeben.

Einig sind sich alle, daß Beutelwölfe nie Menschen angegriffen haben. Nur in einem einzigen Fall, im Jahre 1900, wurde ein Fräulein Briscilla Murray von einem Beutelwolf in den rechten Arm gebissen, als sie in der Nähe ihres einsam gelegenen Hauses an einem Fluß Wäsche wusch. Zum Glück ging der Biß nicht durch die dicke Winterkleidung, aber als sie das

Tier wegjagen wollte, biß es sie auch noch in die linke Hand. Während sie sich bemühte, ihre Gartenhacke zu erreichen, trat sie auf den Schwanz des Beutelwolfes, der sie daraufhin fahren ließ und weglief. Ihm fehlte ein Auge, und die Frau nahm an, daß er wohl im Winter halb verhungert war. Wahrscheinlich hatte dieser halbblinde Beutelwolf, der im Gebüsch saß, den Menschenarm für einen Vogel oder ein kleines Tier gehalten. Dagegen, daß die Beutelwölfe so besonders blutgierig waren, spricht auch die Gewohnheit der Farmer in alten Zeiten, vor einem Schlingen-feldzug gegen Känguruhs zunächst stets Giftbrocken für Beutelwölfe und Beutelteufel auszulegen. Sie müssen diese also doch wohl angenom-men haben. Beutelwölfe trugen übrigens ihre Jungen ähnlich wie die Beutelteufel drei Monate lang in dem flachen Bauchbeutel, der sich nach hinten öffnete, und legten sie dann in einem gepolsterten Nest ab, wenn sie etwas selbständiger geworden waren. Beutelwölfinnen hatten bis zu vier Junge, die ihre Mutter später auch eine Zeitlang bei der Jagd begleiteten.

Vermutlich sind diese großen Raubbeuteltiere nicht vom australischen Festland nach Tasmanien eingewandert, als beide noch zusammenhingen, sondern eher umgekehrt. Tasmanien muß einst über den antarktischen Kontinent Verbindung mit Südamerika gehabt haben. Jedenfalls hat man dort bei Santa Cruz Überreste von ausgestorbenen Beutelwölfen gefunden, die praktisch die gleichen sind wie die bis jüngst auf Tasma-nien lebenden. Auch auf dem australischen Festland hat man Reste von Beutelwölfen nur im südlichsten Teil, in Victoria, gefunden, nicht weiter nördlich.

Im Berliner Zoologischen Garten, wohin das letzte Paar 1902 kam und wo das Männchen dann sechs Jahre lebte, schrieb Prof. Ludwig Heck über sie: »Die obligate Dosis Beuteltierstumpfsinn als selbstverständlich eingerechnet, benehmen sie sich recht vertraut, kommen unruhig schnüf-felnd dicht an die Gitterstäbe heran, wenn man diesseits der Schranke unmittelbar vor dem Käfig steht. In ewiger Gier verlangen sie stets nach Fraß, wenn sie nicht schlafen, und in ewig sich gleichbleibender Dummheit glauben sie immer wieder einmal, die Eisengitter durchbeißen zu können. Aus dem Schlaf auf weichem Strohlager im dämmerigen Nachtkäfig lassen sie sich schwer erwecken, werden aber auch nicht ungemütlich, wenn man dies versucht. Ihr klares, dunkelbraunes Auge starrt dem Beobachter leer entgegen und entbehrt vollständig des Ausdrucks eines wirklichen Raubtierauges.« — Wir sind heute mit solchen Berichten über gefangengehaltene Tiere in viel zu kleinen Zookäfigen recht vorsichtig geworden; viele solcher »stumpfsinnigen« Tiere haben sich als recht zugänglich, lebendig und interessant erwiesen, wenn sich jemand die Mühe nahm, sich näher mit ihnen zu beschäftigen und sie sorgsamer zu pflegen.

Wie geartet Beutelwölfe allerdings wirklich waren, werden wir Menschen wohl nie mehr erfahren. Einer der letzten, von dem man gehört hat, wurde 1930 an der Nordwestküste Tasmaniens bei Mawbanna getötet, ein weiterer drei Jahre später in einer Schlinge gefangen. Seitdem hat man sich immer wieder vergeblich bemüht, noch welche ausfindig zu machen. Roy Marthick suchte im Mai 1937 drei Wochen lang nach ihnen. Er behauptete, Spuren von zwanzig Wölfen gefunden oder sie sogar in der Dämmerung gesehen zu haben. Seitdem sind mehrere Expeditionen zum gleichen Zweck unternommen worden, zuletzt eine 1945; alle waren vergeblich. Leute, die sich lange in sehr entlegenen, wilden Gegenden Tasmaniens aufhalten mußten, wie zum Beispiel zum Bauen von Telegrafenleitungen, haben immer wieder in Zeitungen behauptet, sie hätten die berühmten »Tasmanischen Tiger« gesichtet. Sie konnten es jedoch niemals nachweisen. Besonderes Aufsehen erregte 1957 der Bericht einer Hubschraubermannschaft, die von der Luft aus an der Westküste einen Beutelwolf gesehen und verfolgt hatte. Sie konnte sogar ein Foto von ihm vorweisen. Die Fachleute allerdings hielten es für das eines Hundes.

Im August 1961 berichtete die Zeitung »Mercury« in Hobart, daß zwei Männer, Bill Morrison und Laurie Thompson, an der Westküste gezeltet hatten, um zu fischen. In der Nacht hörten sie ein Geräusch, als ob ein Tier sich bemühte, einen Korb mit Ködern zu erreichen, der draußen stand. Thompson erhob sich, ergriff ein Stück Holz, um das Wesen zu vertreiben. In der Dunkelheit sah er den Schatten eines Tieres an den Ködern. Er lief darauf zu und schlug mit dem Knüppel darauf ein. Es verschwand in der Dunkelheit, aber am nächsten Morgen fanden die beiden Männer nicht weit vom Zelt ein junges männliches Tier tot daliegen, das nach ihrer Behauptung ein Beutelwolf war. Sie berichteten, daß sie das Tier in das Zelt gelegt hatten, in der Absicht, es mitzunehmen, wenn sie mit dem Fischen fertig waren, und es in ein Museum zu bringen. Als sie aber zum Lager zurückkamen, stellten sie fest, daß das tote Tier verschwunden war. Offensichtlich hatte es jemand in ihrer Abwesenheit gestohlen. Die beiden Leute waren über das Verschwinden eines so wichtigen Beweisstückes sehr aufgebracht und berichteten die Angelegenheit, sobald sie nach Hause zurückkehrten.

Sie hatten aber Reste von Haaren und etwas trockenes Blut im Sand gefunden. Das sammelten sie und schickten es nach Hobart, damit es von Sachverständigen untersucht werden konnte. Diese stellten tatsächlich fest, daß beides nur von einem Beutelwolf stammen konnte. Das tote Tier war jedoch nicht mehr aufzutreiben.

In anderen Fällen haben Fachleute, welche die Berichte von Laien über das Auftreten von Beutelwölfen nachprüften, wohl diese nicht gesehen, sie konnten aber Abdrücke von frischen Trittsiegeln nehmen. So schickte Dr. Laird Abdrücke von einem jungen Beutelwolf nach London. Man kann den Abdruck des Vorderfußes eines Beutelwolfes in feuchtem, weichem Grund unschwer vom Vorderfuß eines Hundes unterscheiden. Der Beutelwolf hat fünf Zehen, die nebeneinander stehen, der Hund jedoch nur vier, während die fünfte als Afterklaue seitlich höher oben am Fuß hängt. Am Hinterfuß hat allerdings auch der Beutelwolf nur vier Zehen, und sehr oft wird der Abdruck des Vorderfußes durch den des Hinterfußes wieder zerstört. Das Trittsiegel des Beutelwolf-Hinterfußes ist wesentlich länger als das des Hundes, da das Bein des Beutelwolfes viel schräger gestellt ist.

Offensichtlich haben bis in jüngste Zeit in den waldigen, entlegenen Gebirgsgegenden der Westküste Tasmaniens noch einige Beutelwölfe gelebt, und vielleicht leben sie sogar heute noch dort. Obwohl die Tiere seit 1938 unter völligem gesetzlichen Schutz stehen, sind ihre Aussichten hier jedoch denkbar schlecht. Es handelt sich nämlich um eine Landschaft, die für Beutelwölfe völlig ungeeignet ist und in der sie kaum Nahrung finden können. Beutelwölfe sind ursprünglich offensichtlich keine Waldtiere, sondern sie sind in der Steppe, jedenfalls in offenem Gelände, zu Hause. Dafür spricht auch ihre Streifenzeichnung. Nur hier konnten sie ausreichend Känguruhs und Wallabys finden. Durch die Schafzüchter und Farmer sind die Beutelwölfe aus ihrem eigentlichen Lebensraum immer mehr in bewaldete Gebirgsgegenden vertrieben worden. Auch wenn ihnen dort niemand mehr etwas tut, können sie sich nicht mehr halten. Wollte man sie wirklich retten, so müßte man wohl versuchen, offenes Gelände für sie zu schaffen und Beutetiere anzusiedeln, vielleicht am einfachsten Schafe. Aber es sieht nicht so aus, als ob irgend jemand solche Aufwendungen für ein »lästiges Raubzeug« machen würde.

5

Das Wundertier Känguruh

Es pudert sich rosa
Schlägt sich als blinder Embryo allein durch die Welt
Trinkt Meerwasser
Ertränkt Hunde
Käut wieder wie Kühe
Gräbt nach Wasser
Springt 13,5 m weit
Hält gestoppte Keimlinge im Bauch bereit
Das Geheimnis seines Durstens
Känguruhs würden bei uns durch das Eis brechen
Känguruhs als Schuhleder und Hundefutter

Nach landläufiger Meinung hat der große britische Weltumsegler James Cook die Känguruhs, diese merkwürdigen Tiere, entdeckt. Aber schon hundertvierzig Jahre vor ihm stieß der holländische Käpitän Francisco Pelsaert, der 1629 bei den Wallabyinseln an der Westküste Australiens strandete, auf das mittelgroße Damawallaby *(Wallabia eugenii)*. Ihm fiel auch das winzige Junge auf, das im Bauchbeutel der Mutter mit dem Mund fest an einer Zitze hing, und er nahm an, es wüchse aus dieser Zitze einfach heraus. Aber diese Beschreibung hat niemanden sehr aufgeregt, sie war bald wieder vergessen.

Am 22. Juni 1770 schickte nun James Cook einige seiner Leute an der Küste von Australien an Land, um Tauben für die Kranken zu schießen. Es war an der Kap-York-Halbinsel, jenem langen spitzen Finger, mit dem der Erdteil Australien auf die Insel Neuguinea zeigt, und zwar etwa dort, wo heute die nach Cook benannte Stadt Cooktown liegt. Als die Leute zurückkamen, berichteten sie, sie hätten ein Tier gesehen, so groß wie ein Windhund, von schlankem Bau, mit mausfarbenem Fell und äußerst schnell. Zwei Tage später sah Cook das Tier mit eigenen Augen. Aber wieder zwei Wochen später, vom 6. bis 8. Juli, machte der

Seite 81 oben: Wenn Känguruhböcke miteinander kämpfen, wie diese beiden Roten Riesenkänguruhs, halten sie sich mit den Armen fest und treten sich mit den Hinterbeinen in den Unterleib. Aber nicht bei allen Känguruharten ist diese Kampfart üblich.

Seite 81 unten: Das neugeborene Riesenkänguruh wiegt nur knapp ein Gramm, also ein Dreißigtausendstel des Gewichtes seiner Mutter. Trotzdem muß es blind und taub selber den Bauch empor bis in den Beutel der Mutter kriechen und dort eine Zitze finden, die es viele Wochen lang nicht mehr losläßt.

Seite 82: Der Vater hatte die Känguruhmutter totgeschossen, aber in ihrem Beutel war das Junge noch munter und lebendig. Der vierjährige Sohn des Schützen erbat sich das niedliche Tierchen, packte es an den Hinterbeinen — und schlug es zu unserem Entsetzen am nächsten Baum tot.

Seite 83: Gehetzte Känguruhs sollen es für kurze Strecken auf Geschwindigkeiten von 88 km/st bringen. Dies ist ein Graues Riesenkänguruh (Macropus giganteus) mit seinem Kind.

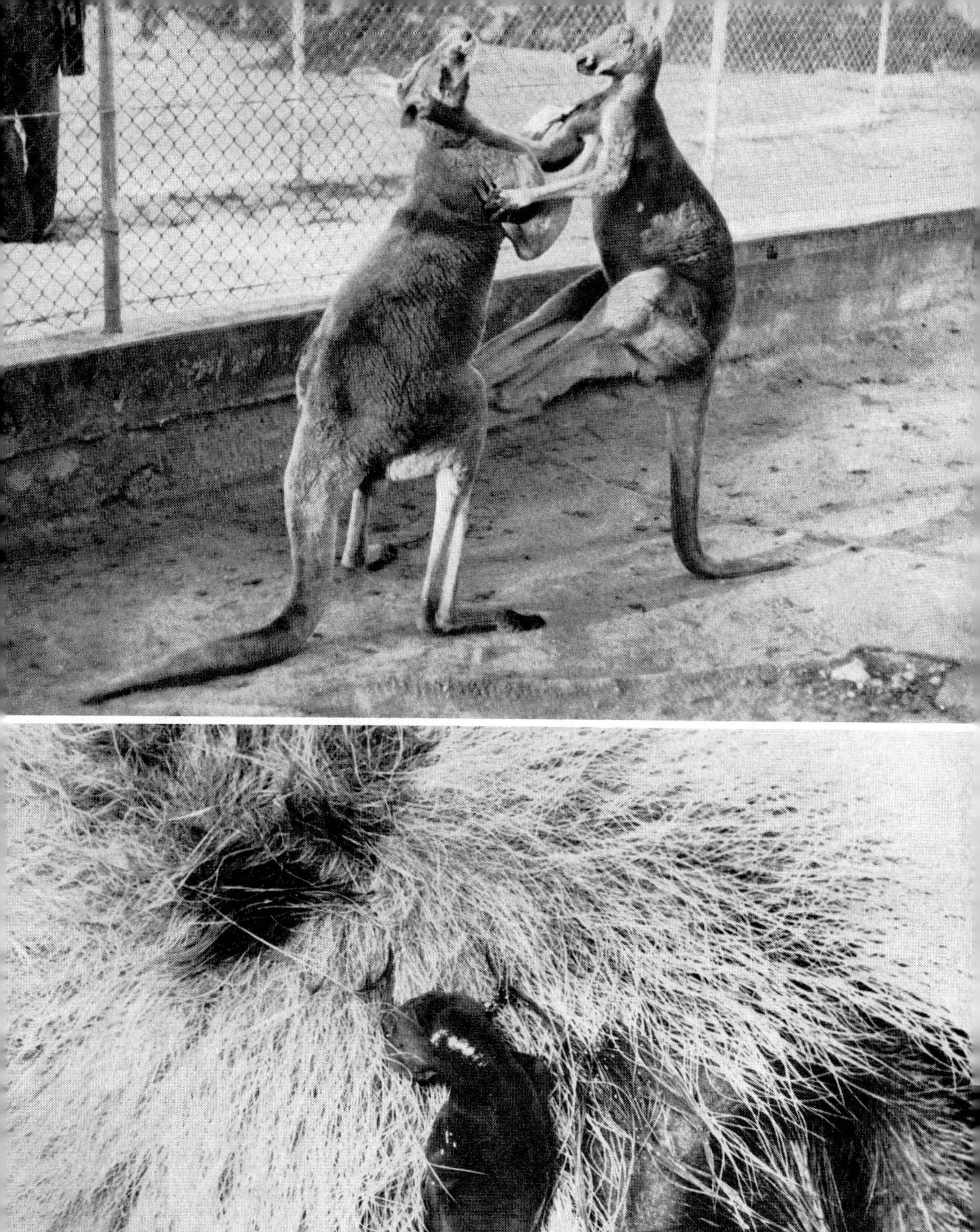

Naturforscher Joseph Banks mit vier Begleitern einen größeren Ausflug an Land. Cook schreibt darüber: »Nach einem Marsch von vielen Meilen entdeckten sie vier Tiere von der gleichen Art, von denen zwei sehr scharf durch Banks Windhund gehetzt wurden; die beiden aber entkamen dem Hund schließlich, indem sie über das dichte, hohe Gras sprangen, das seinen Lauf behinderte. Dieses Lebewesen läuft nach den Beobachtungen des Mr. Banks nicht auf vier Beinen, sondern hüpft auf den Hinterbeinen wie die Springmaus.« Nach den unklaren Auskünften der Eingeborenen gab er dem Tier den Namen »Kangaroo«.

Diese seltsamen Tiere erregten großes Aufsehen. Sie waren so ganz anders gestaltet als alle bisher bekannten. Schon drei Jahre, nachdem die erste englische Flotte ihre Ladung von Sträflingen in Port Jackson (an der Stelle des heutigen Sydney) ausgeladen hatte, wurde ein lebendes Känguruh als Geschenk für König Georg III. nach England geschickt. Um sicherzugehen, setzte der Gouverneur Philipp noch ein zweites auf ein anderes Schiff. Das merkwürdig geformte Lebewesen von dem neuen Erdteil erregte die Londoner so, daß bald andere Känguruhs nachfolgten. So preist ein alter Handzettel aus jenen Jahren »Das wundervolle Känguruh von Botany Bay, ein erstaunliches, schönes und zahmes Tier, etwa 1,50 m hoch, das von der südlichen Halbkugel kommt und kaum glaubhaft erscheint«. Für einen Schilling, damals recht viel Geld, konnte man es am Heumarkt bewundern.

Sprechen wir heute von Känguruhs, so denken wir vor allem an die fast menschengroßen, rötlichen oder grauen aufrechten Gestalten in den Zoologischen Gärten mit ihren mächtigen Hinterkörpern und Beinen, zu denen die kleinen Arme, die schmächtigere Brust und das Hasenköpfchen kaum zu passen scheinen. Vielleicht fallen uns noch ähnliche, aber kleinere Tiere von reichlich Hasengröße ein. In Wirklichkeit sind die Känguruhs aber eine ganze Tiergruppe, die zwar nur auf einem

Seite 84: Das ist die Drohstellung eines Roten Riesenkänguruhmannes. Er steht im Gehege der Wildlife Research Station der CSIRO in Canberra.

begrenzten, nicht sehr großen Teil unseres Erdballes leben: in Australien, Tasmanien, Neuguinea, den Inseln des Bismarckarchipels und — von Menschen eingeführt — auf Neuseeland. Die Gruppe der Känguruhs umfaßt aber siebzehn Gattungen mit 52 Arten und, wenn man will, ein Vielfaches an Unterarten. Die kleinsten sind 23 cm lang, die Riesenkänguruhs dagegen 1,60 m, ohne Schwanz gemessen.

All diese kleinen und großen Hüpfbeuteltiere heißen in der deutschen Sprache »Känguruhs«, während die Engländer, und noch mehr die Australier, das englische Wort »Kangaroo« meistens auf die drei größten Arten beschränken, das Rote, das Graue Riesenkänguruh und das Bergkänguruh, welche wir im Deutschen »Riesenkänguruhs« nennen. All die vielen kleineren heißen bei ihnen »Wallaby«.

Ich möchte nun beileibe nicht etwa diese vielen Arten, die ich selbst in der Mehrzahl nicht auseinanderhalten könnte, hier aufzählen. Da gibt es die nächtlichen Moschus-Rattenkänguruhs *(Hypsiprymnodontinae)*, knapp einen halben Meter lang (davon ein Drittel Schwanz), die von Insekten leben. Die zwölf Arten von Rattenkänguruhs *(Potoroinae)* waren bis zur Einführung von europäischen Füchsen in Australien recht zahlreich. Noch im Jahre 1904 boten Händler sie in Adelaide dutzendweise an, das Stück für ein paar Groschen, damit die Leute damit am Sonntag Rennen veranstalten konnten. Heute hat man mindestens zwei Arten von ihnen ausgerottet, nur noch in Westaustralien sind sie etwas häufiger. Ein Langnasen-Rattenkänguruh, das im New Yorker Zoo geboren war, lebte dort fast zehn Jahre. Im Londoner Zoo pflegte ein tasmanisches Rattenkänguruh ein Bündel Stroh mit dem Schwanz zu umwickeln, ihn nach vorn unter dem Bauch zu halten und in der Nacht damit stundenlang so herumzuhüpfen. Andre Rattenkänguruhs tragen die Polsterstoffe für ihr Nest in dem nach oben gerollten Schwanz. Die größeren Känguruharten können das nicht; bei ihnen ist der Schwanz viel steifer und mehr Balancierstange. Die Rattenkänguruhs haben noch Eckzähne, während diese in dem nagetierartigen Gebiß der größeren Känguruharten meistens fehlen.

Unter den mittelgroßen Känguruhs, den Wallabys, können die Hasen-
känguruhs *(Lagorchestes)* ebenso unglaublich rennen wie unsere europäischen Hasen. Eines, das schon vierhundert Meter weit von Hunden
gehetzt worden war, sprang noch einem erwachsenen Mann über den
Kopf. Die Felsenkänguruhs *(Petrogale)* hüpfen vier Meter weit über
Felsspalten. Diese »Gemsen Australiens« klettern ohne weiteres auf
Bäume, wenn diese etwas schräg stehen, und turnen dann in den Zweigen umher. Im Gegensatz zu den eigentlichen Baumkänguruhs benutzen
sie dabei ihre Arme nicht zum Umfassen der Zweige. Frederick Strange,
der das besonders hübsche Ringelschwanz-Felsenkänguruh *(P. xanthopus)* entdeckte, wurde bald darauf von Eingeborenen umgebracht. Der
Zoo von Adelaide hat eine vielköpfige Zucht dieser Art, die wohl überhaupt die bunteste und hübschest gefärbte von allen Känguruhs ist. Die
Felsenkänguruhs polieren geradezu die Felsen und Steinwände dort, wo
ihre Wechsel darüber hinwegführen. Die Nagelschwanzkänguruhs
(Onychagalea) tragen einen Hornnagel an der Schwanzspitze, ähnlich
wie Löwen. Im Volksmund heißen sie oft »Orgeldreher«, weil sie beim
Weglaufen die Arme seitwärts vom Körper abstrecken und merkwürdig
drehen. Das Hübschgesichtige Känguruh *(Wallabia elegans)* wird
neuerdings gern wegen seines weichen Felles geschossen, aus dem man
dann künstliche kleine Koalabären macht. Sie werden an Touristen und
als Kinderspielzeug verkauft. Neben Riesenkänguruhs und Baumkänguruhs züchten wir im Frankfurter Zoo seit vielen Jahren die kaninchen-
großen Quokkas *(Setonix brachyurus)*, die nur noch an einigen Stellen
in Westaustralien und auf Inseln vorkommen, sowie die gut hasengroßen Derbykänguruhs *(Wallabia eugenii)*, auf englisch Dama Pademelon. Sie waren einst in Südaustralien weit verbreitet. Heute sind sie
nur noch in europäischen Zoos und auf einigen Inseln häufig, zum
Beispiel der Känguruhinsel.

Seitdem wir Europäer nach dem Gegenfüßler-Erdteil gekommen sind,
wurden vier Arten von Känguruhs ausgerottet. Zehn weitere der kleinen, oft besonders hübschen oder interessanten Känguruharten sind auch

jetzt in Gefahr zu verschwinden. Diese scheuen, unauffällig lebenden Tiere werden meist nicht unmittelbar bejagt. Aber einzelne Arten haben nur ein kleines Verbreitungsgebiet, und dort verändern die Menschen den Pflanzenwuchs oder führen Haustiere ein, so daß für die springenden Beutler alle Lebensmöglichkeiten verschwinden. Die drei menschengroßen Riesenkänguruharten sind zwar von den eingewanderten Europäern in einigen Teilen Australiens fast ausgerottet worden. In anderen aber wurden ihnen die Lebensbedingungen durch die Landwirtschaft eher verbessert: sie haben dort anscheinend sogar erheblich zugenommen.

Diese drei Riesenkänguruharten sind alle grau, nur bei der einen haben die Männchen eine hirschrote Farbe. Ja, diese großen Männer des Roten Riesenkänguruhs *(Macropus rufus)* sind im Hochzeitskleid auf Brust und Rücken sogar leuchtend hochrot. An der Kehle und der Brust sondert die Haut nämlich eine puderartige, rosenrote Masse ab, die mit den Händen auch auf den Rücken verrieben wird. Sie färbt auch ein weißes Taschentuch rosarot. In getrockneten Känguruhfellen verschwindet diese Farbe allmählich. Die Roten Riesenkänguruhs lieben weite Ebenen ohne Bäume und Büsche. Wo die Einwanderer Wald und Busch abgebrannt und Weideflächen für ihre riesigen Schaf- und Rinderherden gewonnen haben, schufen sie also zugleich herrliches neues Gelände für Rote Riesenkänguruhs auf Kosten der anderen Hüpferarten. Heute ist das Rote Riesenkänguruh weit über Australien verbreitet. Übrigens ist

Seite 89 oben: Die Felsenkänguruhs sind die »Gemsen Australiens«. Unter ihnen ist das Ringelschwanz-Felsenkänguruh (Petrogale xanthopus) wohl das bunteste und hübschest gefärbte von allen Känguruhs. Es kommt nur noch an ganz wenigen Stellen Südaustraliens in felsigem Gelände vor und ist von der Ausrottung bedroht.

Seite 89 unten: So sieht es im Inneren Australiens aus. Es ist der am wenigsten bevölkerte Erdteil. Auf einen Quadratkilometer kommen 1,4 Menschen gegenüber 87 in Europa, 64 in Asien, 10 in Amerika und 9 in Afrika. Das Innere Australiens ist aber völlig menschenleer; fast alle Menschen wohnen in einem Gürtel an der Küste, vor allem der Ostküste.

die Farbe recht verschieden. Manche Männchen sind völlig blaugrau, dafür können manche Weibchen rot sein. Bei der westlichen Rasse sind überhaupt beide Geschlechter rot. Der Kopf ist sonst bei Männchen und Weibchen blaugrau. Übrigens kann man die Weibchen von den ebenfalls grauen Weibchen der Bergkänguruhs und Grauen Riesenkänguruhs daran unterscheiden, daß sie im Gesicht beiderseits einen weißen Strich haben. Die Australier nennen diese Weibchen gern »Blaue Flieger«, »Blue Flyers«. Die Roten Riesenkänguruhs sind die größten von allen Beuteltieren.

Das Graue Riesenkänguruh *(Macropus major)* ist fast ebenso groß. Während bei den Roten Riesen die Schwanzspitze hell ist, haben die Grauen ein schwarzes Schwanzende und keine weißen Zeichen im Gesicht. Auf der Känguruhinsel sind sie schokoladenbraun.

Das Bergkänguruh oder Wallaruh *(Macropus robustus)*, von den Australiern meistens »Wallaroo«, »Euro« (sprich Juro) oder »Hillkangaroo« genannt, hat schwarze Hände und Füße und lebt da, wo es hügelig ist oder wo Felsgruppen die Landschaft unterbrechen. Es scheint der Hitze und Trockenheit am besten zu widerstehen. Für gewöhnlich sind die Bergkänguruhs mattgrau, aber es kommen auch dunkelrote und sogar schwarze unter ihnen vor.

Die Känguruhs vertreten in Australien die grasessenden Huftiere anderer Erdteile, also die Antilopen, Hirsche, Zebras, Büffel, Hasen. Wie diese sind sie gute Läufer; Riesenkänguruhs bringen es für kurze Strecken auf 88 km/st. Aber sie lassen sich, wie so viele Wildtiere, bald ermüden. Selbst zu Pferde kann man sie auf die Dauer einholen, und die

Seite 90 oben: Verfolgte Riesenkänguruhs retten sich gern ins Wasser und erwarten dann aufrecht stehend die herankommenden Hunde, um sie zu umklammern und zu ertränken.

Seite 90 unten: Der Steinfisch (Synanceja verrucosa) liegt an den Küsten Australiens halb im Bodengrund vergraben. Man kann ihn oft von einem Stein einfach nicht unterscheiden. Tritt man auf diesen Fisch, so rinnt durch die Stacheln Gift in die Wunde, das bei Menschen furchtbare Schmerzen, mitunter sogar den Tod bewirken kann.

Autos haben in offenem Gelände den Wettlauf für die Känguruhs hoff-
nungslos gemacht. Die Riesenkänguruhs sind 23 bis 70 kg schwer, die
Männer meistens doppelt so schwer wie die Weiber. Der Schwanz von
dreiviertel bis einem Meter Länge dient als dritter Fuß beim Sitzen, vor
allem aber zum Balancieren beim Springen. Ein langsamer Sprung eines

*In dem gestrichelten
Gebiet kommt das Rote
Riesenkänguruh (Macropus
rufus) vor (nach Basil
Marlow)*

Riesenkänguruhs ist 1,2 bis 1,9 m lang, Sätze auf der Flucht neun Meter
und mehr. Bei einem großen Grauen hat man einmal 13,5 m gemessen!
Die Riesen können auch, wenn es durchaus sein muß, 3,3 m hoch springen. Das sind aber Ausnahmen. Daß ihnen Zäune von 1,5 m Höhe bereits
erheblich zu schaffen machen, sieht man, wenn sie, gehetzt, an ihnen
entlangrennen, und auch an den vielen Toten, die sich darin im Stacheldraht verwickelt haben.

Hitze, Trockenheit und Hunger sind die größten Feinde der Känguruhs, nicht so sehr Raubtiere. Sicher hat es ihnen sehr geholfen, daß die
Europäer den Dingo hartnäckig ausrotten. Teppichschlangen und Pythons *(Morelia argus)* mögen manchmal Kleinkänguruhs oder die Jungen von großen erwischen, ebenso Keilschwanzadler *(Ureatus audax)*,
die aller Verfolgung durch den Menschen trotzen. Einmal sah man einen

mit der Känguruhmutter um ihr Junges kämpfen. Vor Hunden flüchten Riesenkänguruhs gern in brusttiefes Wasser, wo sie stehenbleiben, die nachschwimmenden Hunde mit den Händen packen, unter Wasser drücken und zu ertränken versuchen. Fehlt Wasser, und das ist in Australien ja oft der Fall, stellt sich ein gehetztes Känguruh auch mit

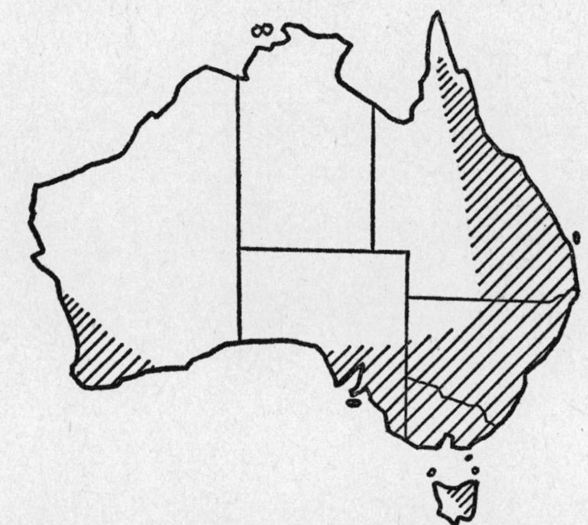

Die Verbreitungsgebiete des Grauen Riesenkänguruhs (Macropus major) in Australien und Tasmanien

dem Rücken gegen einen Baum und tritt den Gegner mit den Hinterfüßen. Diese Fußschläge können fürchterlich wirken. Wenn einem Menschen nur Hosen und Gürtel abgerissen werden, kann er froh sein. Manchmal sind Männer auch schon von Känguruhs buchstäblich ausgeweidet worden oder an gebrochenen Kiefern und Gliedern gestorben. Känguruhmänner kämpfen auch ähnlich untereinander. Sie suchen sich mit den Armen und Händen zu packen und in den Bauch zu treten. Die Bergkänguruhs im Nordwesten Australiens hauen dagegen nach T. Ealey nicht mit ihren krallenbewehrten Hinterfüßen, sie beißen nur, was den Umgang mit ihnen natürlich sehr erleichtert.

In Zirkussen sieht man manchmal »boxende« Känguruhs, denen man Boxhandschuhe über die Hände gebunden hat. Der »Kampf«, den sie mit einem menschlichen Boxer austragen, ist natürlich nur Spiel. Würden sie wirklich mit den Hinterfüßen zuschlagen, so ginge das für den menschlichen Boxer recht übel aus. Känguruhmänner, die älter und selbstbewußter werden, sind deswegen meist für solche Vorführungen nicht mehr zu gebrauchen. Als ein Rotes Riesenkänguruh im Tierpark Hagenbeck über eine Zwischenwand in das Abteil eines Flußpferdes sprang, kratzte

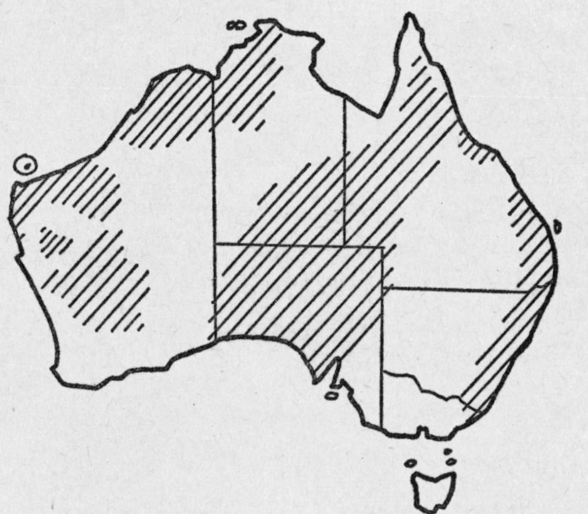

Hier leben die verschiedenen Unterarten der Bergkänguruhs (Macropus robustus)

und schlug es zunächst diesem Riesentier nur mit den Vorderpfoten auf die Nase. Der Dickhäuter war so verblüfft und neugierig, daß er dem Eindringling nichts tat. Daß Känguruhs durchaus nicht wasserscheu sind, zeigen sie in den wenigen Zoologischen Gärten, wo ihnen Badegelegenheit geboten wird. Die Grauen Riesen badeten im Zoo Rom täglich, während die Roten nie ins Wasser gingen. An den Wasserlöchern in Australien lauern Sandfliegen auf sie, von denen Känguruhs oft Augenentzündungen bekommen und blind werden können.

Dem Geheimnis, wie Känguruhs auf trostlosen Landstrichen überhaupt überleben, sind australische Wissenschaftler erst in den letzten zwei Jahrzehnten auf den Leib gerückt. Offensichtlich haben Känguruhs ähnlich wie Wiederkäuer Bakterien in der Speiseröhre, im Magen und im oberen Teil des Dünndarmes, welche die Rohfaser in den Pflanzen aufschließen können. Tatsächlich hat im Zoo Basel jüngst eine Besucherin beobachtet, daß die Känguruhs, wenn sie abends in den Stall gelassen werden, nach einiger Zeit beginnen, Futter wieder emporzuwürgen und neuerlich zu kauen (»Tier«, Nr. 5, 1965, S. 40). Schafe nehmen die harten, trockenen, kaum verdaulichen Spinifexgräser nur im äußersten Notfall auf. Zuerst weiden aber die Millionen Schafe Australiens die Gräser und Kräuter ab, die ihnen besser bekommen. Die Spinifexarten nehmen nach dem Verschwinden der anderen Gräser stark zu, und so schaffen die Schaffarmer ganz unbeabsichtigt mit ihrer modernen Weidewirtschaft Nahrung und Raum für Känguruhs. Zähneknirschend sieht das der Landwirt in manchen Gegenden mit an. Wenn er die Zahl der Schafe verdoppelt, vervierfacht sich die der Riesenkänguruhs ganz selbsttätig. Bestimmte Dinge brauchen Känguruhs aber trotzdem in ihrer Nahrung. Als 1934 der Zoo Brookfield bei Chicago 52 Graue Riesenkänguruhs einführte, starben sie langsam dahin, bis nur noch drei übrig waren. Dann stellte man das ganze Futter um, gab Kalzium und andere Mineralien hinein, Luzerne, Quetschhafer, Feldfrüchte, und siehe da, die Zahl der Känguruhs stieg wieder an. 1949 waren es 74, die alle von den übriggebliebenen drei abstammten. In alten Zoofachbüchern liest man oft, daß Känguruhs an Strahlpilz im Kiefer und überhaupt an merkwürdigen Entzündungen der Mundschleimhäute und der Kehle sterben. Seitdem man in modernen Zoos vielseitiger und vernünftiger füttert, gibt es das kaum noch.

So dumm, wie ihnen manche Leute gern nachsagen, sind Känguruhs übrigens durchaus nicht, wenigstens verglichen mit anderen Weidetieren oder gar Beutlern. D. H. Neumann hat in Münster ein Rotes Riesenkänguruh und ein amerikanisches Opossum allmählich darauf abgerichtet, zwischen zwei Zeichnungen auf Papier, die er ihnen zur Auswahl bot, sich immer für die eine zu entscheiden. Nur bei dieser einen fanden sie Futter. Das Känguruh lernte immerhin sieben solche Doppelgruppen von Figuren auseinanderzuhalten, das Opossum nur zwei. Noch nach 160 Tagen beherrschte das Känguruh sechs von sieben dieser Figuren-

Paare; das Opossum seine beiden zwar noch nach vierzehn Tagen, nach vier Wochen aber schon nicht mehr.

Wie bringen es manche Känguruhs fertig, Wochen und Monate ganz ohne Wasser auszukommen? Riesenkänguruhs »hecheln« wie Hunde und Schafe, um sich abzukühlen, das heißt, sie atmen die Luft bei geöffnetem Mund in raschen Stößen aus und ein. Außerdem belecken Känguruhs die Arme und die Brust, manchmal auch die Hinterbeine, weil der verdunstende Speichel den Körper abkühlt. Bergkänguruhs fangen bei 31,5° Celsius mit dieser Leckerei an. Der westaustralische Forscher E. H. Ealey fand heraus, daß sie im Gehege bei trockenem Futter täglich fünf v. H. des Gewichtes ihres eigenen Körpers an Wasser trinken mußten. Nahmen sie Pflanzen mit 30 bis 50 v. H. Wassergehalt auf, so hatten sie trotzdem ohne Trinken im Gehege nach siebzig Tagen ein Drittel ihres Körpergewichtes verloren — freilebende Bergkänguruhs jedoch nicht, unter sonst durchaus gleichen Bedingungen. Das liegt zum Teil daran, daß sie nach Wasser graben, und zwar bis einen Meter tief. Auf diese Weise ermöglichen sie es auch anderen Tieren, noch in dieser Gegend zu leben — genau wie in Afrika in der Trockenzeit Nashörner, Antilopen, Schlangen und Zebras von den Wasserlöchern abhängig sind, die Elefanten in den lockeren Sand der ausgetrockneten Flußbetten graben. In Australien trinken Wildtauben, Rosakakadus, Beutelmarder, selbst Emus in den Känguruhwasserlöchern. Die Trinkstellen, welche australische Schaf- und Rinderfarmer mit Hilfe von Tiefbohrungen, artesischen Brunnen und elektrischen Pumpen angelegt haben, machen es auch den Känguruhs und so manchen Wildvogelarten möglich, diese Gebiete zu besiedeln. Sie haben ja denselben Zugang zu den Wassertrögen wie die Schafe und Rinder.

Von den Bergkänguruhs, die Ealey im Nordwesten Australiens fünf Jahre lang erforschte, kamen trotzdem viele niemals zu diesen Farmtrinkstellen. Er fand das so heraus: um die Tröge zog er Zäune, fing die Tiere, wenn sie durch bestimmte Löcher darin schlüpften, und schnallte ihnen bunte Halsbänder und Nummern um. Diese Kennzeichen waren aus einem Stoff gemacht, der nachts das Scheinwerferlicht widerspiegelt. Außerdem erfand Ealey tückische kleine Apparate, die jedes Känguruh mit greller Farbe bespritzte, wenn es durch ein Loch schlüpfte.

Er fand heraus, daß viele Bergkänguruhs auch dann nicht tranken, wenn eine Luftwärme von 46° im Schatten brütete. Diese Tiere sparten das Wasser, indem sie sich tagsüber, während die Sonne draußen kochte, in Höhlen unter Granitblöcken verbargen. In diesen Höhlen steigt die Wärme nie über 32°.

Warum aber verzichteten diese Euros eigentlich freiwillig auf das schöne klare Wasser, das ihnen so verlockend auf den Koppeln vor der Nase stand? Offensichtlich hat das mehr mit dem Essen als mit dem Trinken zu tun. Nach neuen Untersuchungen, die man in Kenya, Ostafrika, angestellt hat, scheiden Rinder nach reichlichem Trinken viel mehr Stickstoff aus. 1963 untersuchte man das an Euros in den Laboratorien der Universität von Perth, der Hauptstadt von Westaustralien. Es kam dasselbe heraus. Stickstoff als Hauptbestandteil des Eiweißes ist aber eins der knappsten Dinge in diesen Halbwüsten.

Dr. Main vom Zoological Department der Universität in Perth hat noch ein anderes Känguruhgeheimnis gelöst. Als ich ihn besuchte, saßen Derbykänguruhs *(Wallabia eugenii)* in Gehegen und bekamen schon seit dreißig Tagen nur Meerwasser zu trinken. Es enthält ja bekanntlich 3 v. H. Salz und ist für uns Menschen und die meisten Tiere ungenießbar. Obwohl in ihrem Futter nur 10 v. H. Feuchtigkeit war, nahmen die Tiere an Gewicht zu. Diese kleinen Känguruhs sind auf dem Festland fast ausgerottet, sie hausen heute auf kleinen Inseln vor der Küste, wo es in der Trockenzeit für lange Monate keinen Regen und damit überhaupt kein Süßwasser gibt. Dr. Main fand übrigens auf einer dieser Inseln, daß fast alle Weibchen Junge im Beutel hatten. Trotzdem waren keine einjährigen Tiere auf der Insel zu finden. Die hasengroßen Tiere leben nämlich in Tunnels im hohen Gras, und sie haben dort Eigenbesitze, die erkämpft und verteidigt werden. Sind die Jungen geschlechtsreif geworden, so werden sie von den Alten aus diesen Territorien vertrieben und müssen schließlich ins offene Gelände flüchten. Dort aber werden sie sehr schnell von Seeadlern weggeholt. So bleibt immer etwa die gleiche Kopfzahl von Känguruhs auf dieser kleinen Insel, gerade so viele, wie dort leben können. Wäre es anders, so würde der letzte Halm bald abgeweidet, und fast alle müßten sterben oder würden wegen der fehlenden Deckung von den Raubvögeln weggeholt.

Wie alt können Känguruhs werden? Ich besuchte eines Tages Dr. G. B. Sharman in der Versuchsstation der Commonwealth Scientific and Industrial Research Organization bei Canberra, der Hauptstadt ganz Australiens. Er erzählte mir, daß über zwei Drittel der Weibchen bei den wilden Känguruhs nicht älter als vier Jahre sind, wenn sie geschossen werden. Über ein Viertel hat es auf mehr als acht Jahre gebracht. In den Zoologischen Gärten Amerikas und Europas sind Riesenkänguruhs höchstens 17 bis 18 Jahre, Wallabys 12 Jahre alt geworden.

Vor siebzig, achtzig Jahren hätten Sie im Rheinland oder in Schlesien auf einmal statt Rehen Känguruhs auf den Wiesen sehen können. Wo man sie dort angesiedelt hat, sind sie im allgemeinen gut fortgekommen. Allerdings handelte es sich nicht um Angehörige der drei Riesenkänguruharten vom Festland, sondern um das rußigbraune Bennettkänguruh *(Wallabia rufogrisea frutica)*.

Im Jahr 1887 setzte der Freiherr Philipp von Böselager zwei Männer und drei Weibchen dieser Art in einem Wald von fünf Quadratkilo-

Seite 99 oben: In Australien selbst wird Känguruhfleisch meistens nur für Katzen und Hunde verkauft, nicht zum Verzehr für Menschen. Da nur die Hinterteile der Känguruhkörper verwertet werden, dürften jährlich 250 000 bis 500 000 Känguruhs in Australien für diesen Zweck erlegt werden.

Seite 99 unten: In den Versuchsgehegen der Wildtier-Forschungsstelle der C.S.I.R.O. (Commonwealth Scientific and Industrial Research Organization) zu Canberra, der Hauptstadt Australiens, werden Känguruhs zur Blutentnahme und zum Markieren gefangen. Während des letzten halben Jahrzehnts hat man erstaunliche neue Dinge aus dem Leben der Känguruhs entdeckt.

KANGAROO MEAT
for CATS and DOGS ONLY
SOLD HERE
NOT FOR HUMAN CONSUMPTION
CARMYN KINGSTON's PET SHOP
AND BOARDING KENNELS

metern bei Heimerzheim im Kreis Bonn aus. Nach sechs Jahren hatten sie sich auf 35 bis 40 Köpfe vermehrt und sogar den sehr harten Winter 1887/88 mit minus 22° Kälte überdauert. Leider starben dann die beiden Förster des Freiherrn kurz hintereinander. Bis ihre Stellen neu besetzt waren, schoß eine Bande von Wilddieben die Tiere im Winter bequem an den Futterplätzen ab. Ein paar Känguruhs wurden dann noch in der Umgegend angetroffen, zum Beispiel eines im Taunus, hundert Kilometer von Heimerzheim entfernt, ein anderes wurde 1889 in der Eifel erlegt, aber 1895 war der Bestand völlig ausgerottet. »Viele Jahre später erfuhren wir, in welcher Kneipe die Halunken die Känguruhs verspeist hatten«, schrieb der Sohn des Freiherrn von Böselager.

Auch in England hat man Känguruhs des öfteren mit Erfolg eingebürgert, zum Beispiel um die Jahrhundertwende bei Schloß Tring. Baron Rothschild hielt dort in voller Freiheit neben dem Bennettkänguruh auch das Graue Riesenkänguruh. Dagegen bekam Graf Witzleben, der Bennettkänguruhs mit Erfolg auf seinem Besitz Altdöbern im Bezirk Frankfurt/Oder ausgesetzt und vermehrt hatte, die »hopsenden Riesenflöhe« satt und schoß sie wieder ab, weil sie nach seiner Ansicht die Rehe vergrämten.

Auf seiner Insel Herm im englischen Kanal, östlich der Insel Guernsey, hatte Fürst Gerhard Blücher von Wahlstatt am Ausgang des vorigen Jahrhunderts Bennettkänguruhs ausgesetzt. Sie vermehrten sich auf der 1,3 qkm großen Insel recht gut. Als gleich zu Beginn des ersten Weltkrieges englische Soldaten diese Insel besetzten, verarbeiteten sie leider nacheinander den ganzen Bestand in ihrer Küche. Nachkommen dieser

Seite 100: Immer wieder werden Australiens Wälder angezündet. Viele Eukalyptus-Baumarten haben eine lose, trockene Rinde, die sofort von der Wurzel bis hoch hinauf in die Spitzen explosionsartig in Flammen steht. Die Bäume bleiben trotzdem meistens am Leben, jedoch werden viele kleinere Tiere getötet. Man sieht wohl in keinem Erdteil so viele Waldbrände wie in Australien. Um neue Weide für noch mehr Schafe zu gewinnen, durchtrennen die Farmer die Rinde der Bäume unten ringsum, so daß der Saftstrom unterbrochen ist. Sie sterben dann ab und verbrennen das nächste Mal wirklich.

Kanalkänguruhs lebten in einer Herde von 60 bis 70 Köpfen in der Herrschaft Kriblowitz in Schlesien, einem anderen Besitz der Blüchers. In den ersten beiden Jahren nach Ende des Weltkrieges wurden auch sie von Wilddieben abgeschossen.

Nach Ansicht von Prof. O. Koenig in Wien kann es bei der Einbürgerung von Känguruhs in unseren Breiten jedoch eine Schwierigkeit geben. »Sie hüpfen sorglos über das Eis zu entfernten Wasserlöchern. Die schweren, regelmäßigen Sprünge fördern das Brechen der Eisdecke. Frei laufende Känguruhs würden daher in unseren Breiten ertrinken.« Otto Koenig hielt allerdings nicht Bennettkänguruhs, sondern das etwas größere, aber schlankere Rothalskänguruh *(Wallabia rufogrisea rufogrisea)* vom wärmeren australischen Festland. Diese Tiere überstanden den Winter gut, indem sie sich von Rinde, Knospen und dürrem Gras nährten. Auch den Jungtieren macht die Kälte nichts aus, da sie ja sehr lange im Beutel stecken. Allerdings brauchen die Tiere Deckung und windsichere Unterschlüpfe. Die Känguruhs würden in unserer europäischen Tiergemeinschaft etwa die Stelle des Rehes einnehmen.

Wie wohl das neugeborene Känguruhkind in den Beutel seiner Mutter kommt, darüber hat man sich bald hundert Jahre lang den Kopf zerbrochen. Nur selten hat jemand in einem Zoo dabei zugesehen, und meistens nicht nahe genug, um es genau zu erkennen. Jedenfalls fängt die Mutter etwa zwei Stunden vor der Geburt an, den Beutel innen sorgsam auszulecken. Später setzt sie sich in ungewöhnlicher Stellung hin: sie legt den Schwanz zwischen den Hinterbeinen nach vorn und lehnt sich auch oft noch mit dem Rücken gegen eine Wand. Man nahm an, daß sie das Neugeborene dann mit den Lippen oder mit den Zähnen von der Scheide abnimmt und in den Bauchbeutel befördert. An sich war dieser Schluß auch folgerichtig, denn schließlich wiegt beim Roten Riesenkänguruh das Kind ganze ³/₄ bis 1 g, also etwa ein Dreißigtausendstel des Gewichtes der Mutter (20 bis 30 kg), Augen und Ohren sind noch völlig unausgebildet, es hat keine Haare, sondern wirkt ganz wie ein unfertiger Keimling in der Gebärmutter. Auch die Hinterbeine sind noch kurz, keineswegs känguruhartig groß. Daß solch eine »Frühgeburt« selbst durch das Fell der Mutter empor in die wärmende Tasche kriechen soll, ist kaum zu glauben.

Und doch ist es so, wie die Biologen G. B. Sharman und H. J. Frith in Canberra beim Roten Riesenkänguruh eindeutig aus nächster Nähe fotografiert und gefilmt haben. Bei dieser Art wird das Junge 33 Tage nach der Befruchtung der Mutter geboren. Es zerreißt selbständig die Eihüllen und klettert in den Beutel, auch wenn die Mutter narkotisiert ist und ihm auf keinen Fall helfen kann. Während des ersten Teiles der Kletterpartie hängt es noch mit der Nabelschnur am Mutterkuchen, der in den Geburtswegen steckt. Das Junge bewegt sich schlängelnd, es ist nach drei bis fünf Minuten im Beutel. Die Mutter leckt hinter ihm Blut und Schleim weg — vor diesen genauen Untersuchungen hatte man vielfach angenommen, sie lecke ihm eine ebene Bahn im struppigen Fell, auf der es besser vorankommt. Im Beutel nimmt es eine der vier Zitzen auf und saugt sie in den Mund. Diese Zitze bekommt am unteren Ende eine Knolle, so daß die Annahme der ersten Untersucher verständlich war, das Junge sei an ihr festgewachsen. Beim Abnehmen von der Zitze gibt es leichte Blutungen.

Während Augen und Ohren unfertig sind, hat der Keimling weit offene Nasenlöcher, und auch das Geruchszentrum im Gehirn ist wohl ausgebildet. Man darf deswegen vermuten, daß der blinde, taube Keimling seinen Weg zum nährenden Quell der Mutter mit dem Geruchssinn findet. Die Roten Riesenkänguruhkinder bleiben etwa 235 Tage im Beutel, sie sind dann 2 bis 4 kg schwer. Im New Yorker Zoo steckte ein Bergkänguruh fünf Monate und elf Tage, nachdem es hineingekrochen war, zum erstenmal den Kopf aus der Tasche. Zwillinge und Drillinge sind bei Känguruhs selten, aber immerhin fanden sich im Londoner Zoo unter 219 Geburten von Riesenkänguruhs und Wallabys elf Zwillinge und eine Drillingsgeburt.

Das Forschungsteam in Canberra hat viele der wilden Roten Riesenkänguruhs untersucht, die jetzt zur Fleischgewinnung abgeschossen wer-

den. Mehr als drei Viertel der Weibchen trugen Junge in der Bauch-
tasche, und von diesen säugten wieder 20 v.H. außerdem noch ein
Junges, das schon frei herumlief. Überdies aber tragen 60 bis 70 v.H. der
Känguruhweiber, die ein Junges in der Tasche haben, auch noch einen
Keimling in der Gebärmutter. Das ist hochwichtig für den verzweifelten
Lebenswettbewerb mit den Millionen von Schafen, die von den Menschen so sehr gefördert werden. Während einer Trockenheit sterben
nämlich über 75 v.H. der Känguruhjungen, nachdem sie den Beutel der
Mutter haben verlassen müssen. Dann geht sofort die Vermehrung weiter. In der Känguruhmutter, die sich bald nach der Geburt wieder paart
und befruchtet wird, entwickelt sich der Keimling in der Gebärmutter
nämlich nur bis zu einer bestimmten Stufe, in der er aus etwa hundert
Körperzellen besteht. Dann ruht er sozusagen schlafend und wird nicht
größer, bis das ältere Junge im Bauchbeutel stirbt oder selbständig geworden ist. So kann die Mutter schon etwa vier Wochen danach wieder
ein Junges gebären, ohne sich inzwischen auch nur zu paaren. Notzeiten
bringen also keine unnötige Verzögerung.

An sich ist nämlich auch das Schaf gut einem Hitzeland angepaßt. Es
verträgt, daß seine Körpertemperatur auf 43° ansteigt, und kann durch
Dursten bis ein Viertel seines Gewichtes verlieren. Der Mensch stirbt
schon bei 12 v.H. Austrocknung. Ein Schaf bekommt auch schneller und
mehr Junge als ein Riesenkänguruh, denn bei ihm sind öfter Zwillings-
geburten darunter. Aber wenn in einer Trocken- und Hungerzeit die
Jungen alle sterben, so gibt es bei den Känguruhs sofort Nachschub aus
dem Beutel und der Gebärmutter, während es bei den Schafen oft über
ein Jahr dauern kann, bis sie wieder brünstig geworden, gedeckt sind und
gebären.

Der Rote Riesen-
känguruh-Mann fär
ab. Seine weißen
Brusthaare sind dur
die pulvrige rote
Hautausschwitzung
gefärbt, die das Ti
auch in das ohnehi
schon rostrote
Rückenfell einreib

er Kuskus ist
in langsames
euteltier, das
allen Farben
on Braun bis
um hellen Weiß
orkommt,
uch getüpfelt
nd in Scheckungen.
Venn man ihn
rst entdeckt hat,
t er verhältnis-
äßig leicht zu
gen.

Im Pilbarabezirk von Nordwestaustralien ist die Zahl der Schafe in den letzten 25 Jahren um die Hälfte zurückgegangen, über ein Dutzend Großfarmen mit acht Millionen Schafen sind aufgegeben worden, während zugleich die Riesenkänguruhs, die Euros, stark zugenommen haben. *Wie* stark, das zeigt sich, wenn man sie vergiftet. Auf einer Farm von 14 qkm wurden von 1930 bis 1935 nacheinander 90 000 Bergkänguruhs mit Gift umgebracht. Auf einer anderen Farm von 10 qkm hielt man 4000 Schafe. Die Weiden waren so schlecht geworden, daß die unterernährten Schafe keine Jungen mehr bekamen. Gleichzeitig lebten auf demselben Gelände rund 30 000 Bergkänguruhs, die sich weiter vermehrten. Die meisten Schaffarmer haben ebensoviel Riesenkänguruhs wie Schafe auf ihren Weiden, oft ein Vielfaches davon. Die kleinen Känguruharten sind dagegen meist schon längst aus dem Schafland verschwunden.

Früher gab es in Nordwestaustralien gar nicht so viele Riesenkänguruhs. Die Eingeborenen jagten sie regelmäßig und lebten hauptsächlich davon. Dann wurden aber die meisten der Eingeborenen von den Europäern getötet oder an die Perlenfischer als Arbeiter verkauft. So sank ihre Zahl im Pilbarabezirk von 5000 auf 1300; sie leben jetzt meistens in geschlossenen Siedlungen. Auch die europäischen Goldsucher, von denen sich früher etwa dreitausend in dieser Gegend umhertrieben und meistens von Känguruhfleisch lebten, sind seit 1930 fast ganz verschwunden; es gibt wohl kaum noch ein Dutzend von ihnen.

Seite 108 oben: Nach Ansicht der australischen Biologen G. Sharman und H. Frith ist keine der größeren Känguruharten augenblicklich von Ausrottung bedroht. Schlimmer steht es mit den kleineren Beuteltierarten. In den letzten Jahren verdienen viele Leute ihr Geld damit, daß sie nachts die Riesenkänguruhs mit Autoscheinwerfern blenden und abschießen. Das Fleisch wird im Lande verkauft oder ausgeführt.

Seite 108 unten: Das sind die Überreste einer Känguruhschlachterei. In den Jahren 1958 bis 1962 wurden allein 7500 Tonnen Känguruhfleisch aus Australien ausgeführt, wesentlich mehr jedoch im Lande selbst verbraucht, vor allem als Futter für Hunde und Katzen.

Um dem Geheimnis der Känguruhvermehrung auf die Spur zu kommen, kaufte die Regierung von Westaustralien in dieser Gegend zwei große Farmen. Auf ihnen hat der Biologe E.H.Ealey ab 1955 fünf Jahre lang Untersuchungen angestellt, die ich schon erwähnte. In diesem Bezirk wird es über 50° im Schatten warm, und es fallen nur 25 bis 30 cm Regen im ganzen Jahr. So wächst allein das stachelige Gras Triodia spinifex, das kaum Nährwert hat. Um die Bestände anderer Gräser dazwischen, die etwas mehr Eiweiß enthalten, geht der verzweifelte Wettkampf der Känguruhs und Schafe. Denn ein Schaf braucht wenigstens 6,5 v.H. Eiweiß im Trockenfutter, um überhaupt am Leben zu bleiben — um Junge und Wolle zu erzeugen, noch mehr. Gerade weil das Känguruh sehr wenig oder gar nicht trinkt, kann es dieses Eiweiß besser verwerten. Hinzu kommt noch, daß die Schaffarmer gern, wenn die Schafe zur Schur weggetrieben werden, das alte trockene Gras verbrennen, und damit auch gerade den reifen Samen. So fördern sie die Verbreitung noch schlechterer Grassaaten. Indem sie den Pflanzen keine Zeit zum Erholen geben und sie das ganze Jahr hindurch gleichmäßig begrasen lassen, schaffen sie immer schlechtere Weiden und damit immer bessere Wettbewerbsgrundlagen für die Känguruhs. E. Ealey meint, daß die heute schon zwei Millionen Riesenkänguruhs im Pilbarabezirk alle Bekämpfungsfeldzüge überdauern werden.

Man könnte also wohl zunächst nicht gut behaupten, durch die Känguruhfleischverwertung und den Massenabschuß von Riesenkänguruhs würden Tierarten in Australien ausgerottet. Hört man von dieser Schießerei, so ist jeder zunächst empört und wehrt sich gefühlsmäßig dagegen. Aber die kleinen Känguruharten, die beinahe am Erlöschen sind, wurden ohnedies von diesen Jägern kaum geschossen.

Und doch sträuben sich einem die Haare, wenn man hin und wieder in Zeitungsberichten liest, in welchem ungeheuren Ausmaß das Wappentier Australiens sich jetzt in Schuhleder und Hundefutter verwandelt. Im Staate Queensland wurden von 1950 bis 1960 jährlich etwa 450 000 Känguruhhäute gehandelt. Eine amerikanische Kleiderfabrik bestellte unlängst für 140 000 Dollar Felle, um Skikleidung daraus anzufertigen. Allein im Staate Queensland wurden 1800 Schießscheine an berufsmäßige Känguruhjäger ausgegeben. Sie sollen fünf- bis achthundert Mark je Woche, in guten Gegenden 250 Mark je Tag verdienen. In einer australischen Jagdzeitung finde ich angegeben, daß 25 Häute am Tag für einen Jäger ein guter Erlös seien, 140 in sechs Tagen »phänomenal«. Meistens wird aus Abständen von 50 bis 250 m geschossen. Den Tieren gerät es zum Verderben, daß sie nach kurzer Flucht wieder anhalten und sich umdrehen, um zu sehen, was ihr Verfolger tut. Schon vom Juli 1958 bis zum Juni 1962 wurden 7500 t Känguruhfleisch ausgeführt, noch mehr in Australien selbst als Futterfleisch verkauft. Da nur die Hinterteile verwendet werden, wurden also ein bis zwei Millionen Känguruhs dafür geschossen. Im westlichen Neusüdwales rechnete man in dieser Zeit (nach Dr. Sharman und Dr. Frith) mit etwa einer Million Stück abgeschossenen Riesenkänguruhs. Das Hundefutter wird in Australien selbst mit 23 Cents die Dose verkauft. Diese Känguruh-Verwertungsindustrie breitet sich immer rascher aus. Selbstverständlich schießen diese Leute, die im Akkord arbeiten, alles, was ihnen vor die Flinte kommt. Im Jahre 1964 wurden bereits wöchentlich 50 t Fleisch aus ganz Australien ausgeführt. Dazu kamen noch 10 t, die innerhalb Australiens selbst als Hunde- und Katzenfutter verwendet wurden. Zu einer Tonne Fleisch sind 133 Känguruhs nötig, so daß wöchentlich 7980 Tiere dafür umgebracht wurden. Mit den Jungen in den Bauchbeuteln macht das etwa 10 000 Köpfe aus.

Diesen Zahlen, die beklemmend wirken, muß man allerdings die vorhandenen Känguruhbestände gegenüberhalten. Nach Sharman und Frith wurden von 1923 bis 1955 über zwei Millionen Häute von Bennettkänguruhs allein von der Insel Tasmanien ausgeführt und sicher doppelt so viele Tiere getötet. Trotzdem kommen sie heute noch in großen Mengen dort vor. Als man in einer Farm von 10 000 ha auf dem Festland 2000 Riesenkänguruhs abgeschossen hatte, konnte man keine Abnahme in ihrem Bestand feststellen. In der Plantage Talga Talga in

Westaustralien, die auf 84 000 ha nur noch 2300 Schafe ernährte, also ein Schaf auf 8 ha Land, vergiftete man umschichtig die Trinktröge eine, drei und zehn Wochen lang. In dieser Zeit zählte man 12 834 umgebrachte Bergkänguruhs.

Um also die Dinge nüchtern zu beurteilen, sei erwähnt, daß in der kleinen Bundesrepublik jedes Jahr über eine Million Feldhasen und 550 000 Rehe von Jägern erlegt und mehr als 200 000 Hasen von Autos totgefahren werden. Trotzdem nehmen unsere Wildbestände in diesen Arten keineswegs ab. Das Känguruhfleisch ist ausgezeichnet und wäre durchaus nicht nur als Hundefutter geeignet, wenn es in Australien ebenso hygienisch verarbeitet würde wie Rind- und Schaffleisch. Natürlich enthalten Wildtiere fast durchweg etwas mehr — für den Menschen unschädliche — Parasiten als unsere Haustiere, aber das gilt für unsere Hasen, Wildschweine und Hirsche ebenso. Känguruhs wären also in diesen trockenen Ländern den Schafen und erst recht den Rindern als Fleischerzeuger weitaus überlegen. Warum soll man nicht einfach Känguruhs herumlaufen lassen und regelmäßig einen Teil von ihnen abschießen? Ich glaube, das Haupthindernis ist: auf Känguruhs wächst nun einmal keine Wolle.

6

Unter Paradiesvögeln
und Steinzeitmenschen

Erschlagen, ehe er die Mutter wiedersah
Sie hielten die Europäer
für die Seelen ihrer verstorbenen Verwandten
Die Paradiesvogel-Entdecker kamen ums Leben
Ein Paradiesvogel erinnert
an den unglücklichen österreichischen Thronfolger
Flirten mit Kopfrollen
Kasuar als geliebtes Haustier, gefesselte Schlangen

Als ich, wie gesagt, mitten in den australischen Winter geriet, habe ich mich zunächst schnell ins Flugzeug gesetzt und bin erst einmal nach Neuguinea geflogen, wo dicht am Äquator vertraute tropische Temperaturen herrschten. Von Sydney bis Neuguinea muß man immerhin noch gut 3000 km weit fliegen, etwa so weit wie von Frankfurt bis Kairo.

Neuguinea ist die zweitgrößte Insel der Erde, mehr als zweimal so groß wie England. Der nordöstliche Teil der Insel war dreißig Jahre lang (1884 bis 1914) als »Kaiser-Wilhelms-Land« deutsches Schutzgebiet, zusammen mit dem Bismarckarchipel. 1914 wurde es kampflos von den Australiern besetzt. Während des Zweiten Weltkrieges haben die Japaner sich in den Küstengebieten des Nordens festgesetzt. Jetzt ist der westliche Teil, der früher unter niederländischer Verwaltung stand,

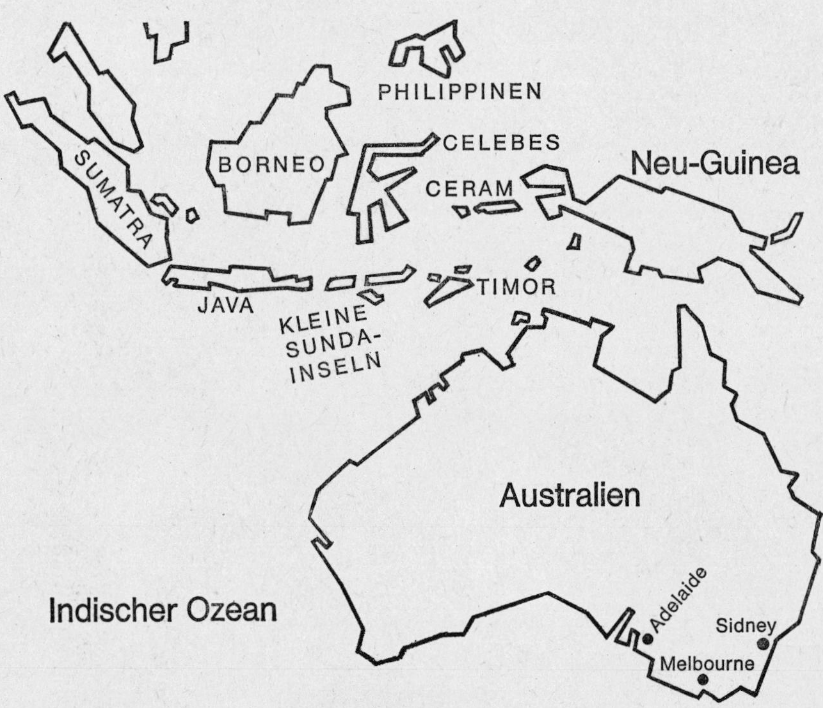

indonesisch geworden, der östliche Teil, also die frühere britische Kolonie Papua, zusammen mit dem ehemals deutschen Schutzgebiet, steht unter australischer Verwaltung. Er wird aber wohl in wenigen Jahren selbständig werden. Ich habe dort vor allem das Wahgital besucht, das zu deutscher Zeit allerdings noch nicht entdeckt worden war; mein Kameramann Alan Root und seine Frau Joan sind noch weitere drei Monate dort geblieben.

Neuguinea besteht fast ganz aus dichtbewaldeten Hochgebirgen. Es regnet viel; mitunter sieht man tage- oder gar wochenlang keinen blauen Himmel. Die höchsten Berge messen 4000 bis 5000 m; manche tragen noch heute deutsche Namen, wie z. B. Mount William, nach dem letzten deutschen Kaiser, das Bismarckgebirge oder Mount Hagen, nach dem deutschen Präsidenten der Neuguinea Kompanie. Die Einheimischen sprechen »Hagen« auch mit deutschem offenem »a« aus, und nicht englisch »Hägen«. Auf Neuguinea leben insgesamt über 2,5 Millionen Eingeborene, sie sind dunkel, oft fast schwarz, kraushaarig und offensichtlich mit den Negern verwandt.

Fliegt man über Neuguinea, so wird einem klar, warum es so sehr spät erforscht wurde und warum auch heute viele Teile von Europäern noch nicht betreten worden sind. Es gibt nur zwei oder drei Stichstraßen, von Küstenstädten ein Stückchen bis in das Innere. Die Gebirge sind wirr; lange, leichter begehbare Täler fehlen fast überall; abgestürzte Flugzeuge sind häufig trotz langen Suchens nie gefunden worden. Will man also das Land erschließen, so ist man auf Flugverbindungen angewiesen. Aber es ist auch sehr schwer, in diesem Gebirge ebene, offene Plätze für Landebahnen zu finden und freizumachen. So sind weite Gebiete noch heute unerforscht; die Verwaltung verbietet Europäern ihr Betreten. Werden nämlich die ersten Reisenden getötet, wie sich das oft ereignet hat, ist die Regierung verpflichtet, Strafexpeditionen auszuschicken. Auf diese Weise werden die Eingeborenen leicht in eine feindliche und verängstigte Einstellung gegenüber der Verwaltung gedrängt. Die Zeit der großen, abenteuerlichen Entdeckungsfahrten — in

Afrika um die Mitte und in der zweiten Hälfte des vorigen Jahrhunderts — liegt in Neuguinea nur zehn bis dreißig Jahre zurück, ja eigentlich sind wir noch mitten darin.

So haben 1932 die Kukukukus im Südosten der Insel, sehr kleinwüchsige Leute und arge Kannibalen, zunächst den Deutschen Helmuth Baum sehr freundlich aufgenommen. Ein Australier, der ihn kurz vorher noch getroffen hatte, beschreibt ihn als sehr gebildet und gastfreundlich. »Ein Mann, der das zivilisierte Leben schlecht erträglich fand und daher, stets gut rasiert und in makelloser weißer Kleidung, durch Neuguinea reiste — wohl damals der beste Kenner dieses Landes. Gerade wollte er Neuguinea verlassen, um seine alte Mutter in Deutschland zu sehen. Er hatte versprochen, sie nicht mehr zu verlassen, jedenfalls nicht, solange sie noch lebte. Die Dampferreise war schon bezahlt, er wollte nur noch bis zur Abfahrt ein bestimmtes Tal im Kukukukuland besuchen.«

Nachdem er dort einige Tage verbracht hatte, kamen die Kukukukus — mit Schweinehauern durch die Nasenscheidewand gezogen — wie üblich früh am Morgen und boten ihm Zuckerrohr zum Kaufen an. Als er einen Augenblick nicht aufpaßte, zogen sie Steinäxte unter ihren Rindenkleidern hervor und erschlugen ihn. Auch acht von seinen zwanzig Trägern wurden getötet. Von ihren Leichen wurde nie mehr etwas entdeckt, nur einige Teile seiner Ausrüstung fand man später bei den Eingeborenen.

Seite 117: In verdunkelten Hütten kommen abends die Liebespaare zusammen und vergnügen sich damit, Stirn gegen Stirn und Nase gegen Nase stundenlang abzurollen. Man verhakelt auch die Beine, aber eine ältere Frau in der Hütte sorgt als Anstandsdame dafür, daß es beim Flirten bleibt. Auf dem Kopf sieht man außer Paradiesvogelfedern auch Vogelflügel. In die Bänder über der Stirn sind grünschillernde Flügeldecken von Skarabäenkäfern eingeflochten.

Seite 118 und 119: Die jungen Mädchen flechten hier die leuchtend grün schillernden Flügeldecken und Brustpanzer von Skarabäenkäfern in ein Kopfband ein.

Der zuständige Distriktoffizier machte daraufhin eine Expedition in das Kukukukuland und nahm sechzehn Mann gefangen, die für Baums Tod verantwortlich waren. Sie wurden gefesselt zur Küste gebracht, erhielten aber nur Freiheitsstrafen von weniger als einem Jahr und wurden dann wieder nach Hause geschickt. Ein Jahr später gingen die australischen Goldsucher Naylor und Clarius ohne Wissen und Erlaubnis der Verwaltung mit nur neun Trägern in das Kukukukuland. Auch sie wurden zunächst freundlich aufgenommen und begleitet, bis sie nach Ansicht der Kukukukus weit genug von dem nächsten Posten der australischen Verwaltung waren. Dann wurden sie zusammen mit sieben der Träger erschlagen; nur zwei konnten flüchten.

Der Patrouillenoffizier J. McCarthy, der im März 1932 mit 24 Trägern diese Ermordung rächen sollte, wurde in einer engen, bewaldeten Schlucht von den kleinen Kukukukus mit einem Pfeilhagel überschüttet. Er fühlte einen Schlag gegen seinen Magen, fiel zu Boden und entdeckte, daß ein Pfeil tief in seinem Bauch steckte. Ein zweiter sauste in seinen Oberschenkel. Seine eingeborenen Begleiter verteidigten ihn; er konnte den einen Pfeil aus dem Schenkel herausziehen und versuchte mit dem anderen Pfeil, der aus seinem Leib ragte, weiterzugehen. Dann hielten ihn seine Boys fest und zogen den Pfeil gewaltsam mit einem kurzen Ruck heraus. Weil er wußte, daß ihn nur die Flucht retten konnte, marschierte er noch den ganzen Nachmittag und die Nacht durch bis frühmorgens. Er wurde bald darauf operiert und gerettet.

Als er einige Monate später wieder in das Kukukukuland kam, waren die kleinen Krieger erstaunt, ihn lebend wiederzusehen. Einer machte ihm mit Zeichen klar, daß er es gewesen sei, der ihn in den Bauch geschossen hatte. Auch jetzt waren sie wieder sehr freundlich. Am Abend fehlte aber der letzte Träger, und man fand ihn dann mit eingeschlagenem Schädel neben dem Weg im Gebüsch. Als einer der Beamten bei einem anderen Überfall den Anführer der Angreifer erschießen mußte, waren alle Krieger erstaunt und verblüfft über die Wirkung des Gewehres. Sie kamen herbei, bestaunten den Einschuß in der Brust des Mannes und die Büchse, schienen aber über seinen Tod nicht böse zu sein.

Dutzende solcher Geschichten werden in Neuguinea erzählt und sind in den Regierungsberichten niedergelegt. Das Verzehren von Menschenfleisch, das bei so vielen Stämmen Neuguineas üblich war oder ist, hat kaum etwas mit religiösen oder magischen Dingen zu tun wie in anderen Erdteilen. Es liegt einfach am Fleischmangel; die Leute sind eiweißunterernährt. Obwohl sie als ausgezeichnete Gärtner und Ackerbauer Gemüse und Früchte im Überfluß haben, liefert ihr Land ihnen kaum tierisches Eiweiß. Zwar ist die Vogelwelt leuchtend und prächtig; Neuguinea hat ebenso viele verschiedene Vogelarten wie der ganze große Erdteil Australien. Aber Großtiere kommen kaum vor, lediglich Schlangen, die katzengroßen Kuskus auf den Bäumen, die nicht viel größeren Baumkänguruhs und der einzeln im Wald lebende Kasuar.

An Haustieren haben die Eingeborenen nur kleine Schweine, und die werden nur selten, bei großen Festen, geschlachtet, dann allerdings meistens in Massen. Man macht Gefangene entweder in einer der ständigen Schlachten zwischen benachbarten Dörfern und Stämmen, oder man überfällt einen Mann oder eine Frau, während sie in ihrem Garten arbeiten. Solche Gefangene werden ungemein grausam behandelt. Besteht Gefahr, daß der Mann weglaufen könnte, so bricht man ihm einfach die Beine. Dann bringt man ihn ins Dorf, und die Kinder lernen daran, wie man mit Steinkeulen tötet. Hat man vom rechten Arm eines Mannes gegessen, so darf man nur Fleisch von seinem linken Bein zu sich nehmen. Man benutzt zum Essen Stöcke, die nachher weggeworfen werden.

Untereinander sind die Leute jedoch sehr anhänglich und lieben sich sehr. Stirbt ein naher Verwandter, so schneidet man sich zum Zeichen der Trauer und der Verzweiflung ein Fingerglied ab. Es gibt ältere Frauen, die kaum noch Finger an der Hand haben. Die kleinen Leute mit dem lächerlichen Namen Kukukuku räuchern auch die Leichen vornehmer oder besonders geliebter Angehöriger wochenlang in Hütten über dem Feuer, wobei kein Fett herabtropfen darf, tragen sie dann hoch ins Gebirge und setzen sie unter überhängende Felsen, so daß die Toten ihre alte Heimat überblicken können.

Die australische Verwaltung befriedet mit Geduld und Ausdauer allmählich einen Bezirk nach dem anderen. Totschlag und Mord werden bestraft, Kriege zwischen den Dörfern abgeschafft, Kannibalismus lächerlich gemacht. Die Küstenbezirke und die Teile des Inneren, die leichter erreichbar sind, hat man schon weitgehend zivilisiert; die Eingeborenen gehen in europäischer Kleidung, besuchen Schulen und haben Sitze im Landesparlament.

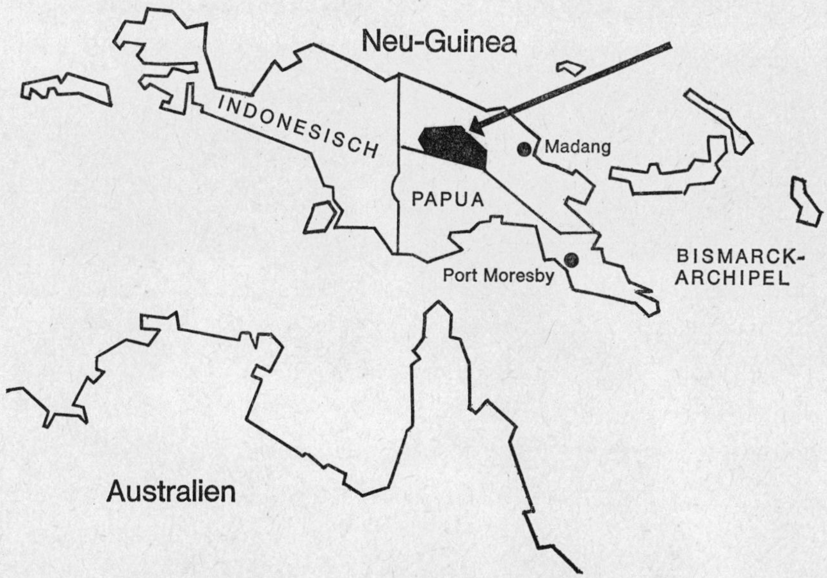

Von dem Gebiet, auf das der schwarze Pfeil zeigt, berichtet dieses Kapitel.

Das Wahgital, das wir in der Hauptsache aufgesucht haben, erblickte 1930 der erste Europäer, ein Goldsucher. Im Fluß, der herausführt, fand er viele Leichen von Eingeborenen, zum Teil mit gespaltenem Schädel. Die Leute in diesem Tal schienen also eifrig Krieg miteinander zu führen. Die erste Expedition, welche im März 1933 in das Tal eindrang, wurde von den Eingeborenen freundlich empfangen. Sie liefen nicht, wie anderswo so häufig, vor ihnen weg. Daß sie Kannibalen wären, wiesen sie entrüstet zurück. Den Reisenden fiel auch besonders auf, daß die Eingeborenen nicht stahlen.

Sie waren sehr erstaunt über diese ersten weißen Menschen, die sie sahen. Flugzeuge hatten sie vorher schon öfter am Himmel beobachtet. Deswegen zeigten sie nach oben, ahmten mit den Lippen das Flugzeuggeräusch nach und fragten in Zeichensprache und durch Vermittlung von Trägern, die ein paar Worte der Wahgisprache verstanden, ob diese weißen Menschen wohl etwas mit den Flugzeugen zu tun hätten. Als Mick Leahy, der Führer der Expedition, das bejahte, umarmten ihn die Leute, einige schrien auf, und Tränen kamen ihnen in die Augen. Sie glaubten, die Seelen der verstorbenen Angehörigen seien vom Himmel herabgekommen, einige Frauen erkannten in jungen Trägern ihre verstorbenen Söhne wieder. Die Äxte, Stahlmesser, Stoffe, welche Mick Leahy ihnen schenkte, waren für sie Wunderdinge und Segnungen aus dem Jenseits. Sie boten den Trägern ihre Frauen und Mädchen an, verfolgten neugierig die Weißen auch bei abseitigen Verrichtungen im Wald und sammelten ihre Exkremente als Andenken ein. Ein Mann, der sein Glasauge herausnehmen und wieder einsetzen konnte, wurde auch später, nachdem man sich an die Neulinge schon mehr gewöhnt hatte, noch als Übermensch bewundert. Als man in dem Wahgital, das etwa 200 km lang ist, eine genügend ebene Fläche für einen Landestreifen gefunden hatte, rissen die Bewohner in ihrer ersten Begeiste-

Seite 125: Ein Schwarzköpfiger Neuguinea-Habicht (Accipiter melanochlamys) rupft und verzehrt hier einen Kleinpapagei.

rung sogar die Zäune ihrer Gärten weg und ebneten die Felder ein. Sie arbeiteten zu Hunderten daran. Als die Maschine donnernd herunterkam, fielen alle zu Boden. Es war am 8. März 1933. Der Pilot Jan Grabowski kletterte heraus, ein großer schlanker Mann, schneeweiß gekleidet, in weißem Helm und mit einer großen grünen Autobrille. Da warfen sich die Wahgileute wiederum der Länge nach auf die Erde und stöhnten. Sie wagten den Geist aus dem Himmel gar nicht anzublicken. Bei anderer Gelegenheit schleppten beherzte Männer Bananen und andere Nahrung herbei und legten sie vorsichtig unter den Kopf des großen Metallvogels, andere krochen unter seinen Schwanz, um zu sehen, ob er männlich oder weiblich sei.

Die ersten Missionare kamen noch im selben Jahr in dieses Tal. Die meisten von ihnen, sowohl Protestanten wie Katholiken, sind übrigens bisher Deutsche gewesen. Im Dezember 1934 wurde ein deutscher Missionar ermordet, der Bruder Eugene jedoch schwer verwundet und nackt von anderen Eingeborenen gefunden und gerettet. Die 67 Mann, die man wegen dieses Mordfalles gefangennahm, wurden für sechs Monate zur Arbeit an die Küste geschickt und dann wieder zurückgebracht. Man wollte den Leuten auf diese Weise zeigen, wie man in der Zivilisation lebt und daß man sich dort nicht umbringt. Übrigens waren solche Eingeborene, die an der Küste in Autos herumgefahren wurden, fast immer sehr enttäuscht, weil diese Gefährte sich nicht in die Luft erhoben. Sie hatten eben an technischen Neuerungen zuerst die Flugzeuge kennengelernt. Für Autos gab es noch keine Straßen bei ihnen.

Als im letzten Weltkrieg die Japaner kamen und aus entlegenen Tälern noch Europäer gerettet werden sollten, war an einem Platz der

Seite 126: Der Seidenband-Paradiesvogel oder die Mayer-Paradieselster (Taenia paradisaea mayeri) hat von allen Vögeln auf der Welt den längsten Schwanz. Diese Federn wurden in England bekannt und dienten zur Festlegung einer neuen Paradiesvogelart, lange bevor man den zugehörigen Vogel kennengelernt hatte. Diese Art ist erst 1939 entdeckt worden und gilt als der größte Paradiesvogel. Die Schwänze der Männchen sind mitunter fast einen Meter lang.

127

Landestreifen zu naß und wellig. Es war nicht schwer, die Eingeborenen zum Tanzen zu begeistern; sie tanzten mit nackten Füßen viele Stunden lang mit dem Erfolg, daß die Maschine sich mit sieben Missionsschwestern an Bord unschwer vom Boden lösen konnte.

Von allen Tieren ihres Landes spielen wohl die Paradiesvögel die wichtigste Rolle im Leben der Eingeborenen Neuguineas. Nicht, weil sie sie verzehren, obwohl dohlen- oder krähengroße Vogelkörper keineswegs verschmäht werden. Die prächtigen Federn dieser paradiesischen Vögel drücken Bedeutung, Reichtum und Einfluß eines Mannes aus, sie machen ihn anziehend für die jungen Mädchen. Deswegen wollen Eingeborene gar nicht selten gefangene Paradiesvögel von europäischen Tierfängern abkaufen, und sie bieten hohe Summen dafür.

Die seltsamen Federn dieser Vögel haben nicht nur die Einwohner Neuguineas, sondern auch uns Europäer lange Zeit sehr stark beschäftigt. Wir kennen sie seit über vierhundert Jahren, die zugehörigen Vögel aber erst gute hundert Jahre. Am 8. September 1522 lief in Sevilla das Segelschiff »Victoria« ein, das ein wahres Geisterschiff war. Alle Welt hatte es längst verloren geglaubt, es war das einzige übriggebliebene Gefährt aus der Flotte, mit der der Weltumsegler Magellan drei Jahre zuvor stolz in See gestochen war. Die abgezehrten Gestalten, welche an Land stiegen, brachten neben anderen Seltsamkeiten Vogelbälge mit unglaublich zarten und feinen bunten Federn mit. Sebastian Delcano, der Kapitän, hatte sie von einem Sultan auf den Molukken zum Geschenk erhalten. Allerdings stammten sie auch nicht von dort, sondern von einer der vielen unbekannten Inseln in der Nähe von Australien. Die Bälge waren gut erhalten, merkwürdig erschien aber den Spaniern, daß sie keine Füße und auch keine Knochen enthielten. Zwar beschrieb der Italiener Antonio Pigafetta schon wenige Jahre später, daß die Paradiesvögel Beine hätten, die etwa eine Handbreit lang sind. Aber man glaubte ihm nicht; schließlich bewiesen die fußlosen Bälge, welche besonders von den Holländern später als Handelsware nach Europa gebracht wurden, zu eindeutig das Gegenteil. Pigafetta hatte also gelogen, und der alte Aristoteles war gar zu voreilig gewesen, als er das Vorkommen fußloser Vögel ausdrücklich bestritten hatte. Der große Arzt und Mathematiker zu Padua, Geronymo Cardano, dachte sich das Leben der Wundervögel 1550 so aus: Die Tiere brauchen keine Füße, weil sie ständig in den höchsten Lüften weilen. Der Rücken des Männchens hat eine Grube, welcher beim Weibchen eine Grube des Bauches entspricht. Durch Aufeinanderlegen dieser beiden Höhlungen bebrüten sie gemeinsam, in der Luft fliegend, das Ei dazwischen. Das Männchen hat im Schwanz drei lange drahtige Fäden: Sie sind dazu da, das Weibchen zu umschlingen und beim Brüten an den Partner zu fesseln. Breiten sie dabei Schwanz und Flügel weit aus, so können sie sich ohne Schwierigkeiten dauernd in der Luft halten. Sie nehmen daher vermutlich auch keine andere Nahrung zu sich als den Tau des Himmels, denn von der Luft allein können sie nicht leben, weil sie zu dünn ist.

Da diese Geschichte so verlockend zauberhaft klang, ging sie auch in die Reiseberichte, ja in die naturkundlichen Bücher ein, man glaubte sie nur zu gern, auch wenn ernsthafte Gelehrte in Holland nach Untersuchung weiterer Bälge von Paradiesvögeln diese Geschichte für Unsinn erklärten.

Die Paradiesvögel haben dann in den kommenden Jahrhunderten die Gemüter in Europa immer wieder sehr beschäftigt, viel mehr als heute. Man schrieb gelehrte Abhandlungen und Doktorarbeiten über sie. Fürstliche Sammler zahlten unglaublich hohe Preise, um einzelne Bälge in ihre Raritätenkabinette zu bekommen. Die Händler und Präparatoren machten sich diese Nachfrage zunutze. Man findet noch heute in den Sammlungen alte Bälge, die aus Federn und Hautstücken der verschiedensten Paradiesvogelarten kunstvoll zusammengesetzt sind. Der »Weißschwingen-Paradiesvogel«, den der Zoologe Latham 1787 aus seiner englischen Privatsammlung beschrieb, war der Balg einer anderen Paradiesvogelart, der man weiße Flügel eingesetzt hatte. Levaillants besonders prächtige, erstaunliche neue Paradiesvogelart, die von Barraban sorgfältig gemalt worden war, stellte sich später gleichfalls als ein zu-

Von dem Paradyßvogel / oder Lufftvogel.

Paradisea, Paradisi avis . . .

Diß vogels figur ist von dem berrümpten mann und geleerte J. C. loblicher gedächtniß Cunrat
Peütinger / uns mitteilt worden welcher auch bezeüget daß er einen sölichen vogel todt gesehen
hette / als auch vil andere warhaffte und glaubwirdige leüt vor mir söliches bezeüget habed.
Und ist unlangest ein figur diß vogels zu Nürenberg getruckt / und mir mit disen Worten zuge=
schickt worden: Der Paradyßvogel / oder Apus Indica / ist in der grösse eines Mistlers / gantz
leicht / mit langlechten flüglen / welche gantz rau und durchsichtig sind / und mit zweyen langen
fäderen (wenn sy ächt mer fäderen dann burst söllend genennt werden: dann sy kein fäderen
habend) die sind eng / schwartz / hert wie horn. Er hat keine füß / dann er flügt stäts / und ru=
wet nimmer anderschwo dann auff einem baum / daran er sich mit disen langen fäderen henckt
und flichtet. Kein schiff mag so schnäll im meer / oder so weyt vor land faren / welches er nit
umfliege. Er ist gantz hitzig / fürauß zu der speyß gebraucht. Der ist seer kostlich von seiner selt=
zame wägen. Die obersten im Krieg steckend dise fäderen in jr beckelhauben als einen strauß.
Disen zeigt man zu Nürenberg bey Hans Kramer / und schetzt den wol um hundert taler.
In den Inßlen Moluchis under dem Aequinoctio geläged (spricht Cardanus) wirt ein todtner
vogel auff der erden oder im wasser aufgeläsen / welchen sy in jrer spraach Manucodiatam nen=
nend / den kan man läbendig nimmer sehen / dieweyl er keine bein und füß hat: wiewol Ari=
stoteles nit zulaßt / daß neiß wo ein vogel on füß gefunden werde. Diser / so ich nun dreü mal
gesehen / hat allein darumb keine füß / daß er stäts hoch in lüfften schwäbt. Sein gantzer leyb
und schnabel ist von gestalt und grösse dem Schwalmen änlich: die schwingfäderen und schwantz=
fäderen / so er die flügel außstreckt / überträffend den Hapchen / und sind garnach dem Adler /
grösse halber änlich. Die dicke der fäderen magst du wol bedencken: dann die ist also / wie
söliche dein vernunfft / nach der grösse und statur deß vogels / auß weyßt. Darumb sind sy gantz
zart / und vast änlich (on allein die zärte außgenommen) den Pfawenfäderen deß weyblins:
dann sy dem männlin nit könnend vergleychet werden / darumb daß sy nit spiegel habend als
die in deß Pfawen männlins schwantz. Deß männlins rugken hat inwendig einen buckel / und
in dise höle verbirgt (als der gmeinverstand außweyßt) das weyblin sein eyer: dieweyl auch
das weyblin einen hole bauch hat / daß es also mit beiden hölinen die eyer brüten und auß=
schlöuffen mag. Dem männlin hanget am schwantz ein faden / drey zwerch hand lang / schwartz
gefarbt / der hat die mittelst gestalt under der ründe und vierecketet er ist auch weder zu dick
noch zu zart / sunder einem schuchmachertrat vast änlich: und mit disen sol das weyblin / die=
weyl es die eyer brütet steyff an das männlin gebunden werden. Und ist kein wunder daß er
stäts im lufft sich enthaltet: dann wenn er seine flügel und den schwantz ringsweyß außstreckt /
ist es kein zweyfel / dann daß er also on arbeit vom lufft aufgehalten werde. Sein enderung
und stäts abwächßlen im flug mag jm auch die müde hinnehmen. Der behilfft sich auch / als
ich vermein / keiner anderen speyß dann deß himmeltauws / welches dann sein speyß und tranck ist

sammengesetzter Vogel heraus. Man hatte ihm einen falschen Bauch, einen falschen Schwanz und einen falschen Schnabel eingesetzt und zudem noch die Schmuckfedern der Flanken kunstreich auf den Rücken geklebt.

Später wußte man, daß die Paradiesvögel natürlich Beine hatten. Weil aber die Bälge nach wie vor ohne solche in den Handel kamen, hatten damals alle ausgestopften Vögel in den Sammlungen zumindest falsche Beine, oft auch falsche Flügel. Man benutzte dafür gern die Beine und Flügel unserer Dohle, ja sogar des Sperbers. Prof. Erwin Stresemann hat diese Entdeckungsgeschichte der Paradiesvögel im »Journal für Ornithologie« (Band 95, Seite 263—291, 1954) sorgsam zusammengetragen. In seinem Buch »Die Entwicklung der Ornithologie von Aristoteles bis zur Gegenwart « (Aachen, 1951) beschreibt er die Pracht der holländischen Privatsammlungen von ausgestopften Vögeln und anderen Tieren in jener Zeit.

Die ersten Bälge von Paradiesvögeln im Pariser Naturgeschichtlichen Museum waren Schwefeldämpfen zum Opfer gefallen, durch die sie von den Motten hatten befreit werden sollen. Dafür brachten die französischen Revolutionsarmeen aus den Museen Hollands 1795 reiche neue Beute nach der französischen Hauptstadt. Die Phantasie der Künstler wurde durch die seltsamen Geschöpfe angeregt. Die Maler versuchten, sie nach den Bälgen lebend in natürlicher Haltung darzustellen, obwohl noch kein Europäer einen lebenden Paradiesvogel gesehen hatte. Dabei beobachtete der Franzose Levaillant, daß die Spulen der Schmuckfedern weit aus der Innenfläche der Haut herausragen und dort mit einem »muscle érecteur«, einem »aufrichtenden Muskel«, in Verbindung stehen. Levaillant vermutete ganz richtig, daß dieser Muskel — wenn die Paradiesvögel in Balzerregung geraten — die Federn hochzieht und ausbreitet wie die Schleppe des Pfaues. Der Forscher hat aufgrund dieser Überlegungen die sonderbaren Balzstellungen von zwei Paradiesvogelarten ziemlich richtig errechnet und von seinem Maler abbilden lassen. Bei einer anderen Art ist es ihm allerdings völlig mißlungen.

Entdecker und Forscher drängte es nach Neuguinea, um die Wundervögel lebend zu sehen. Viele haben in den kommenden Jahrhunderten dort durch Seuchen, in Gebirgsflüssen und durch die Pfeile der Eingeborenen ihr Leben gelassen. Man rüstete ganze Expeditionen aus, um dem Geheimnis der Paradiesvögel auf die Spur zu kommen. Für manche dieser Unternehmen war das nur ein Vorwand, während in Wirklichkeit die Engländer, Franzosen und Holländer auf diese Weise in Neuguinea Fuß fassen wollten. Während bei einer holländischen Paradiesvogel-Forschungsreise allein fünf Wissenschaftler den Tod fanden, übertrumpfte sie alle der französische Schiffsapotheker René Lesson, der sich nur dreizehn Tage auf Neuguinea aufhielt, diese Zeit aber ausgezeichnet nutzte. Er beobachtete freilebende Paradiesvögel, ließ sich von den Eingeborenen zeigen, wie sie sie fangen, beschrieb ihre Rufe und auch, wie man in Neuguinea den Körper aus der Haut auslöst und diese so präpariert, daß die Federn in der richtigen Lage darin sitzenbleiben. Schon ein paar Jahre später, 1862, brachte der Zoologe Alfred Russel Wallace zwei junge männliche Paradiesvögel lebend nach London in den Zoo. Welche Begeisterung bei der ganzen Londoner Bevölkerung!

Diese Londoner Göttervögel veranlaßten die Holländer, drei Forscher nach Neuguinea zu schicken, darunter den schlesischen Glasmalersohn Otto Finsch. Einer von den dreien, der Arzt Heinrich Bernstein, wurde von Eingeborenen getötet. Er war das elfte Opfer der Paradiesvogelsuche, aber noch lange nicht das letzte. Otto Finsch hißte auf Nordostguinea die deutsche Flagge und veranlaßte die Reichsregierung, dieses Land als Kolonie zu übernehmen. Leider brachte er damit schreckliches Unheil über die von ihm so geliebten Göttervögel. Denn nun hatte die Mode ihre Federn entdeckt. Schon in den ersten fünf Jahren deutscher Kolonialzeit wurden über 50 000 Paradiesvögel getötet und zu Hutschmuck verarbeitet. Noch 1911 führte man aus dem deutschen Schutzgebiet Kaiser-Wilhelms-Land 7376 tote Paradiesvögel aus. Otto Finsch hatte die Schutzbestimmungen für die schönen Tiere, welche er vorgeschlagen hatte, nicht durchsetzen können.

Seitdem hat man rund vierzig Paradiesvogelarten entdeckt, die letzte noch 1938. Da gibt es den Prinzeß-Stephanie-Paradiesvogel *(Astrachia stephaniae)*, genannt nach der Ehefrau des österreichischen Kronprinzen Rudolph, der so tragisch auf Schloß Meyerling sein Leben beendete. Die schwarzen, langen Schwanzfedern dieses Vogels wehen hoch über dem Kopfschmuck vieler Eingeborener. Der Prachtparadiesvogel *(Diphyllodes magnificus)* macht auf dem Erdboden eine Kreisfläche von 5 bis 7 m ganz frei von Pflanzen und entfernt auch noch darüber an den Zweigen alle Blätter, so daß die Sonne voll sein Schillergefieder treffen kann, wenn er hier seinen Balztanz aufführt.

Der Blaunacken-Strahlenparadiesvogel (Six plumed Bird of Paradise, *Parotia lawesi)* trägt auf dem Kopf sechs lange dünne Federstrahlen mit Büscheln an den Enden und stellt bei der Balz die Körperfedern wie einen Regenschirm kreisrund ab. Beim Tanzen sieht er völlig verändert aus, wie ein zitternder, grünblau schillernder Pilz mit dem federgekrönten Kopf darüber. Er ist nach dem englischen Missionar Lawes genannt. Der Seidenband-Paradiesvogel (Ribbon-tail, *Astrapia mayeri)* hat den längsten Schwanz von allen Vögeln. Er ist dreimal so lang wie der Kopf und der Körper. Die Männchen und das — viel unscheinbarer aussehende — Weibchen wurden lange Zeit als zwei ganz verschiedene Paradiesvogelarten wissenschaftlich beschrieben. Dann ist im letzten Weltkrieg der vogelkundige australische Hauptmann N. B. Blood auf Patrouille in verbotenes Land eingedrungen und hat einige erbeutet. So wurde geklärt, daß sie nur Männchen und Weibchen derselben Art sind.

Wegen des Blauen Paradiesvogels *(Paradisaea rudolphi)* drang der deutsche Tiersammler Carl Hunstein in das Kannibalenland vor und widmete den neu entdeckten Prachtvogel »Seiner Kaiserlichen und Königlichen Hoheit Rudolph, Kronprinz von Österreich, dem hohen und mächtigen Beschützer der Vogelforschung in der ganzen Welt«. Hunstein selbst ist später in einem der Gebirgsflüsse ertrunken. Von der Vogelliebhaberei des unglücklichen Prinzen Rudolph ist heute noch wenig bekannt; der nach ihm benannte Paradiesvogel aber hängt nach wie vor in der Balz mit dem Kopf nach unten an den Zweigen und spreizt dabei sein blaues Gefieder ab. — In den meisten Büchern abgebildet sind der Große Paradiesvogel *(Paradisaea apoda apoda)* und der ihm recht ähnliche aber rötere Raggis Großer Paradiesvogel (Count Raggi's Red Plumed Bird of Paradise, *Paradisaea apoda raggiana)*. Der leicht abweichend gefärbte, diesen beiden Arten recht ähnliche Kleine Paradiesvogel *(Paradisaea minor)* unterscheidet sich in Wirklichkeit von ihnen in der Größe kaum.

Der Frankfurter Zoologische Garten hegt in seinem Vogelhaus übrigens mehrere Paradiesvogelarten. Einige davon balzen sich in der großen Freiflughalle gegenseitig an, von den Besuchern weder durch Gitter noch durch Glas getrennt. Paradiesvogelmänner führen ihre Balztänze nämlich, ähnlich wie die Roten Felsenhähne in Südamerika, dicht nebeneinander vor, ohne sich gegenseitig in Kämpfe zu verwickeln. Das empfindliche Prachtgefieder würde solche Prügeleien auch schlecht vertragen.

Die Australier haben die Ausfuhr von Paradiesvogelfedern aus Neuguinea schon lange völlig verboten. Auch lebende Vögel auszuführen ist nicht einfach. Nur für Zoologische Gärten, die sie gut hegen und unterbringen können, werden Ausnahmegenehmigungen erteilt. Trotzdem wird den Tieren immer noch eifrig von den Eingeborenen nachgestellt, die sie mit Pfeil und Bogen schießen oder in Fallen fangen dürfen. Sieht man einem der großen Tanzfeste im Wahgital zu, so erschrickt man, welche großen Mengen von Bälgen seltenster und prachtvollster Paradiesvögel auf den Köpfen umhergeschüttelt werden.

Der Gesamtwert aller Paradiesvogelfedern, die heute auf einem der großen Sing- und Tanzfeste der Stämme in Neuguinea gezeigt werden,

Seite 135 oben: Der Strahlenparadiesvogel (Parotia sefilata) gleitet mit ausgespreiztem, samtschwarzem Tanzrock wie eine Balletteuse zitternd vor, zurück und in Kreisen.

Seite 135 unten: Die Viktoria-Krontaube (Goura victoria), die größte aller Tauben, wird zwei Kilogramm schwer und dreiviertel Meter lang. Sie schreitet im Norden Neuguineas auf dem Boden des Waldes umher und wirkt mehr wie ein Huhn.

beträgt sicher mehr als eine Million Mark. Dabei stützt sich diese Schätzung nur auf die Preise, die vor dem Ersten Weltkrieg für die Paradiesvogelbälge bei der Ausfuhr aus Neuguinea bezahlt wurden. Ein einziger Federschweif kam damals auf 60 Dollar. Seitdem ist die Ausfuhr verboten. Die heutigen Preise wären sicher weit höher. Schon die Stammesfürsten im Lande selbst geben für ein solches prachtvolles Federgeschmeide ohne weiteres 150 bis 200 Dollar.

Die Männer, welche früher ständig gegen Nachbardörfer Krieg führten, haben jetzt viel mehr Zeit, auf die Jagd zu gehen. Außerdem durften sie sich früher nicht weit vom Dorf wegtrauen, während sie jetzt im befriedeten Land ungehindert zur Vogeljagd tief in den Wäldern und Gebirgen umherschweifen können. Zudem sind die Eingeborenen wohlhabender geworden und können sich solchen Schmuck leisten. Frieden macht nun einmal reich. Während früher vier Perlmuttschalen und acht Schweine als Brautgeschenk üblich waren, werden heute zwanzig Schalen und zwanzig Schweine gegeben und entsprechende Mengen von Paradiesvogelbälgen. Diese Entwicklung geht sicher noch weiter. Die schönen Wundervögel werden einen immer höheren Zoll zahlen müssen. Es ist aber wohl schon heute abzusehen, daß die Eingeborenen ständig zivilisierter werden, den Geschmack an ihren alten Trachten und dem schönen Kopfschmuck verlieren – so wie auch in Deutschland die Dorftrachten verschwunden sind — und dafür moderne europäische Kleider tragen. Dann können sich die Paradiesvögel vielleicht wieder erholen.

Seite 136 oben: Dieser Eingeborene Neuguineas hat hier zwei grüne Baumpythons (Chondropython viridis) an Äste gebunden, um sie zu einem Festmahl zu tragen. Auf dem Kopf trägt er die roten Federn des Borstenkopf-Papageis (Psittrichas fulgidus) und die langen blauschwarzen Schwanzfedern von Prinzessin Stephanies Paradiesvogel (Astrachia stephaniae).

Seite 136 unten: Diese großen Raggis Paradiesvögel (Paradisaea apoda raggiana) wurden bei der Balz in den Baumwipfeln auf Neuguinea aufgenommen. Die Männchen spreizen ihr Gefieder, kämpfen aber nicht tätlich miteinander. Sie locken durch ihre Balzstellungen die unscheinbaren Weibchen herbei.

Denn es dauert vier bis fünf Jahre, bis ein Männchen in volle Pracht kommt; die Weibchen legen und erbrüten jeweils nur ein Ei.

Augenblicklich aber ziehen die jungen Mädchen im Wahgital, wie unlängst eine Art Meinungsforschung ergab, einen prächtig bunt mit Schweinezähnen, Paradiesvogelfedern, Fellstücken vom Kuskus und mit Perlmuttschalen geschmückten Mann ohne weiteres einem anderen vor, auch wenn dieser besser gewachsen und jünger ist. Es ist hier Sitte, die Buben schon mit fünf bis sieben Jahren von der Mutter zu trennen, unter sich aufzuziehen und ihnen eine gewisse Ablehnung gegenüber den Mädchen beizubringen. Ärztliche Forscher wollen die häufigen Magengeschwüre bei jungen Männern auf diese seltsamen Sitten zurückführen. Jedenfalls bemühen sich die Mädchen, die sich nur vor der Heirat noch bunt schmücken dürfen, ihrerseits sehr um die Männer, auch um die verheirateten, da ja Vielweiberei herrscht.

Dazu trifft man sich zum »Kanana«, der etwa die Rolle unserer Bälle spielt. Die jungen Männer und Mädchen sitzen sich abends in halbdunklen, langen rauchigen Hütten in Reihen gegenüber. Sie tragen all ihren Schmuck und haben die Gesichter bunt bemalt. Die beiden Partner rollen Nasen und Stirn gegeneinander ab, unaufhörlich, stundenlang von links nach rechts und umgekehrt. Dieses Gesellschaftsspiel dauert oft bis gegen Morgen und ist recht ermüdend. Eine ältere Frau paßt auf, daß die Dinge nicht zu weit getrieben werden. Zur Verlobung tanzen die Freundinnen der Braut einen Fruchtbarkeitstanz um sie herum, wobei sie erst langsam, dann immer schneller im Kreis auf und ab hüpfen. Der Tanz bricht mit einem wilden Schrei ab, und alles rennt davon. Die Braut ist bis zur Hochzeit noch in ihren Beziehungen zu anderen jungen Männern frei, der Bräutigam jedoch nicht.

Die australische Verwaltung hat die 700 000 Eingeborenen durch BCG-Schutzimpfung völlig von der Tuberkulose frei halten können. Während des letzten Krieges brach jedoch durch einen erkrankten Soldaten, der neben der Straße sein Bedürfnis erledigte, eine Durchfallseuche unter der Bevölkerung aus, die Tausende von Opfern forderte.

Man flog Millionen Tabletten Sulphaguanidin ein, baute überall Latrinen und bestrafte jedermann mit drei Monaten Gefängnis, der sie nicht benutzte. Durch amerikanische Soldaten wurde auch das Zigarettenrauchen eingeführt. Nach dem Krieg arbeiteten junge Männer oft einen halben Tag auf einer Plantage, nur um ein halbes Blatt Zeitungspapier zum Zigarettendrehen zu bekommen.

Daß die Bewohner Neuguineas ihre Schweine sehr lieben, sie oft stubenrein machen und verwaiste Ferkel mitunter von Frauen an der eigenen Brust großgezogen werden, ist oft berichtet worden. Die Tiere werden dann bei Hochzeiten und anderen Tanzfesten zu Dutzenden, manchmal zu Hunderten geschlachtet und aufgegessen. Dabei stopfen die Leute das lang entbehrte Fleisch oft in so großen Mengen in sich hinein, daß sie erbrechen müssen. In sehr großen Abständen von bis zu zwanzig Jahren wurden große besondere Schweinefeste gefeiert, bei denen bis zu zweitausend Schweine auf einmal getötet und verzehrt wurden.

Hunde waren früher recht selten und wurden von den Bewohnern der Küste ins Gebirge eingehandelt. Von dem großen rötlichen Hund eines der ersten Europäer, die in das Tal kamen, erbaten sich die Bewohner Haarbüschel. Sie gaben sie ihren Hündinnen in das Futter, damit diese ähnlich schöne Junghunde gebären sollten. Übrigens mußte der Hundebesitzer einen großen Teil seiner eigenen blonden Kopfhaare büschelweise zu wohl ähnlichen Zwecken abschneiden.

Der Tierfänger Fred Shaw Mayer hatte um 1940 bei den Eingeborenen der Weylandberge an der Geelvinkbai keine großen Schwierigkeiten, Wildtiere zu fangen. Die Leute, die noch nie zuvor einen Europäer gesehen hatten, halfen ihm sogar gern dabei. Als er jedoch mit den Käfigen abziehen wollte, wurden sie recht scheu und verwirrt. Die Eingeborenen waren sehr erschrocken, daß er diese Wildtiere mit an die Küste nehmen wollte. Sie fürchteten, daß ihm die anderen Tiere freiwillig nachfolgen und daß dann keine mehr bei ihnen bleiben würden, die sie jagen könnten.

Paradiesvögel zu jagen ist nicht so schwierig, wie es zunächst scheint. Die Vogelmännchen haben besondere Balzplätze, die sie fast jeden Tag wieder aufsuchen, um dort zu tanzen, ihr Gefieder zu entfalten und die Weibchen so anzulocken. Manche Arten tanzen auf dem Boden, andere immer an der gleichen Stelle in Baumwipfeln, wo dann die Zweige entblättert und vom ständigen Gebrauch ganz blank sind. Die Jäger bauen sich im benachbarten Baumwipfel ein Versteck und lauern dort in einer Art Kugelnest, bis sie die balzenden Vögel aus naher Entfernung mit Pfeil und Bogen erlegen können. Die Pfeile sind aus Bambus und haben eine oft dreigeteilte Spitze, die im Feuer getrocknet und gehärtet ist. Baumkänguruhs, Opossums und Kuskusse sind ja recht langsam in ihren Bewegungen und daher verhältnismäßig leicht zu greifen, sobald man sie überhaupt erst entdeckt hat. Sie werden vielfach nicht getötet. Der Jäger bindet sie an Astgabeln fest und bringt sie so nach Hause, ja hebt sie oft tagelang für Feste auf. Durch dieses grausame Verfahren wird verhindert, daß das Fleisch in der warmen Luft vorzeitig verdirbt. Mit Schlangen verfährt man ähnlich; besonders gern wird der Grüne Baumpython *(Chondropython viridis)* erbeutet und verspeist, eine grasgrüne Schlange, die der Hundskopfboa Brasiliens ungemein ähnlich sieht. Ihre Jungen sind gelb und oft auch rot.

Seite 141: Dadurch, daß die Stämme in Neuguinea unter der australischen Herrschaft sich nicht mehr gegenseitig bekämpfen, umbringen und auffressen, können auch die Paradiesvogeljäger ohne Gefahr weit ins Land und in die Wälder gehen, wie dieser auf einer Hängebrücke über einen der Flüsse.

Seiten 142 und 143: Der Gesamtwert aller Paradiesvogelfedern, die auf einem der großen Sing- und Tanzfeste der Stämme in Neuguinea heute gezeigt werden, beträgt sicher mehr als eine Million Mark, gemessen an den Preisen vor dem Ersten Weltkrieg. Die langen, blauschwarzen, glänzenden Federn ganz oben auf den Köpfen stammen vom Prinzeß-Stephanie-Paradiesvogel (Astrachia stephaniae), seitwärts ragen die hellen Federbälge von Raggis Großem Paradiesvogel heraus, darunter ein Kranz der kürzeren roten Federn des Borstenkopfpapageis (Psittrichas fulgidus). Der Mann in der Mitte hat die langen gezackten Kopfschmuckfedern des König-Albert-Paradiesvogels (Pteridophora alberti) durch die Nase gezogen. Um den Hals tragen die Männer Kuskusfelle, außerdem vielfach große Perlmuttschalen.

Der Waldkasuar Neuguineas *(Casuarius bennetti)* hat keine Hautlappen am Hals wie etwa der Helmkasuar Australiens, sondern nur große, leuchtend blaue, nackte Hautpartien. Kasuarküken werden erbeutet oder auch eingehandelt, man läßt sie zunächst im Dorf frei umherlaufen. Wenn sie aber nach einigen Jahren ihre volle Größe von 1,3 m erreichen, könnten sie mit Fußtritten leicht Schweine oder kleine Kinder verletzen und gar töten. Dann sperrt man sie in eigene Häuschen und Ausläufe ein. Niemals tötet der Besitzer so einen Hauskasuar, sondern läßt das durch einen Freund erledigen und trauert noch sehr darum. Aus den Beinknochen werden Beindolche gemacht, aus den Flügelknochen Nadeln; die schwarzen, glänzenden Federn wandern in den Kopfschmuck, und die großen Zehennägel werden zu Speerspitzen verarbeitet.

Früher versammelten sich die Männer eines Dorfes in vollem Paradiesvogel-Kriegsschmuck auf einem Hügelkamm und beschimpften die Krieger des Nachbarstammes so lange über die Schlucht hinweg, bis man sich endlich genügend »aufgeheizt« hatte, sich mit Pfeilen überschüttete und Vorstöße wagte. Solche Schimpfkriege konnten tagelang dauern, ganz wie zu Homers Zeiten vor Troja, bis es die ersten Toten gab. Dann war man meistens zufrieden und zog wieder nach Hause. Erschlagene Angehörige wurden gerächt, indem man den Verwandten ihrer Töter auf den Feldern oder im Wald auflauerte und sie tötete.

Heute kommen die Leute aus den verschiedensten Dörfern, ja von Stämmen, die sich noch vor kurzem blutig befehdet hatten, zu riesigen Tanzfesten zusammen. Das war früher völlig undenkbar. Jetzt schwan-

ken und hüpfen fahle Tonmasken, blumengeschmückte riesige Perük-
ken, Kopftöpfe mit rauchenden Feuerchen darin, die buntesten Feder-
gebilde und Bemalungen friedlich durcheinander. Die Gesichter und
Körper sind viel bunter geworden, weil man jetzt für billiges Geld die
schreiendsten chemischen Farben in den Läden kaufen kann. Noch gehen
die Eingeborenen auch wenig bekleidet in ihrem leuchtenden Schmuck
in den Gottesdienst, denn die katholische Kirche ist der Ansicht, daß
man am Sonntag seine besten und kostbarsten Kleider anziehen soll.
Schwierigkeiten gibt es, wenn Männer mit mehreren Frauen beim Über-
tritt zum katholischen Glauben alle bis auf eine verstoßen müssen. Das
Los der anderen ist dann oft traurig.

Wir Europäer, die wir der Zivilisation, der Technik und des zusam-
mengedrängten Lebens in den Großstädten längst überdrüssig geworden
sind, fragen uns oft, ob wir denn diese Steinzeitmenschen glücklicher
machen, indem wir sie in Schulen und in Parlamente schicken. Aber
zweifellos war das Dasein der Eingeborenen in Neuguinea armselig und
grausam. Mord, Verstümmelung, Furcht, Haß und Tod begleiteten sie
das ganze Leben hindurch. Sie sind ebenso begierig, ihr Leben zu ver-
bessern und unsere Geräte, Maschinen und andere Wunderdinge ken-
nenzulernen und zu beherrschen, wie einst unsere Vorfahren. Die Ger-
manen wollten ja auch ebenso gebildet und wohlhabend sein wie damals
die Römer, und sie haben es schließlich geschafft. In Neuguinea sind die
Eingeborenen zum Glück nicht erst jahrhundertelang ausgebeutet und
versklavt worden wie die Afrikaner durch uns Europäer und durch die
Araber. In Neuguinea folgen Entdeckung, moderne menschliche Kolo-
nisation und Selbstverwaltung sehr rasch nacheinander.

7

Der Emu muß den Krieg verlieren

Vom zweitgrößten Vogel der Welt
Emus schwimmen gut
Saß zwei Tage neben dem leeren Stuhl des Ziehvaters

Natürlich müssen auch die Emus auf die Dauer den Krieg verlieren, den die Menschen gegen sie führen. Aber bisher ist er nicht überall eindeutig zuungunsten dieser zweitgrößten Vögel auf Erden entschieden. Ausgerottet sind sie bereits auf Tasmanien, King Island, der Känguruhinsel und überall in den besiedelten, küstennahen Gebieten des australischen Festlandes. Man wirft den Emus vor, daß sie den Rindern und Schafen »das Wasser wegtrinken«, daß sie die Weizenfelder zertrampeln und Unmengen Körner aufpicken, daß sie sogar über Drahtzäune hinwegspringen, während die gehetzten Känguruhs blindlings dagegen rennen und sich im Stacheldraht verwickeln. Wenn Emus, besonders die Jungen, auch Raupen und Heuschrecken in Massen aufnehmen, so leben doch die alten hauptsächlich von grünem Gras und Kräutern. Die aber sollen in Australien nur für Schafe wachsen.

So sind alle die Emuformen, die es früher in Australien gab, bis auf eine ausgerottet worden, den gewöhnlichen Emu *(Dromiceius novaehollandiae)*. Von mehreren ausgestorbenen Arten sind nicht einmal Skelette oder Federn und Häute in den Museen erhalten. Neuerdings beginnt der noch dünn besiedelte Staat Westaustralien den Kampf gegen die Emus planmäßig anzulegen, weil er bisher dreißig Jahre lang ziemlich erfolglos war. Man will den Emus im ganzen riesigen Staat Westaustralien nur ein paar hundert Quadratkilometer im südwestlichen Zipfel übriglassen. In den dreißiger Jahren zahlte man für jeden Emukopf zwei Mark Prämie; 1937 wurden allein im Northamptondistrikt 37 000 Emus getötet. Fünf Jahre vorher führte man in der Nähe der Städte Campion und Walgoolan einen der ausgefallensten »Kriege«, weil 20 000 »Feinde« die Ernte schädigen sollten. Soldaten der Königlichen Australischen Artillerie unter Befehl eines Majors rückten zusammen mit örtlichen Farmern, mit zwei Maschinengewehren und zehntausend Schuß Munition gegen die Emus ins Feld. Man hoffte, sie an

Drahtzäunen entlang ins Maschinengewehrfeuer zu treiben, so wie man das im Nordwesten des Staates Neusüdwales früher mit Erfolg getan hatte. Jedoch wurden nur ganze zwölf Emus in diesem Krieg erlegt. Es zeigte sich, daß die Emus die Kunst der Tarnung und des rechtzeitigen Rückzuges weit besser beherrschten als die Soldaten. Noch 1964 zahlte der Staat Westaustralien Geldbelohnungen für 14 476 getötete Emus.

Die großen australischen Strauße sollen sich im Norden von Westaustralien gut gehalten und sogar vermehrt haben. Ein trockenes Jahr kann sie daher in Massen nach Südwesten in die Landwirtschaftsgebiete treiben, so befürchten die Farmer. Sie wollen die Tiere heute nicht mehr ausrotten, sondern nur noch aussperren (was allerdings in trockenen Jahren leicht auf dasselbe herauskommt). Nunmehr haben sie einen Zaun von vielen hundert Kilometern gespannt, der die Weizen- und Schafzuchtgegenden Westaustraliens gegen Northampton und das Gebiet nördlich von Hopetown abschirmt.

Natürlich hat sich im Land selbst kaum jemand die Zeit genommen, das Leben dieser »Schädlinge« näher zu beobachten. Der europäische Tierfänger Heinz Randow pirschte sich einmal auf allen vieren an eine Herde Emus an. Er schreibt: »Ich gewinne immer mehr die Überzeugung, daß die beiden Emus mit den am schwärzesten befiederten Hälsen zwei Hähne sind. Unter dem haarlosen Kehlansatz und der Ohrenpartie des kleinen Kopfes — der eigentlich nicht mehr ist als ein schwarzer Schnabel und zwei kluge, sehr große schwarze Augen — ist die graue Haut schön hellblau gefärbt, kräftiger als bei den anderen Emus. Auch halten sich die beiden Hähne immer in einer bestimmten Entfernung voneinander. Jeder hat einige Emuweibchen um sich herumstolzieren, die sich eigentlich nicht viel anders als unsere Hühner benehmen. Der eine Hahn kommt wohl etwas zu nahe an den anderen heran, so jedenfalls versteht es dieser: sofort rennt er auf den Eindringling zu, hebt sein rechtes Bein und stößt es mit solcher Gewalt gegen die Brust seines Gegners, daß der dumpfe Ton bis zu mir herüberdringt. Der getretene Hahn torkelt und läuft davon, seine Hennen folgen ihm.

In gehörigem Abstand weiden sie wieder die Ähren des Grases ab, als ob nichts geschehen sei. Der Sieger richtet sich hoch auf, sträubt die Federhaare seines langen Halses und stößt seinen Siegesschrei aus: ›E-muu!‹ Ich ziehe mich zu meinem Pferd zurück, sitze auf, lasse ein wüstes Geschrei ertönen und stürme auf die grasenden Emus los. Die sausen wie die Verrückten in die Savanne, schnurgerade dem Tafelberg zu. Ich habe meinen Zweck aber nicht erreicht. Als ich an den Futterplatz der Vögel komme, hat der brütend auf seinen Eiern sitzende Emu seinen langen Hals flach auf den Boden gelegt und tut nun so, als ob er gar nicht da sei. Wie ich mich mit dem Pferd langsam nähere, merkt er, daß er erkannt ist, springt hoch und flüchtet!«

Bei solch einer Gelegenheit bekommt man dann die großen Eier zu sehen. Sie sind pastellgrün, fast 15 cm lang und haben eine körnige Oberfläche. So ein Ei wiegt 570 bis 680 g, im Durchschnitt etwa 600 g, demnach so viel wie etwa zwölf Hühnereier. Im Laufe der Brut werden die Eier glatter, fettiger und immer mehr dunkelgrün. Sie haben eine recht harte Oberfläche und sind gar nicht so leicht zu zerschlagen. Wir haben die Eier, welche wir nicht für die Brut brauchten, immer in einem Karton mit einer schönen Schleife an bedeutende Freunde des Frankfurter Zoologischen Gartens geschickt, mit der Gebrauchsanweisung, sie mindestens eine Stunde lang zu kochen, damit sie hart wären. Emueier schmekken mindestens so gut wie Hühnereier.

Emus werden 1,5 bis 1,8 m groß und 50 bis 60 kg schwer. Während viele Vögel neben der Hauptfeder noch eine kleine Nebenfeder, einen Afterschaft, haben, ist diese beim Emu genauso lang wie die eigentliche Feder, so daß diese sozusagen zweigeteilt ist. Emus können gut und ausdauernd schwimmen. Das fällt einem natürlich auf, wenn man sie zu Pferd oder im Auto verfolgt. Fast alles, was wir sonst vom Leben der Emus wissen, stammt nicht aus Australien, sondern aus Zoologischen Gärten, und zwar meistens aus europäischen. Sehr schwer ist es, Hennen und Hähne zu unterscheiden. Allein deswegen kommt es in Zoos, wo man meistens nur zwei Emus hält, häufig nicht zur Fortpflanzung. Es können zufällig zwei Hähne oder zwei Hennen sein. Oft muß man jahrelang immer wieder einen Emu abschaffen und einen neuen dazunehmen, bis man endlich ein Paar zusammen hat. Manchmal ruft der Hahn mit dröhnenden, weithin schallenden Lauten.

Bei uns im Frankfurter Zoo erforscht das Ehepaar Doctores Ingrid und Richard Faust seit langen Jahren das Leben der Straußenvögel. Deswegen sind bei uns Hunderte von südamerikanischen Nandus aufgezogen und auf viele Zoologische Gärten Europas verteilt worden. Auch 38 Emus sind bis 1964 in vier Bruten geschlüpft, teils unter dem Hahn, teils in der Brutmaschine. Die neu ausgekommenen Emukinder wogen 440 bis 500 g. Die Eier wurden zwischen Dezember und April gelegt. Vor der Begattung läßt das Weibchen erst dumpfe Trommellaute wie Knattern ertönen, das Männchen wird aufmerksam, antwortet und geht auf sie zu. Ein Paar, das sich gefunden hat, steht mit gesenkten Köpfen und mit gebogenen Hälsen nebeneinander. Sie bewegen die Köpfe seitlich über dem Erdboden hin und her. Dann setzt das Emuweibchen sich auf die Erde, der Hahn hockt sich dahinter, rückt nahe an sie heran und auf sie hinauf und beißt sie schließlich in die Nackenhaut. Dabei gibt er Schnurrlaute oder auch Quieken von sich und läuft schließlich weg, während das Weibchen sitzen bleibt.

Bei den südamerikanischen Nandus brütet der Hahn ganz allein, und er lebt bestimmt nicht in Einehe. Die verschiedensten Weibchen legen ihm ihre Eier vor die Brust, die er dann mit dem Schnabel unter seinen Leib schiebt. Die Nanduweibchen kümmern sich nicht um die ausgeschlüpften Küken, im Gegenteil, man muß sie absperren, denn sonst bringen sie sie um. Das ist bei uns zunächst passiert.

In manchen Büchern lese ich, daß bei den australischen Emus »überwiegend der Hahn brüte«. Die Henne solle sich neben ihn setzen, und er schöbe das neue Ei mit dem Fuß unter sich. Demgegenüber hat bei uns der Hahn stets ganz allein gebrütet. Im Frankfurter Zoo pflegte der Hahn zwischen 16 und 17 Uhr aufzustehen und umherzugehen. Die Henne setzte sich dann auf das Nest und legte ihr neues Ei hinzu. Das kann man wohl kaum als Brüten bezeichnen. Im Königsberger Zoo war der Emuhahn 1897 angekommen und 1928, mit 32 Jahren, noch da; seine Frau war 1904 eingetroffen. Dort aß und trank der Hahn während der Brut überhaupt nicht und schien auch nur äußerst selten aufzustehen. Während des Sitzens ließ er sich Eier und Junge wegnehmen, führte er die Kinder jedoch umher, so war er angriffslustig. Auch im Moskauer Zoo nahm ein brütender Emuhahn während der 52 Bruttage keine Nahrung zu sich; er verlor 15 v. H. seines Gewichtes (7 bis 8 kg). Ein Gelege besteht aus sieben bis achtzehn Eiern, meistens neun.

Wir konnten die Emuhenne mit dem Hahn im Gehege lassen, wenn er Küken führte, obwohl sie diese gelegentlich anfauchte. Das spricht dafür, daß bei den Emus vielleicht doch eine Art Familienbindung besteht, jedenfalls sehr viel mehr als bei ihren südamerikanischen Verwandten.

Den Emukindern haben die Doctores Faust besonders in den ersten Lebenswochen recht viel Eiweiß gegeben, also Ameisenpuppen, Hackfleisch, Kükenmischfutter, gehacktes Ei, und dazu natürlich kleingeschnittenen Salat und anderes Grünzeug. Auch die kleinen afrikanischen und südamerikanischen Strauße muß man sehr eiweißreich füttern, wenn man sie hochbringen will.

Emus, welche die Scheu vor Menschen verloren haben oder in Bedrängnis sind, wenn sie gefangen werden sollen, können mit ihren ungemein kräftigen Füßen furchtbare Hiebe austeilen. Dabei sollen sie einem Mann ohne weiteres die Schenkel zerbrechen oder mit den stahl-

harten Krallen die Muskeln zerreißen. Ein in Sydney zahm gehaltener Emu begnügte sich allerdings damit, fliehenden Männern den Hut abzunehmen.

Dafür, daß Emus aneinander hängen und sich persönlich kennen, spricht auch ihr Verhalten gegenüber menschlichen Zieheltern. Während Nandus später sehr rasch scheu werden und keine Unterschiede zwischen ihren Pflegern und anderen Menschen machen, ist das bei Emus zunächst anders.

Bei dem Oberwärter Carl Münzenthaler des Nürnberger Zoos hatte 1936 ein Emuhahn vorzeitig das Nest verlassen. Man konnte nicht mehr rechtzeitig mit dem Brutapparat einspringen, so daß nur ein Küken ausschlüpfte. Dieses alleinstehende Straußenkind hatte nie im Leben seinesgleichen gesehen und kannte nur den Oberwärter als Pflegevater. Es folgte ihm auf Schritt und Tritt und stieß einen Lockruf aus: wick, wick, wick. Daraufhin taufte sein Stiefvater es »Wick«. Es begleitete ihn auch dann noch auf sein Zimmer, als es schon längst auf den Tisch schauen konnte.

Eines Tages mußte Herr Münzenthaler geschäftlich verreisen und »Wick« blieb allein. Er wurde zwar von anderen Leuten gefüttert, schloß sich aber niemandem an. Vergeblich ließ er seinen Lockruf ertönen. Am zweiten Tag verschwand »Wick«. Man suchte ihn überall. Erst nach zwei Tagen fand man ihn im Arbeitszimmer von Herrn Münzenthaler ruhig neben dessen Stuhl sitzen. Ein Angestellter war in das Zimmer getreten, um irgend etwas zu holen, hatte die Tür einen Augenblick offengelassen, und »Wick« war unbemerkt hineingeschlüpft. »Natürlich begrüßte er mich nach meiner Rückkehr stürmisch«, schreibt Herr Münzenthaler, »und wich wenigstens an diesem Tag nicht mehr von meiner Seite. Später war er nicht besser als andere Straußenhähne auch.«

8

Säugetiere legen Eier

Vom Schnabeltier und Schnabeligel
Mensch und Schnabeligel halten den Altersrekord
Wie saugt man mit einem Schnabel an der Mutter?
Rückte Schränke von der Wand
Zehntausende Beschauer zogen daran vorbei
Die »fliegenden« Schnabeltiere
Zehntausend Regenwürmer als Reisegepäck

Den Schnabeligeln ist es letzten Endes zu verdanken, daß ich im Frühjahr 1958 ein Telegramm an das South Australian Museum in Adelaide sandte und bat, sie sollten mir eine Kopie des Bildes von Prof. Dr. Wilhelm Haacke schicken, das — wie ich kurz zuvor erfahren hatte — dort im Direktorenzimmer an der Wand hing. Ich bekam sie innerhalb vier Tagen. So konnte ich in ein Gedenkbuch, das zum hundertjährigen Bestehen des Frankfurter Zoologischen Gartens erschien, vollständig die Bilder aller meiner Vorgänger aufnehmen. Denn Wilhelm Haacke, der 1855 im Kreise Lüchow, Pommern, geboren und schon mit 57 Jahren gestorben ist, war 1888 bis 1893 Direktor des Frankfurter Zoologischen Gartens gewesen. Obwohl er in den neunziger Jahren viele, zum Teil mehrbändige Werke über die Tierwelt veröffentlicht hatte, war es mir bis dahin nicht gelungen, ein Foto von ihm zu bekommen.

Auf die australische Spur aber war ich wieder geraten, weil ich in einem Buch von Lothar Wendt (»Auf Noahs Spuren«) die wichtigste Entdeckung Wilhelm Haackes beschrieben gefunden hatte, die in keinem der neueren Bücher über die Tiere Australiens erwähnt ist. Wilhelm Haacke hat 1884 entdeckt, daß Schnabeligel, und damit Säugetiere, Eier legen. Genau gleichzeitig fand das der Australier W. H. Caldwell an einer anderen Ecke Australiens, in Queensland, an Schnabel*tieren* heraus.

Damit war endlich eine Streitfrage entschieden, die seit 1798 die Zoologen Englands, Frankreichs und Deutschlands immer wieder erhitzt hatte. Es ging darum, an welcher Stelle die »Tiere mit einem Loch« oder wissenschaftlich vornehmer ausgedrückt, die Monotremen, in das Tierreich einzureihen seien. Diese Ordnung besteht nur aus den Familien der

Schnabeligel und der Schnabeltiere, und ihre Angehörigen kommen allein in Ostaustralien, Neuguinea und Tasmanien vor; auch Reste von ausgestorbenen Vorfahren hat man nirgends anderswo entdeckt. In englischen volkstümlichen Büchern nennt man die Schnabeligel gern Echidna und die Schnabeltiere Platypus, was beides falsch ist, denn Echidna heißt wissenschaftlich eine bekannte Aalgattung, und Platypus ist ein Name, der von der Wissenschaft seit 1793 rechtmäßig einer Käfergattung verliehen ist. Auf deutsch nennt man sie gern Kloakentiere, was besonders unfein ist. Der Name will besagen, daß Kot, Urin, Samen und Nachwuchs nicht wie bei den anderen Säugetieren durch *zwei* Körperöffnungen nach außen kommen, sondern wie bei den Kriechtieren und Vögeln durch *eine*, die Kloake. Dieser Name klingt aber, als ob diese interessanten und durchaus nicht unreinlichen Tiere etwas mit Abwässern oder Abtritten zu tun hätten. Ganz im Gegenteil, im deutschen Nationalfluß Rhein, der längst zu einer Kloake geworden ist, könnte heute auch im Sommer kein Schnabeltier mehr leben. Wo sie sich in ihrer Heimat an die Nähe von Menschen gewöhnt haben, besiedeln sie die Trinkwasser-Versorgungsbecken, nicht die Abwasserkanäle. Jedenfalls sollte sich niemand durch den anrüchigen Namen abhalten lassen, sich näher mit diesen hochinteressanten »Kloakentieren« zu beschäftigen.

Als 1798 die erste vollständige Haut eines Schnabeltieres im Britischen Museum in London ankam, ein biberartiges Fell mit Biberschwanz und

einem richtigen, vertrockneten Entenschnabel daran, wollte zunächst
niemand so recht daran glauben. Schließlich war das Schiff, das sie gebracht
hatte, durch den Indischen Ozean gesegelt, und von dort her hatten gut-
gläubige Schiffskapitäne für teures Geld schon manche anderen kühnen
Erzeugnisse asiatischer Ausstopfer mitgebracht: aus verschiedenen Balg-
teilen und Federn zusammengesetzte, besonders prächtige Bälge »neuer
Paradiesvogelarten« und sogar ausgestopfte Seejungfrauen, die aus dem
verschrumpelten Kopf irgendeines Affen und der Schuppenhaut vom
Hinterteil eines großen Fisches mühsam zusammengeleimt und -genäht
waren.

Vier Jahre später kamen aber ganze Tierkörper an, die von dem
großen Anatomen Everard Home seziert wurden: Es gab also solche
Wundertiere. Trotzdem stritt man sich lange darum, ob sie Säugetiere
oder eine besondere Klasse von Wirbeltieren seien. Als 1824 der Medizin-
professor Johann Friedrich Meckel in Halle, ein Brieffreund Goethes,
im Körper eines weiblichen Schnabeltieres Milchdrüsen entdeckte, meinte
die französische Gelehrtenschule unter Führung von Geoffroy de Saint-
Hilaire, das seien nur eine Art Talgdrüsen, und junge Schnabeltiere
könnten ja gar nicht Milch saugen, weil sie eben auch Schnäbel hätten.
Der schottische Chirurg Sir Everard Home und der berühmte Paläonto-
loge Richard Owen vertraten die Ansicht, die Monotremen legten zwar
Eier, die Jungen kämen aber trotzdem unbeschalt und lebendig zur Welt:
sie schlüpften gewissermaßen schon im Mutterleib aus dem Ei. So etwas
war ja schon lange von manchen Reptilien bekannt. Der Arzt John
Nicholsen aus dem australischen Staat Victoria schrieb hingegen an
Richard Owen, daß Goldgräber ein Schnabeltier mit einer Leine gefesselt
in eine Schnapskiste gesperrt hätten. Am nächsten Morgen seien zwei
weiße, weiche Eier darin gewesen, die schalenlos waren und sich zu-
sammendrücken ließen. »Fehlgeburt aus Angst«, meinte Richard Owen
verständnisvoll und blieb bei seiner Meinung.

Da trafen am 2. September 1884 fast um die Stunde genau die Mel-
dungen von Haacke bei der Royal Society of Australia und ein Tele-

gramm von Caldwell bei den Mitgliedern der Britischen Zoologischen Gesellschaft ein, die gerade in Montreal, Kanada, tagte.

Von der Känguruhinsel nicht weit von Adelaide, die wir im zweiten Kapitel dieses Buches besucht haben, hatte man ihm ein paar Schnabeligel gebracht. Weil er den langen Streit um ihre Fortpflanzung und ihre Einordnung in das Tierreich kannte, ließ er das Weibchen vom Institutsdiener an einem Hinterbein hochhalten und fühlte den Bauch ab. Seine eigenen Worte beschreiben, was dann geschah: »Nur ein Tierkundiger wird meine Bestürzung begreifen können, als ich aus dem Beutel ein Ei hervorzog, das erste gelegte Ei eines Säugetieres ... Dieser unerwartete Fund verwirrte mich derart, daß ich die nur unter solchen Umständen erklärliche Torheit beging, das Ei heftig zwischen Daumen und Zeigefinger zu drücken und ihm so einen Riß beizubringen. Sein dünnflüssiger Inhalt war leider, wohl infolge des Einfangens und der Gefangenhaltung seiner Mutter, in Zersetzung übergegangen. Die Länge des elliptischen Eies betrug fünfzehn, seine Dicke dreizehn Millimeter, die Schale war derb pergamentartig wie die vieler Kriechtiere.«

Etwas später, am 24. August, hatte Caldwell am Burnettfluß ein weibliches Schnabeltier geschossen, das gerade ein Ei gelegt hatte. Er schnitt es auf, fand den Ausgang der Gebärmutter erweitert und darin ein legereifes zweites Ei, dessen Keimling etwa so weit wie ein drei Tage bebrüteter Hühnerkeimling entwickelt war. Weil Telegramme von Australien nach Kanada nicht gerade billig sind, faßte er seine Entdeckung in vier berühmt gewordene Worte zusammen: Monotremes oviparous, ovum meroblastic (Monotrematen eierlegend, Ei weichschalig). Aber er kam erst fünf Tage später dazu, das Telegramm mit dem Postboten zu einem Freund nach Sydney zu schicken, der es in gleicher Stunde aufgab. Caldwell selber bekam einen Fieberanfall, suchte noch vergeblich nach weiteren Schnabeltieren und hörte, als er nach Sydney zurückkehrte, daß Haacke in Adelaide inzwischen die gleiche Entdeckung gemacht hatte.

1899 konnte dann der Tscheche Alois Topic in Australien beobachten, wie die Schnabeltierkinder bei der Mutter trinken. Sie legt sich dazu auf den Rücken, die Kinder beklopfen mit den Schnäbelchen die siebartigen Milchlöcher und trinken die Milch auf, die herausfließt. Als dann Forscher solchen Schnabeltiersäuglingen in den Mund sahen, entdeckten sie mit Staunen ein Milchgebiß darin. Nur die alten Schnabeltiere sind zahnlos.

Seitdem hat man die beiden Eierlegerfamilien unter den Säugetieren zu einer besonderen Unterklasse erhoben. Mit den Reptilien haben sie den Augenbau und manches im Knochenbau, besonders im Schultergürtel, gemeinsam, auch die Kloake. Trotzdem sind sie keine Vorstufe der Beuteltiere oder anderer Säugetiere, sondern ein Zweig des Säugetierstammes für sich. Alle Männchen dieser eierlegenden Säugetiere haben Sporen an den Knöcheln, aber nur bei den Schnabeltiermännchen sondern diese Gifte ab.

Warum sind wohl die Schnabeltiere viel berühmter als die *Schnabeligel?* Weil man sie viel weniger in Tiergärten sieht, weil sie als einzige Säugetiere Schnäbel haben, während die Stacheln des Schnabeligels auch bei anderen Säugetieren vorkommen? Immerhin haben die Schnabeligel ihren wasserbewohnenden Verwandten noch eine Merkwürdigkeit voraus: sie stecken die frischgelegten Eier in einen Bauchbeutel und tragen sie dort noch sieben bis zehn Tage in der Tasche herum, so wie die Känguruhs und andere Beuteltiere ihre Jungen. Schnabeligelkinder sind beim Schlupf nur 12 mm lang, sie lecken die dicke, gelbliche Milch, die von den Haaren am Ausgang der Milchdrüsen ihrer Mutter herabläuft. Die kleinen Schnabeligel bleiben sechs bis acht Wochen in Mutters Bauchtasche, bis sich ihre Stacheln entwickeln. Inzwischen sind sie neun bis zehn Zentimeter lang geworden; sie werden nun in einer Art Nest versteckt. Mit einem Jahr sind sie geschlechtsreif und wiegen dann 2,5 bis 6 kg, ihre Stacheln sind bis 6 cm lang. Die Schnabeligelmutter hat nicht immer eine Tasche, sie bildet sie nur vorübergehend für die Geburt aus. Im Zoologischen Garten von Prag hat man herausgefunden, daß auch manche Schnabeligelmännchen alle 28 Tage eine Bauchtasche bilden.

Schnabeligel sind wohl die einzigen Säugetiere neben dem Menschen, die über ein halbes Jahrhundert alt werden können. Nur ganz selten hat das auch einmal ein Pferd geschafft. Jedenfalls hat ein Schnabeligel aus Neuguinea im Londoner Zoo 30 Jahre und 8 Monate gelebt, im Berliner Zoo 31 oder vielleicht sogar 36 Jahre — man konnte es nicht mehr genau nachweisen, weil dort alle Unterlagen während der Fliegerangriffe vernichtet worden waren. Im Zoo von Philadelphia, USA, aber hat ein australischer Schnabeligel von 1903 bis 1953 in einem kleinen Abteil mit einer Schlupfkiste darin gehaust, also 49 Jahre und 5 Monate, wozu noch sein Alter bei der Ankunft hinzuzurechnen ist. Nur zweimal aber haben sich Schnabeligel in einem Zoo fortgepflanzt, das erstemal 1908 in Berlin; das Junge lebte nur drei Monate. 1955 fand man im Baseler Zoo ein junges, erkaltetes Schnabeligelchen von 83 g und 12,5 cm Länge. Aufgewärmt, bewegte es sich wieder, lag aber nach weiteren zwei Tagen endgültig tot außerhalb der Bauchtasche der Mutter.

Obwohl Schnabeligel in Freiheit keineswegs auf Bäume klettern, sind sie gar nicht ungeschickt darin, sich etwa in einem Drahtkäfig bis nach oben am Geflecht emporzuarbeiten. Allerdings bringen sie es nicht fertig, wieder zurückzuklettern, fallen dann mitunter herab und verletzen sich. Töne hört man nie von ihnen, außer Schnaufen. Auch auf ziemlich harter Erde kann sich ein Schnabeligel sehr rasch senkrecht nach unten in die Erde eingraben; in neun Minuten war einer verschwunden, schreibt Cansdale. Trotzdem bauen sich die Tiere nicht selbst unterirdische Gänge wie etwa die Schnabeltiere, sondern benutzen die Wohnungen von anderen Tieren. Gräbt sich ein Schnabeligel ein, so begnügt er sich meistens damit, nur halb in der Erde zu verschwinden, denn er ist nach oben durch seine Stacheln geschützt. Auch in dieser Lage kann man ihn nicht herausheben, weil er sich mit seinen großen Krallen festhält und außerdem die seitlichen Stacheln unter sich zieht, so daß sie zur Erde zeigen. Greift man unter seinen Bauch, so sticht man sich. Übrigens können sie sich auch zu Kugeln zusammenrollen wie unsere Igel.

Wie diese haben es Schnabeligel nicht leicht, ihr Fell zwischen den

Stacheln sauber und ungezieferfrei zu halten. Sie kratzen sich deswegen immer wieder und haben dazu eigens einen langen gebogenen Nagel an der zweiten Hinterzehe. Sicherlich ist ihre Sicht nicht gerade gut, dafür merken sie Erschütterungen. Sie leben vorwiegend von Ameisen und anderen Insekten, was schon ihr röhrenförmiger, zahnloser Mund und die lange Zunge verraten, nehmen aber auch sonst gern alles, was durch diese kleine Öffnung geht: in Gefangenschaft also Milch, eingebrocktes Brot, rohe oder weichgekochte Eier, Hackfleisch. Sehr im Gegensatz zu ihren nächsten Verwandten, den Schnabeltieren, können Schnabeligel lange fasten, bis zu einem Monat. Offensichtlich verfallen sie auch zeitweise in eine Art Winterstarre, wozu sie im südlichen Teil ihres Lebensraumes, in Victoria und Tasmanien, allen Anlaß haben.

Erstaunlich, wie stark die kleinen Kerle sind. Gefangene Schnabeligel haben mit Gewalt das Drahtgeflecht abgerissen, mit dem ihre Kiste oben zugenagelt war, haben Deckel hochgehoben, auf denen Gewichte standen. Im Gelände kippen sie ohne weiteres auf der Suche nach Nahrung Steine und Felsbrocken um, die doppelt so groß wie sie selbst sind. Ein Zoologe in Adelaide sperrte einen über Nacht in seine Küche ein und fand am nächsten Morgen den schweren Schrank, Tisch, Stühle und Kisten von der Wand nach der Mitte des Raumes zu abgerückt. Im übrigen sind Schnabeligel, wieder im Gegensatz zu Schnabeltieren, auch viel bei Tag unterwegs, besonders bei warmem Wetter.

Sogar auf zwei Beinen können die kleinen Kerle laufen. Der Zoologe Michael Sharland überraschte einen halb erwachsenen auf einem Fußweg in Tasmanien. Das Tier schnüffelte wie üblich herum. Als es jedoch die Erschütterung der Schritte spürte, erschrak es, richtete sich auf seine Hinterfüße auf, verharrte einen Augenblick und rannte dann *auf zwei Beinen* ins Gebüsch. »Das sah recht lustig aus.«

Man hat auf dem australischen Festland drei Unterarten oder Rassen von Schnabeligeln beschrieben, die sich aber nicht wesentlich unterscheiden. Die auf Tasmanien sollen größer sein, was andere wieder bestreiten. Neben einer Unterart dieser fünfkralligen Festland-Schnabeligel kommen auf Neuguinea noch drei Arten einer Gattung mit viel längerem Kopfschnabel vor *(Zaglossus).* Die meisten von diesen haben mehr Haare; bei einigen sind die Stacheln dazwischen zunächst gar nicht leicht zu entdecken. Diese Neuseeländer sind größer, 45 bis 75 cm lang, und 5 bis 10 kg schwer. Ein — wohl verfettetes — Zootier hat es in London sogar auf 16 kg gebracht.

Früher gab es in Australien auch Leute, die Schnabeligel aßen, ähnlich wie auch in Europa manch einer unsere Igel für Leckerbissen hielt. Bei einigen Eingeborenenstämmen, z. B. den Aranda, wagten junge Leute sich jedoch an Schnabeligelfleisch nicht heran, weil sie glaubten, sie bekämen davon (wie auch vom Fleisch mancher anderen Wildtierart) graue Haare. Vermutlich sollten auf diese Weise bessere Sachen den alten Leuten vorbehalten bleiben. E. Troughton hat einmal Pfannkuchen gegessen, die im Fett von Schnabeligeln gebraten worden waren — »wahrscheinlich das widerlichste Erlebnis, welches ein neugieriger Säugetierforscher durch einen versuchsfreudigen Lagerkoch erfahren kann.«

Ein *Schnabeltier*, das berühmtere der beiden eierlegenden Säugetiere, habe ich zuerst in einem Zoologischen Garten gesehen, nicht in Freiheit — wie wohl die große Mehrzahl aller Menschen, die überhaupt schon eins erblickt haben. Und zwar war das bei mir der Fall im Bronx Zoo von New York, nicht in einem australischen Tiergarten. Daß überhaupt bisher dreimal Schnabeltiere aus Australien heraus bis nach einem anderen Erdteil gekommen sind, hat eine jahrzehntelange, aufregende Vorgeschichte.

Der australische Zoologe Harry Burrell baute schon 1910 einen tragbaren Wassertank mit einem anschließenden Labyrinth von Tunnelgängen, durch die das Tier zu seinem Nest zu gehen hatte. In diesen Gängen waren Gummischleusen, durch die sich das Tier hindurchquetschen und so das Wasser aus seinem Pelz ausdrücken mußte. In Freiheit tun die Schnabeltiere das in den Erdgängen; die Erde saugt das Wasser auf. Burrells erster Gefangener entkam ihm nach 68 Tagen, aber einen zweiten konnte er drei Monate lang im Zoo von Sydney ausstellen. Dann wurde ihm das zuviel. Für die fünf Tiere, die er zunächst hielt, mußte er täglich sechs Stunden lang mit Erdhacke und Fischnetz arbeiten, um etwa zwei Pfund Regenwürmer, Krabben, Käferlarven und Wasserschnecken herbeizuschaffen. Als er nur noch *ein* Schnabeltier hielt, stellte sich heraus, daß auch dieses ohne die geringste Schwierigkeit diese zwei Pfund Nahrung täglich verspeiste!

Dann kam der Erste Weltkrieg, und in den Jahren danach begeisterte Ellis S. Joseph, damals ein bekannter Tierhändler, seinen Freund Harry Burrell, wieder von neuem anzufangen. Joseph wollte nämlich unbedingt ein lebendes Schnabeltier nach den Vereinigten Staaten bringen. Tatsächlich schiffte er sich auch am 12. Mai 1922 nach San Franzisko ein und nahm mit einer großen Sammlung anderer lebender Tiere auch fünf männliche Schnabeltiere in einem Burrellschen Kunstbau mit. Dazu natürlich eine große Menge Regenwürmer. Nach 49 Tagen Seereise kam das Schiff am 30. Juni am Bestimmungshafen an, mit einem noch lebenden Schnabeltier, aber ohne einen einzigen Regenwurm. Ellis Joseph brauchte einige Tage, um neue Würmer heranzuschaffen, und fuhr dann mit dem Zug weiter nach New York.

Jeden Nachmittag wurde das Tier dort für eine Stunde den Besuchern gezeigt. Lange Menschenreihen zogen langsam an seinem offenen Tank vorbei. Der damalige Direktor, Dr. William T. Hornaday, klagte, daß er täglich vier bis fünf Dollar allein für das Futter dieses einen kleinen Tieres ausgeben mußte: ein halbes Pfund Regenwürmer, vierzig Garnelen, vierzig Engerlinge — eine viel zu kleine Menge, wie wir heute wissen. Trotzdem schrieb er: »Wirklich, kaum zu glauben, daß ein so kleines Tier so große Mengen Futter verbrauchen kann. Ich kenne nichts

Seite 171: Schnabeligel vergraben sich meistens nur halb in die Erde, denn an der Oberseite sind sie durch die Stacheln unangreifbar, und unten halten sie sich mit den scharfen Grabfüßen fest, so daß man sie nicht herausheben kann. Hier interessiert sich ein Lachender Hans oder Jägerliest, Kookaburra (Dacelo gigas) dafür; das ist der Nationalvogel der Australier. Er ist etwa rabengroß und hat ein lautes, wie Lachen klingendes Geschrei.

Ähnliches unter Säugetieren.« Nach 47 Tagen, am 30. August 1922, starb das Tier. Man war mit dieser Lebensspanne durchaus zufrieden.

Schon viel besser brachte es Robert Eadie fertig, der Direktor des Sir Collin Mackenzie Sanctuary in Healesville bei Melbourne in Australien. In einem Schnabeltier-Kunstbau nach dem Muster von Burrell hielt er den berühmten »Splash« vier Jahre und einen Monat, von 1933 bis 1937. Dieser Tiergarten in Healesville hat vielleicht nicht die meisten verschiedenen Tierarten, ist aber in der Anlage sicher einer der schönsten von Australien. Er liegt mitten im Wald und hält nur australische Tiere, diese aber in weitgehend natürlicher Umgebung. Als David Fleay der Direktor dieses Sanctuary wurde, brachte er ein Paar von Schnabeltieren, »Jill« und »Jack« 1938 in einem Gehege unter, wo das Weibchen auch in einer Erdbank graben konnte.

Im Alter von etwa sechs Jahren packte »Jack« im September, der unserem Frühling entspricht, seine beschnäbelte Frau am breiten kahlen Biberschwanz, und die beiden schwammen im Kreis umher — so zeigt man sich bei Schnabeltieren seine Liebe. Mitte Oktober verpaarten sie sich, und am 25. zog sich »Jill« in ihren Erdbau zurück.

Wir wissen jetzt, daß die Weibchen dabei Bündel von nassen Blättern unter ihrem nach vorn geklappten Schwanz in die Brutkammer bringen. Der Zugang wird von dem Weibchen von innen her an einer oder an mehreren Stellen mit Erde verstopft. Dann legt sie ein bis drei, für gewöhnlich aber zwei Eier. Das Weibchen rollt sich um die Eier herum, oder sie soll sie zum Bebrüten auch auf den Bauch nehmen, während sie sich auf den Rücken legt. Eine Tasche, in der sie die Eier wie die Schnabeligel am Bauch herumtragen könnte, entwickeln die Schnabeltiere nicht, das hätte bei Wassertieren auch wenig Sinn. Die Eier sind etwa so groß wie Spatzeneier, 1,6 bis 1,8 cm lang, aber rundlicher. Sie sind weichschalig und kleben bald zusammen. Wenn die kleinen Schnabeltiere auskriechen, sind sie etwa 2,5 cm lang, blind und nackt. Während der Brut, die sieben bis zehn Tage dauert, kommt die Mutter oft tagelang nicht aus dem Bau heraus oder nur, um Kot abzusetzen, sich zu waschen und den Pelz naßzumachen. Sie verstopft dann die Gänge immer wieder mit Erde.

Erst vier Monate später, wenn sie ihren vollen Pelz haben und etwa 35 cm lang sind, verlassen die kleinen Schnabeltiere zum erstenmal den Bau. Sie sind recht verspielt und lassen sich auch von Menschen zum Spielen verlocken. »Jill«, die Mutter, starb in Healesville nach fast zehn Jahren, der Vater »Jack« lebte sogar siebzehn Jahre.

Dieser große Erfolg in Healesville ließ die Leute im Bronx Zoo von New York nicht ruhen. So fuhr David Fleay zusammen mit seiner Frau am 29. März 1947 mit einem männlichen und zwei weiblichen Schnabeltieren mit dem Dampfer nach Boston. Seit dem ersten Transport waren 25 Jahre vergangen: Jetzt dauerte die Fahrt nicht mehr 49, sondern nur 27 Tage. Trotzdem mußte der Würmervorrat unterwegs zweimal ergänzt werden. Diese drei Tiere, die vorher schon ein ganzes Jahr lang in Healesville eingewöhnt worden waren, kamen gesund in Boston an, wurden mit dem Auto nach New York weitergefahren und dort nach drei Tagen der Öffentlichkeit gezeigt. Sie waren es, die ich bei meinem ersten Besuch in New York nach dem Weltkrieg zu sehen bekam. Ein

Tier von 1,5 kg verzehrt täglich 540 g Regenwürmer, zwanzig bis dreißig Krebse, zweihundert Mehlwürmer, zwei kleine Frösche und zwei
Eier.

Man konnte an diesen Tieren mancherlei beobachten, z. B. daß sie ins
Wasser nur dann gern hineingehen, wenn es mehr als 15° C hat, bei
weniger als 10° C aber ganz draußen bleiben. Der Unterhalt dieser Tiere
war jetzt gewiß nicht mehr für vier oder fünf Dollar je Schnabel und
Tag zu bewerkstelligen; im Winter mußten die Würmer sogar in großen
Mengen aus Florida herbeigeflogen werden. Zwei von diesen drei Tieren
lebten über zehn Jahre in New York, wurden also mindestens elf Jahre
alt.

Als der New Yorker Zoo nunmehr sein verwaistes Schnabeltiergehege
wieder bevölkern wollte, war David Fleay inzwischen nach dem warmen
Queensland in die Nähe von Brisbane gezogen. Dort habe ich ihn in
seinem privaten Zoo in West Burleigh besucht, und er hat mir in seinem
Holzhaus nach einer Tasse Kaffee die Geschichte dieser nächsten, der
»fliegenden« Schnabeltiere erzählt.

1946 waren die drei Schnabeltiere für den Zoo in New York innerhalb
drei Wochen in der Gegend von Healesville gefangen worden. Ja, in
Wirklichkeit waren es neunzehn, von denen die drei besten ausgesucht
werden konnten. Diesmal war die Sache nicht so einfach. Erst mußten
die Regierungen von Queensland und dann die vom ganzen australischen
Commonwealth die Erlaubnis zum Fang und zur Ausfuhr geben, denn
Schnabeltiere gehören jetzt zu den am meisten geschützten Arten. Das
Schlimme war, daß die Regenzeit nicht anbrechen wollte, Bäche und
Flüsse wurden niedriger und niedriger, zum Schluß waren nur noch hier
und da stehende Tümpel oder gar nur Schlammlöcher im Flußbett.
Offensichtlich wurde es ein schlechtes Jahr für Schnabeltiere. Die Weibchen gruben nicht einmal ihre Nestbaue. Sie beginnen mit ihrer halb-
eirunden Öffnung etwa einen drittel Meter oberhalb des Wassers, und
nicht unterhalb der Wasseroberfläche. Ist das doch der Fall, so liegt es
daran, daß das Wasser inzwischen gestiegen ist. Wenn die Tiere klitsch-

naß hineingehen und dann umdrehen und nach einer kurzen Weile wieder herauskommen, ist ihr Fell ganz trocken — die Erdwände saugen die Nässe auf.

Das Land, in dem David Fleay suchte, war wild zerrissen durch Hügel und tief eingeschnittene Schluchten. Es war glühend heiß, und die Fänger wurden von Mücken beinahe umgebracht, weil sie sich nicht rühren durften, sobald ein Schnabeltier zu sehen war. Die Tiere sind vor allem ganz früh morgens und spät abends lebendig. Sie schwimmen wie ein Stück altes Holz oder Laubzeug auf der Wasseroberfläche; tauchen sie dann unter, so gibt es einen Platsch mit dem breiten Schwanz. Ist ein Schnabeltier unter Wasser, so sind die Augen und die Ohren unter Hautfalten versteckt. Es kann sich also nur auf das Gefühl verlassen, das aber besonders im Schnabel recht fein ist. Die Haut darauf ist ja sehr weich. Der Gedanke, der Schnabel sei hart wie bei einer Ente, stammte von den ersten, getrocknet nach Europa gekommenen Häuten. Für gewöhnlich bleibt ein Schnabeltier etwa eine Minute unter Wasser, bei Angst hält es bis fünf Minuten aus, ohne zum Atemholen emporzukommen.

Die Larven, Krabben und Schnecken, auch kleine Fische, die es zusammenholt, steckt es oft in die Backentaschen, zusammen mit Erde und kleinen Steinen, die wohl beim Zerkleinern helfen. Größere Beutetiere, wie etwa Krebse, bringt es an Land. Die Tiere sind fast lautlos, nur selten kann man ein leises Brummen hören. Auch der fuchsähnliche Geruch, der von Drüsen unten am Halsgrund kommt, ist in Freiheit für Menschennasen nicht zu merken. Die Baue sind recht verzweigt. Ein Brutbau geht vom Eingang aus ein bis sieben Meter schräg nach oben in die Erde, seitwärts ist er manchmal bis achtzehn Meter lang. Es hat also keinen Sinn, die Tiere zum Fangen etwa auszugraben.

Aber alle diese Erfahrungen halfen in diesem Jahr nicht weiter. Wochen hatte David Fleay schon im Busch zugebracht, 13 000 km war er mit dem Auto herumgefahren, ein Mahntelegramm nach dem anderen war von New York gekommen, bis er endlich nach drei Monaten ein Pärchen gefangen hatte; nicht aber das verlangte zweite Weibchen. Die

Tiere sollten diesmal fliegen. Um zu sehen, wie ihnen das bekommen würde, wurden sie erst einmal in Kästen, die mit frischem Gras ausgepolstert waren, 180 km nach Brisbane und zurück geflogen. Als sie wieder zu Hause waren, hatte sich ein Weibchen so aufgeregt und war so elend, daß es schleunigst in Freiheit gesetzt wurde.

Es war Zeit, endlich abzufliegen, denn wenn in New York auch Frühling wurde, so kam der Winter in Queensland immer näher. Es war kein Vergnügen mehr, in den Flüssen herumzuwaten und zu schwimmen, um die Fallen aufzustellen. Fünftausend Regenwürmer und ebensoviel Mehlwürmer sollten nach Hawaii vorausgeflogen werden. Leider war es verboten, dorthin Erde mitzubringen, damit nicht irgendwelche Pflanzenkrankheiten eingeschleppt werden konnten. Um zu sehen, was die Schnabeltiere wohl zu sauber gewaschenen Würmern sagen würden, machten die Fleays einen Versuch in West Burleigh selbst: das Paar rührte sie nicht an. Also ging der Würmervortrupp schon eine Woche eher ab, damit er in Hawaii sich wieder an Inselerde gewöhnen konnte. Die Hinreise machten die Würmer in einem sauberen Kunststoff.

So reisten die zwei Schnabeltierbabies mit zehntausend Regenwürmern, 2500 Mehlwürmern und 550 Krebsen von Brisbane nach Sydney. Dort aber kam das große Flugzeug erst zwei Tage später an. Das hieß, daß die Schnabeltiere ihren Reiseproviant verspeist haben mußten, ehe sie nach New York kamen. So ging wieder ein Telegramm nach West Burleigh, und weitere Tausende von Würmern und fünfzig Krebse reisten als Nachschub hinterher. Schon zwei Stunden, nachdem die große Maschine sich in die Luft erhoben hatte, waren die beiden Reisenden »Paul« und »Pamela« und das dritte Weibchen, welches zufällig vier Wochen vor dem Abflug noch auf einer Kuhweide gefangen worden war, aufgeregt und geradezu rasend. Sie schwammen wie die Wilden umher, kletterten in den Ecken in die Höhe und fielen rückwärts wieder ins Wasser. Der Grund dafür war natürlich der schreckliche Lärm und das Zittern von den vier großen Motoren, die nur in kurzem Abstand neben den Tieren dröhnten. Bei der ersten Landung auf Fidschi zeigte sich, daß die drei

Schnabeltiere in ihren Schlupflöchern verschwunden waren. Auf Hawaii mußten die beiden Fleays zum Zoll und zur Gesundheitskontrolle — als sie zurückkamen, hatten die Gesundheitsinspektoren inzwischen von sich aus die Behälter einfach aus dem Flugzeug geholt und dabei so gekippt, daß die trockenen Schlupfhöhlen voll Wasser waren. Die Fleays mußten das nasse Zeug herausholen und trockene Polster hineinlegen — aber die Schnabeltiere waren gesund und munter. Sie wurden am Sonntag morgen um halb acht Uhr von allen führenden Leuten des Bronx Zoos am Flughafen in Idlewild, New York, abgeholt.

Die Tiere lebten diesmal leider nur acht Monate.

Als Jungtiere haben auch die Weibchen Sporen, sie verschwinden aber bei ihnen. Das Gift, welches beim Männchen aus einer Drüse durch den hohlen Sporen in die Wunde gespritzt wird, ist durchaus nicht harmlos. Als so ein Männchen in Gefangenschaft ein Weibchen angriff, starb dieses beinahe daran. Ein Tierwärter, der gestochen wurde, fiel vor Schmerzen zu Boden. Hand und Arm schwollen sehr stark an, er litt monatelang an dem Gift in seinem Körper und an der Schwäche in seinem Arm.

Weder Schnabeligel noch Schnabeltiere sind heute in Australien seltene oder besonders bedrohte Tierarten. Natürliche Feinde haben sie kaum zu fürchten: höchstens die Teppichschlange, vielleicht auch Füchse oder Beutelteufel. Eine Anzahl Schnabeltiere ersticken in Fischreusen, in die sie unter Wasser einschwimmen, sie finden dann nicht zurück und können auch nicht auftauchen, um Luft zu holen. Bisher konnte man die Fischer nicht bewegen, Reusen mit einem Ausgang nach oben zu benutzen.

Das Schnabeltier, das übrigens bis zu einer Höhe von 1650 m vorkommt, ist seit 1905 völlig geschützt und hat sich seitdem wieder vermehrt. Besonders zahlreich kommt es wohl in Tasmanien vor. Dort kann man es mitunter in den Vororten der Hauptstadt Hobart antreffen. Es wäre gut möglich, daß der eine oder andere Brutbau unmittelbar unter den Straßen in den Vororten liegt, meint der Zoologe Sharland. Das heißt natürlich nicht, daß der gewöhnliche Spaziergänger diese scheu und fast nächtlich lebenden Tiere zu sehen bekommt. Noch weiter verbreitet ist der Schnabeligel; ich möchte sagen, daß er eines der häufigsten Wildtiere Australiens ist. Hin und wieder fand ich welche auf der Straße überfahren, ähnlich wie unsere Igel in Europa. Allerdings glaube ich nicht, daß dies ein Erfolg der australischen Schutzgesetze ist. Ich habe den Eindruck, daß diese im allgemeinen nicht sehr beachtet werden, denn jedermann kann sich frei im Laden ein Gewehr kaufen und fünf Meilen außerhalb der Stadt auf fast alles knallen, was da kreucht und fleucht. Schnabeltier und Schnabeligel haben jedoch den Vorteil, daß sie kein wertvolles Fell haben, welches man verkaufen kann, zu wenig und nicht besonders gutschmeckendes Fleisch, und daß sie ziemlich versteckt leben. Entscheidend ist aber, daß ihnen auch der törichteste und ungebildetste Schaffarmer nicht nachsagen kann, sie brächten Schaflämmer um oder fräßen den Schafen das Futter weg. Wer in *den* Ruf gerät, dem hilft in Australien kein Schutzgesetz.

Seite 181: Dieser Mann trägt zum Tanzen die Schmuckfedern von sechzehn Paradiesvogelmännchen vier verschiedener Arten. Nach einer Umfrage bei den Mädchen im Wahgital sollen diese von einem reichen, bunten Tanzschmuck viel mehr beeindruckt werden als durch die Schönheit und Jugend des zugehörigen Mannes.

Seite 182: Als Brautgeschenk dienen die großen, goldfarbenen Perlmuttschalen und viele Bälge von Paradiesvögeln, meistens von Raggis Großem Paradiesvogel. Sie werden auf einer Art Schild angeordnet, das aus einem Zweig und Blättern gearbeitet wird, und während der Hochzeitsfeier von allen Seiten bewundert. Die Brautpreise sind heute sehr viel höher als vor zwanzig Jahren, weil die Eingeborenen durch die Zivilisation wohlhabender geworden sind.

9

Wie die Kamele
Australien eroberten

Goldrausch und Entdeckungsreisen im fünften Erdteil
Das Robinson-Pferd in der Wüste
Die Australier sollten ein Dromedar-Denkmal errichten

Ein Pferd mitten im Herzen des unerforschten Australien? Alfred W. Howitt fand im September 1861 auf der Suche nach der vermißten Burke-Expedition erst Pferdespuren und dann ein einsam umherlaufendes richtiges Pferd. Das war eine sehr aufregende Sache. Der Coopers-Flußlauf — der die Grenze zwischen den heutigen Staaten Südaustralien und Queensland durchschneidet — wird zwar von hoffnungsvollen Grasflächen begleitet und schweigende, graugrüne Eukalyptusbäume spiegeln sich in seinen Wasserflächen. Aber sie fließen nur in der Regenzeit und verlieren sich dann in den durstigen Stein- und Sandflächen Inneraustraliens. Während der Trockenzeit bleiben nur ein paar Wasserlöcher stehen; der weltverlorene Coopers-Flußlauf ist ringsum von erbarmungslosen Wüsten umgeben. Drei Mann hatte die Burke-Expedition in dem verzweifelten Bemühen verloren, vom Coopers wieder wegzukommen, und weitere vier Männer — darunter der Darmstädter Naturwissenschaftler Ludwig Becker — wurden im Sand begraben, als sich William Wright in 63 Tagemärschen bemühte, vom Darling-Fluß her Nachschub für die Expeditions-Spitze nach dem Coopers zu bringen.

Dieser vergessene Erdenwinkel ist auch Tieren nicht gerade freundlich. Als Howitt Nachricht vom Coopers-Flußlauf nach Melbourne geben wollte, holte er vier Brieftauben hervor, die er in Kästen über viele hundert Kilometer auf Kamelrücken mitgebracht hatte. Es stellte sich heraus, daß sich die Tiere darin die Schwanzfedern ganz abgestoßen hatten. Deswegen schoß Howitt Wildtauben, schleißte die Kiele ihrer herausgezogenen Schwanzfedern auf und schob sie mit Wachs auf die abgestoßenen Federstümpfe der Melbourner Tauben. Das ging über Erwarten gut. Aber als die Tauben am nächsten Morgen mit Nachrichten in kleinen Metallhülsen an ihren Beinen aufgelassen wurden, schossen aus dem blauen Himmel große Falken herab. Eine Taube wurde sofort getötet, die beiden anderen verschwanden in wilder Flucht, und die vierte rettete sich in einen Baum. Als man ihr nachritt, saß sie auf der Erde unter einem Busch, und ein Falke bewachte sie aus nächster Nähe. Auch später weigerte sie sich, aufzufliegen, und blieb in einem Baum am Lager.

William Howitt fing das einsam umherwandernde Pferd. Es war leidlich gut ernährt, aber sehr wild. Da es eine gebrochene Rippe hatte — vermutlich von einem Bumerang oder einem Keulenwurf — und da es außerdem noch beim Wiedereinfangen verletzt wurde, starb es bald.

Es war ein Pferd, das dem Forschungsreisenden Charles Sturt sechzehn Jahre vorher hier entlaufen war. Pferde sind genau wie Menschen Herdenwesen, die an Artgenossen hängen und ihre Gesellschaft brauchen. Sechzehn Jahre lang hatte dieses Pferd hier in dieser staubig grünen Insel mitten in der australischen Wüste jeden Oktober im Frühling die schwarzweißen Pelikane, die Brolgar-Kraniche, die lärmenden Scharen von Rosakakadus genau von Norden nach Süden durchkommen sehen. Im Mai, zum Winterbeginn, wenn endlich die Regen fielen, erschienen sie wieder und verschwanden nach dem warmen Norden, Jahr für Jahr. Sechzehn lange Jahre hatte dieses vereinsamte Pferd weder ein anderes Pferd noch einen weißen Menschen erblickt, so muß man wenigstens annehmen.

Der gottesfürchtige Charles Sturt, als Sohn eines britischen Richters 1795 in Indien geboren, war mit elf Pferden, dreißig Ochsen und zweihundert Schafen, mit Wagen, einem Segelboot (für den erhofften Riesensee in Zentral-Australien) und zwölf Begleitern von Adelaide, der Hauptstadt Südaustraliens, 1844 nach Norden aufgebrochen. Er hatte hier in der Gegend des Coopers den schrecklich dürren Sommer überdauert. Die Monatsdurchschnittstemperaturen im Dezember, Januar und Februar waren vierzig Grad im Schatten, und es war so trocken, daß jede Schraube in den Kisten herausfiel, die Kämme und die Horngriffe der Instrumente sich in feine Blättchen aufspalteten, das Blei sich aus den Bleistiften löste, die Haare auf den Menschenköpfen und an den Schafen zu wachsen aufhörten und die Fingernägel brüchig wie Glas wurden. Das Mehl verlor acht Prozent seines Gewichtes und die anderen Vorräte noch mehr. Es war kaum möglich, zu schreiben oder zu malen, so schnell trocknete die Flüssigkeit in den Schreibfedern und Pinseln.

In den weniger heißen Monaten machte Sturt mit dem jungen Joseph Cowle hartnäckige Versuche, zu Pferde weiter nach Norden den Mittelpunkt Australiens zu durchdringen. Er durchquerte die fürchterliche Simpson-Wüste und arbeitete sich, im September 1845, bis in die Gegend nordwestlich von dem heutigen beliebten Ausflugsort Alice Springs vor. Um mehr Wasser mittragen zu können, machten die beiden ihre Vorstöße zum Teil zu Fuß, führten nur ein Pferd zum Befördern von Wasser mit und hinterließen auf ihrem Weg immer wieder Wasserbehälter, die sie dann auf dem Rückweg leeren konnten. »Ich war gezwungen, das Pferd auf 27 Liter Trinkwasser zu beschränken, obwohl es gewohnt war, 110 bis 135 Liter zu trinken, eine so kleine Menge konnte also nicht ausreichen. Wir waren noch nicht viele Meilen gegangen, als das Tier Zeichen der Erschöpfung zeigte und eher stolperte als lief. Das Land blieb noch immer unverändert, Sand und Stachelgräser (Spinifex) bedeckten es. Es schien mir erstaunlich, daß solch ein Land sich so ungeheuer weit ohne jede Veränderung ausdehnen konnte. Joseph und ich waren den ganzen Tag marschiert, unsere Beine waren voll von den scharfen Enden des Spinifex, aber mehr aus Mitleid mit dem armen Pferd ›Punch‹ als mit uns hielt ich an und beriet mit Joseph, ob es klug wäre, den Karren noch weiter mitzuführen. Wir kamen zum Schluß, daß das unfehlbar Punchs Ende sein würde ... Mit großer Schwierigkeit brachten wir am nächsten Morgen unser erschöpftes Pferd wieder auf die Beine, obwohl ich ihm wieder so viel Wasser gab, wie es zu ermöglichen war. Seine Findigkeit unter dem heißen Drang nach Futter war erstaunlich. Es war wirklich lästig hartnäckig, wanderte immer wieder um den Karren und über uns weg, als wir dasaßen und unseren Tee tranken, es roch an den Kisten, versuchte mit seiner Nase in die Spundlöcher hineinzukommen und flehte um Hilfe, wie nur ein Tier das durch sein bloßes Benehmen tun kann. Und doch bin ich zufrieden, daß ein Pferd nicht zu so starker Anhänglichkeit an einen Menschen fähig ist wie ein Hund. Es ist ein selbstsüchtiges Geschöpf. Wie freundlich man es auch behandelt — wo ist das Pferd, das wie der Hund bis zum bitteren Ende an der Seite seines

186

Herrn bleibt, obwohl es von Hunger und Durst gequält ist, und das wie der fleischfressende Hund die Hand bewacht, die ihn gefüttert hat, und bei ihr zugrunde geht? Nein, laß nur das Pferd in der Nacht los, und wo wirst Du es am Morgen finden, obwohl Dein Leben davon abhängt, daß es hierbleibt.

Wir erreichten den Flußlauf am Morgen des 14. und hatten nur noch fünf Liter Wasser Vorrat. Es sah tatsächlich besser aus als das Wasser in dem schmutzigen Loch, woraus wir es ursprünglich geschöpft hatten. Unser erschöpftes Pferd konnte kaum noch ein Bein nach dem anderen bewegen, obwohl es seine Ohren spitzte und für eine Zeitlang sogar schneller ging, als es in die alte Wagenspur einlenkte. Unsere Kameraden waren erstaunt, wie sehr das Tier abgefallen war. Es erholte sich auch niemals mehr von diesem Marsch.« Bei den weiteren Vorstößen waren die Spinifex-Gräser auf den endlosen Ebenen so dicht, daß die Pferde ihre Beine vorsichtig senkrecht in die Höhe heben und niedersetzen mußten, um die scharfen Stacheln zu vermeiden. Alle Teilnehmer der Expedition erkrankten an Skorbut, zwei davon starben. Also mußte Charles Sturt 1846 entmutigt umkehren, ohne nach dem tropischen Norden Australiens vorgedrungen oder den erhofften See im Herzen des Erdteils gefunden zu haben. Die Reise brachte ihm großen Ruhm ein und die Medaille der Königlichen Geographischen Gesellschaft in London, aber sie kostete ihn seine Gesundheit. Er kehrte 1853 nach England zurück und starb dort sechzehn Jahre später. Das entlaufene Pferd aber fristete sein Leben am Coopers.

Wer hat schon bei uns in Deutschland, auf dem Kontinent, viel von den Entdeckungsreisenden Australiens gehört? Ihre Namen wurden von den großen, berühmten Afrika-Forschern des letzten Jahrhunderts überschattet.

Es gab in Australien auch keine schwarzen Königreiche zu entdecken wie an den Quellen des Nils, keine riesigen Seen im Inland und vor allem nicht eine so mannigfaltige und die Fantasie aufreizende Tierwelt. Und doch waren die Erforscher Australiens nicht minder besessen, zäh und todesmutig. Vielleicht hat das Robinson-Pferd zwei oder drei Jahre, nachdem es verlassen worden war, doch noch Europäer oder andere Pferde zu sehen bekommen — niemals wird das jemand mehr sicher erfahren. Friedrich Wilhelm Ludwig Leichhardt, 1813 geboren, hatte als Preuße in Göttingen und Berlin studiert und dort den Briten John Nicholson kennengelernt, den er später in England besuchte. Es war die Zeit der Reaktion in Deutschland, der freiheitlich gesinnte Leichhardt wollte nicht in Preußen seine Wehrpflicht ableisten. Deswegen kam er nicht zurück, sondern hielt sich in Frankreich, der Schweiz und Italien auf, bis die Nicholsons ihm 1841 die Reise nach Sydney bezahlten.

Weil er dort nicht den wissenschaftlichen Posten bei der Regierung bekam, den er angestrebt hatte, wanderte Friedrich Wilhelm Leichhardt 1843 allein gegen tausend Kilometer durch die Wildnis von New South Wales bis zur Moreton Bay in Queensland. Daraufhin machte man ihn ein Jahr später zum Leiter einer privat finanzierten Expedition, die von den Darling-Hochebenen aus die ungeheuer große Entfernung bis nach Port Essington zurücklegte, nördlich von der heutigen Stadt Darwin an der Nordküste Australiens. Sein Begleiter, der englische Ornithologe John Gilbert, wurde von Eingeborenen ermordet. Als F. W. Leichhardt sein Ziel Port Essington im Dezember 1845 erreichte, hatte er gegen fünftausend Kilometer durch das tropische Nordaustralien zurückgelegt. Er wurde als ein nationaler Held gefeiert, erhielt die Goldmedaillen der Geographischen Gesellschaften in London und Paris, und die preußische Regierung verzieh ihm, daß er sich dem Wehrdienst entzogen hatte. Im Dezember 1846 brach Leichhardt mit einer neuen Expedition von Sydney auf, um quer durch den Kontinent nach Perth, der Hauptstadt Westaustraliens, durchzubrechen. Er mußte jedoch umkehren. Im Februar 1848 versuchte er es wieder. Man nimmt an, daß diese Expedition den Coopers-Flußlauf erreicht hat. Was aber nachher mit ihr geschah, ist niemals geklärt worden. Sieben Männer mit ihren Tragtieren und ihrer Ausrüstung verschwanden im Innern Australiens. Bis heute, nach über einem Jahrhundert, hat man niemals etwas von ihnen gefunden.

188

Bis das ruhelose Sturtsche Pferd am Coopers-Wasserbett nach weiteren zwölf Jahren zum erstenmal wieder andere Pferde und seinen Tod finden sollte, geschah, in dem Jahrzehnt zwischen 1850 und 1860, vieles in Australien. Die neuen Staaten und die Menschen in diesem Erdteil wurden dadurch von Grund auf geändert. Wir haben wohl alle von dem Goldrausch in Kalifornien gelesen, was jedoch damals in Melbourne und Victoria am Südende Australiens vorging, ist uns in der Geschichtsstunde kaum erzählt worden.

Nach achtzehn Jahren Abwesenheit von Australien kam im Januar 1851 ein gewisser E. H. Hargraves unruhig und aufgeregt von den kalifornischen Goldfeldern in den Vereinigten Staaten nach seiner Heimat Neusüdwales zurück. Obwohl er keineswegs etwas von Geologie verstand, bildete er sich ein, daß die Hügel von New South Wales denen in den kalifornischen Goldfeldern ähnlich sähen und daß daher auch in Australien Gold liegen müsse. Wenngleich sich jeder über ihn lustig machte, zog er mit einem erfahrenen Buschmann (der auch nicht an das Gold glaubte) bis an einen Nebenfluß des Macquarie-Flusses und behauptete, das Gold läge geradezu unter ihren Füßen. Er schaufelte Erde in ein Sieb, wusch sie in einem Wasserloch und rief aus: »Hier ist es! Das ist ein denkwürdiger Tag in der Geschichte von Neusüdwales. Ich werde Freiherr, du wirst geadelt werden, und mein altes Pferd wird ausgestopft, in einen Glaskasten gesetzt und in das Britische Museum geschickt werden!« Am Morgen des 15. Mai 1851 erschien die Nachricht von der Entdeckung im »Sydney Morning Herald«.

Sofort überfiel das Goldfieber nach amerikanischem Vorbild die Stadt. Regierungsangestellte, Arbeiter in den Firmen und Fabriken ließen alles stehen und liegen und zogen auf und davon, um ihr Glück zu machen. Die Preise der Lebensmittel stiegen von Tag zu Tag. Die Geschäfte boten Goldgräber-Ausrüstungen, kalifornische Hüte, Hacken, Siebe an. Doch schon im August entdeckte man reiche Goldfelder bei Ballarat, und damit verlagerte sich das Goldfieber nach Melbourne und Geelong, die bald von fast allen Männern entblößt waren. Die Schiffe in den

Häfen blieben liegen, weil die Mannschaften zusammen mit den Kapitänen davonliefen. Aber schon im Dezember, als die Hitze des Sommers immer stärker wurde, kamen die meisten Leute zurück, die nicht an das harte und rauhe Leben im Busch gewöhnt waren. In Melbourne sah man nunmehr die Töchter von erfolgreichen Goldsuchern in brandneuen, hochmodernen und bunten Kleidern durch die Straßen flanieren, gesetzte Matronen wehten einen Duft von teuerem Parfüm hinter sich her. Goldgräber zechten in den Kneipen mit einem Bündel Banknoten in einer Hand. Die Nachricht von den Goldfunden in Australien ging um die ganze Welt. In Europa schlug man sich um Plätze auf den Schiffen nach dem neuen Erdteil. Australier, die das Goldfieber nach Kalifornien gezogen hatte, kamen von dort in ihre Heimat zurück, und mit ihnen viele Amerikaner. Die Goldgräber arbeiteten meistens in Gruppen von vier bis sechs Mann und schliefen im Freien oder unter dem Schutz von ein paar Leinensegeln, schufteten hart und gönnten sich draußen wenig. Die Regierung führte eine besondere Polizei auf den Goldfeldern ein, um unter den zusammengewürfelten Scharen Ordnung zu halten. Um das zu finanzieren, erhob sie von jedem Goldsucher eine monatliche Erlaubnis-Gebühr von einem Pfund, eine ziemlich hohe Summe. Aus Sorge, daß die freigelassenen Sträflinge Unruhe und Verbrechen stiften könnten, stellte die britische Regierung endlich auf Bitten der australischen Kolonien den Transport von Sträflingen nach Australien ein. Insgesamt waren 168 000 Gefängnisinsassen dorthin gebracht worden.

Anfangs konnte man das Gold tatsächlich hier und da in Klumpen vom Boden aufheben. Allmählich waren die Felder aber abgegrast, man mußte immer tiefer in die Erde gehen und sie auswaschen. Den Goldgräbern fielen die staatlichen Abgaben schwer. Außerdem bildeten sie

eine Art Zunft für sich, die für das gleiche und allgemeine Wahlrecht kämpfte, während die alteinsässigen Landbesitzer und Bürger in den neuen Kolonien ein Oberhaus nach Muster des Mutterlandes einführen wollten, in dem die Sitze nach Rang und Vermögen vergeben werden sollten. Unter dem Eindruck des aufblühenden Reichtums der australischen Kolonien hatte nämlich die britische Regierung ihnen vorgeschlagen, sich Verfassungen zu geben.

Im Herbst 1854 kam es zu Aufständen auf den Goldfeldern, und im Dezember ließ der Truppenkommandant in Ballarat auf revoltierende Goldgräber schießen. 25 wurden dabei getötet und dreißig verwundet, die Soldaten konnten nur mit Mühe davon abgehalten werden, ein noch größeres Blutbad anzurichten. Ende des Jahrzehntes kam es zu wütenden Ausschreitungen gegen die Chinesen, von denen über 23 000 auf die Goldfelder in Victoria eingeströmt waren, darunter nur sechs Frauen. Man warf den Chinesen vor, daß sie unmoralisch wären, europäischen Frauen nachstellten und alles Gold aus Australien nach China schleppten. Menschliche Ungeheuer zu Pferde zerrten bei solchen Ausbrüchen die Chinesen an ihren Zöpfen durch die Straßen.

Auch der australische Goldrausch brachte einen ungeheueren Aufschwung des neuen Erdteils. Von 1851 bis 1861 stieg seine Bevölkerung auf mehr als das Zweieinhalbfache, von 437 000 auf 1 168 000. Wegen seines Goldes wurde Victoria, früher ein Distrikt der Kolonie Neusüdwales, zu einer selbständigen Kolonie erhoben, die bald die Mutter-Kolonie an Bevölkerung und an Ansehen im britischen Weltreich übertraf. Seine Bevölkerung war in diesem Jahrzehnt von 97 000 auf 589 000 angestiegen, während die von Neusüdwales nur von 197 000 auf 337 000 gewachsen war. 1853 führte ein Amerikaner neue Kutschen mit Federn

193

ein, mit deren Hilfe die Verbindung zwischen Sydney und Melbourne und den Goldgräbern rasch und schnell verbessert wurde. 1854 fuhr der erste Dampfzug von Williamstown nach Melbourne; 1855 die ersten Vorortzüge in Sydney. Von dort aus gingen Anfang der sechziger Jahre die Geleise bald weithin in das neue Land. 1856 stach von London aus die »Istanbool« erstmals nach Australien in See, ein Dampfschiff mit Segeln, das die Fahrt von London nach Melbourne auf 65 Tage abkürzte. 1858 gab es schon telegrafische Verbindung zwischen Sydney, Melbourne und Adelaide. Am Ende des Jahrzehnts hatte sich überall das allgemeine gleiche Stimmrecht ohne Vermögensnachweis durchgesetzt.

Aber noch saßen die aufgeblühten neuen Kolonien wie kleine Taschen am Rande eines großen, unerforschten Erdteils. Ihre wohlhabend gewordenen Bürger wollten nicht mehr rückständige Provinz sein, sie gründeten Theater, Museen, bauten Kathedralen, gründeten gelehrte Gesellschaften. Wenn die Zeitungen immer wieder Nachrichten von den großen wundersamen Entdeckungen in Afrika und anderen Erdteilen brachten, fühlte man sich beschämt. Außerdem gingen noch immer Vermutungen um von einem reichen, fruchtbaren Wunderland im Inneren des Erdteils, von riesigen Binnen-Seen, von einer Art südlichem Mittelmeer. Dieser Gedanke war schon am Anfang der Besiedlung aufgekommen, weil die großen Flüsse im Osten Australiens von den Gebirgszügen, dem Dividing Range, nach Westen, dem Inneren zu, fließen. Zwar war der Entdecker Charles Sturt schon in den zwanziger Jahren von Osten her erst den Macquarie-Fluß und dann den Murrumbidgee heruntergefahren, in den Murray gelangt und in der Gegend von Adelaide an der Südküste in den Ozean gekommen. Konnte es nicht auch noch andere Flüsse geben, die nicht nach Süden flossen, sondern ihr Wasser in das Herz des Erdteils trugen? Man verglich den Murray mit dem Nil, weil er auf 1300 Kilometer nur einen einzigen Nebenfluß, den Darling, aufnimmt.

So setzte sich in Victoria, der reichsten von den aufgeblühten Kolonien, Ende des Jahrzehntes der Gedanke durch, eine Forschungsexpedition ins Innere Australiens zu schicken. Ein Komitee tat sich auf, und bis 1857 hatte es neuntausend Pfund zusammengebracht, also gegen zweihunderttausend Mark, für damalige Zeiten eine sehr erhebliche Summe. (Als man allerdings nachher die Kosten der Hilfs-Expeditionen und die Versorgung der Hinterbliebenen zusammenrechnete, kam man auf sechzigtausend Pfund, mehr als Stanley jemals mit seinen Riesen-Expeditionen in Afrika verbraucht hatte.) Vor allem sollte die große Expedition ein Unternehmen der Kolonie Victoria sein. Deswegen durfte sie auch nicht bequem den Murray-Fluß und den Darling aufwärts fahren, denn dann wäre sie ja von der Kolonie Südaustralien ausgegangen. Lieber zog man Hunderte von Meilen von Melbourne aus mühsam über Land. Ebenso kam offensichtlich eine Reihe von Leuten, die Expeditionserfahrung im Inland hatten, als Leiter nicht in Frage, denn sie waren in anderen Kolonien zu Hause. Man suchte also den Expeditionsleiter durch Anzeigen in den Melbourner Zeitungen und entschied sich im Komitee mit Mehrheit für den Polizeisuperintendent Robert O'Hara Burke, der sich noch niemals auf diesem Felde betätigt hatte.

Burke muß gut deutsch gesprochen haben, denn er war zwar Ire von Geburt, diente aber in der österreichischen Kavallerie und brachte es dort sehr jung zum Hauptmann. In Australien kam er gerade während der Unruhen des Goldrausches an und brachte es schnell zu einem führenden Polizeioffizier. Für den Krim-Krieg in Europa nahm er zwar Urlaub, kam aber wegen der langen Reise zu spät dort an. Seine Expedition war »die wohl bestausgerüstete, teuerste und unfachmännischst geführte von allen australischen Expeditionen«. Sturts Expedition hatte nur viertausend Pfund, also den fünfzehnten Teil davon, gekostet, und er hatte nur einen Mann und ein paar Pferde verloren.

Neu war es, daß *Kamele* an der Expedition teilnahmen. Man erwarb sechs von einer Art Wanderzirkus und schickte dann George James Landell nach Indien, um 25 weitere zu kaufen. Er reiste bis zu den Kamelmärkten in Afghanistan und ließ die Tiere von drei indischen Helfern an die Küste treiben. Sie schafften dabei achtzig Kilometer den

Tag. Vor dem Verladen in Karatschi beredete er noch den jungen John King, an der Expedition teilzunehmen. Es war ein Ire, der mit vierzehn Jahren in die britische Armee eingetreten und wenige Jahre vorher während des großen Aufstands in Indien hatte mit zusehen müssen, wie Meuterer vor die Kanonenrohre gebunden und zerfetzt wurden. Er sollte der einzige Kontinent-Überquerer sein, der die Expedition überlebte.

Landell brachte die Kamele und die Inder gut nach Melbourne, wo er selbst in indischer Kleidung einzog. Aber niemand wußte, wie sich die Tiere in Australien bewähren würden. Eine wilde Erbse sollte für sie giftig sein. Der Erwerb dieser Tiere, oder wohl mehr die Reise Landells und der Transport nach Melbourne, hatten bereits 5500 Pfund, also nach heutigem Geld etwa 90 000 Mark, gekostet. Landell trat als Fachmann in der Pflege dieser Wüstentiere auf; so bestand er z. B. darauf, daß sie täglich Rum erhielten, und die Expedition mußte 270 Liter davon für sie mitnehmen.

Das Komitee hatte sich wohl für Burke als Leiter der Expedition entschieden, weil er so tatkräftig, umgänglich und bescheiden war. Zum Beispiel stimmte er ohne weiteres zu, daß Landell, der sehr auf Geld bedacht war, erheblich mehr Gehalt erhielt als er selber. Burkes mangelnde Erfahrung und wissenschaftliche Bildung hoffte man dadurch wettzumachen, daß man ihm den Münchener Arzt und Botaniker Dr. Hermann Beckler und einen zweiten Deutschen, den Naturwissenschaftler Ludwig Becker, mitgab. Dieser war in Darmstadt geboren, ein Bruder von ihm war Oberkommandierender der hessischen Armee und ein anderer der Lehrer der ältesten Söhne der britischen Königin Victoria. Leider war dieser sehr bewährte Wissenschaftler — zum Beispiel einer der besten Kenner von Leierschwanz-Vögeln — für so ein Vorhaben bereits reichlich alt: 52 Jahre. Auch Wilhelm Brahe, einer der Vorarbeiter, war übrigens Deutscher.

Am 19. August 1860 schlossen in Melbourne alle Geschäfte, und die Riesen-Expedition zog los. Die achtzehn Teilnehmer saßen auf Pferden

196

und Kamelen, aber außerdem schleppte man auf den 23 Pferden, 25 Kamelen — sechs hatte man wegen Krankheit zunächst zurücklassen müssen — und auf besonders gebauten schweren Wagen, die auch schwimmen können sollten, insgesamt 21 Tonnen Gepäck mit: darunter 120 Spiegel, zwei Pfund Perlen, zwölf Zelte, achtzig Paar Schuhe, dreißig Paar Hüte, Sämereien, Bücher, acht Tonnen Zitronensaft gegen Skorbut, 380 Kamelschuhe, Feldbetten und Unmengen getrockneter oder konservierter Lebensmittel. Ein Viertel dieser Vorräte mußte man bereits bei der Abreise zurücklassen, obwohl man jedem Kamel gegen drei Zentner aufgeladen hatte.

Als die Riesen-Karawane durch Victoria zog, kamen natürlich von allen Seiten Neugierige herbei. Die Eingeborenen flohen beim Anblick der Kamele. Landell tötete eine über zwei Meter lange Teppichschlange, die mit aufgerichtetem Kopf am Weg lag und auf die seltsame Marschkolonne starrte. Weil die Pferde noch vor den Kamelen scheuten, mußten sie in einer langen Reihe für sich geführt werden, in breitem Abstand von der Kamelreihe daneben.

Es war ja noch Winter, ständig gab es viel Regen, die Wege waren schlecht, und mehrere der Fahrzeuge brachen zusammen. Als man Ende September Menindee am Ufer des Darling-Flusses und damit das äußerste Ende des damals besiedelten Landes erreicht hatte, war ein Teil der Expedition noch weit zurück.

In Menindee gab es erheblichen Streit. Burke, der inzwischen eingesehen hatte, daß er viel zu viel Ausrüstung mitschleppte, versteigerte einen großen Teil des teueren Materials unter den wenigen Ansiedlern und Schafzüchtern der Umgegend, darunter all den Rum, den Landell für so notwendig für die Kamele hielt. Landell und einige weitere schieden aus der Expedition aus. Dafür stellte Burke ein paar andere Leute ein, die er unterwegs kennengelernt hatte, darunter einen gewissen Charles Gray und den schreibunkundigen William Wright, der bis vor kurzem hier eine Farm geleitet hatte. Diesem neuen Mann, auf den Burke sehr große Stücke hielt, gab er den Auftrag, ihm von Menindee aus mit dem Rest der Expedition in wenigen Tagen nach dem Coopers-Flußlauf zu folgen.

Der lag gegen siebenhundert Kilometer weit entfernt im Norden. Das Land dazwischen war größtenteils unerforscht und vermutlich wasserlos, der heiße australische Sommer nahte heran. Trotzdem entschloß sich Burke loszuziehen, vor allem wohl, weil er wußte, daß gleichzeitig John McDouall Stuart von Adelaide aus ebenfalls ausgezogen war, um den Erdteil zu überqueren. So brach er mit einer kleineren Gruppe auf: acht Mann, sechzehn Kamele und fünfzehn Pferde. Burke drängte zur Eile. Tatsächlich schafften sie es, den Coopers-Flußlauf nach 23 Tagemärschen, am 11. November 1860, zu erreichen. Sie waren sehr erstaunt, dort die Hufabdrücke eines einsamen Pferdes anzutreffen, fanden aber keine Erklärung dafür. Als sie ihr Lager aufmachten, wurden sie von einer wahren Rattenplage überfallen. Sie mußten alle Vorräte mit Stricken an den Bäumen aufhängen. Der unruhige Burke hatte aber keineswegs die Absicht, hier den heißen Sommer zu verbringen, so wie es Charles Sturt fünfzehn Jahre vor ihm getan hatte. Ihn drängte es nach der Nordküste Australiens, nach dem Golf von Carpentaria. Er machte mit dem jungen William John Wills große Aufklärungsvorstöße, viele zu Fuß, insgesamt wohl achthundert Kilometer. Inzwischen war es heiß geworden — bis 43 Grad Celsius (109 Grad Fahrenheit) im Schatten.

Trotzdem zog Burke zusammen mit Wills, King und Gray am 13. Dezember weiter nach Norden los. Die Tiere wurden fast nur zum Tragen von Lebensmitteln und Wasser verwendet, die vier Männer marschierten die 2600 km bis zum Ozean und zurück. Gray führte Billy, das Pferd, und King die sechs Kamele.

Das Lager am Coopers blieb unter dem Befehl von William Brahe zurück, der einen Palisadenzaun errichtete, um sich gegen die Zudringlichkeiten, die Stehlereien und gegen mögliche Überfälle der Eingeborenen zu schützen. Burke gab Brahe den Auftrag, drei Monate auf ihn am Coopers zu warten; käme er dann mit seinen Begleitern nicht zurück, wären sie bestimmt tot. Denn ihre mitgeführten Lebensmittel reichten längstens für diese Zeit. Leider gab Burke diesen Auftrag nicht schriftlich, weswegen es später zu Untersuchungen, Vorwürfen und Prozessen kam. Er führte überhaupt kaum ein Tagebuch, und hätte nicht Wills, ein sehr begabter, ausdauernder und gebildeter junger Engländer, das statt seiner getan, so wäre die Expedition im Endergebnis überhaupt fast wertlos gewesen.

Nur dem ungewöhnlich milden Sommer 1860/61 ist es zu verdanken, daß Burke die Überquerung des Erdteils bis zum Golf von Carpentaria und zurück schaffte, in eintönigen, endlosen Märschen über Ebenen, auf denen nirgends ein Ziel zu sehen war, durch Sandstürme, die das Tageslicht verdunkelten, bis sie endlich an Bäume und Gebüsch im tropischen Norden kamen, mit ein paar Palmen und mit anderen EukalyptusGewächsen als im Süden. Weil der Grund so sumpfig wurde, blieben King und Gray zurück, und nur Burke und Wills erreichten mit dem Pferd Billy am 10. Februar 1861 das Meer. Allerdings kamen sie nur bis zu einem Kanal in den Sümpfen, in dem das Wasser salzig schmeckte und mit Ebbe und Flut über zwanzig Zentimeter anstieg. Das offene Meer des Golfes von Carpentaria sahen sie niemals. Dieses Land um den Golf hatte Leichhardt schon siebzehn Jahre vorher in ostwestlicher Richtung durchzogen.

Besonders schwer hatte es Billy, das Pferd. Wills schreibt in seinem Tagebuch: »Als wir das Pferd über den Flußlauf brachten, versank es so tief in einer Bank von Triebsand, daß wir es nicht mehr herausbekommen konnten. Schließlich schafften wir es nur dadurch, daß wir das Tier auf der Seite nach dem Wasser zu untergruben und es dann ins Wasser stießen. Nachdem wir alle Sachen in Sicherheit gebracht hatten, gingen wir am Flußufer weiter. Ein großer Teil des Landes war so weich und nachgiebig, daß das Pferd, welches nur einen Sattel und zwanzig Pfund auf seinem Rücken trug, kaum darüber laufen konnte. Nach etwa acht Kilometern versank es wieder bei der Überquerung eines Baches und war nachher so schwach, daß wir Zweifel fühlten, ob wir es überhaupt noch zum Weitergehen bewegen könnten.« Als Wills und Burke die

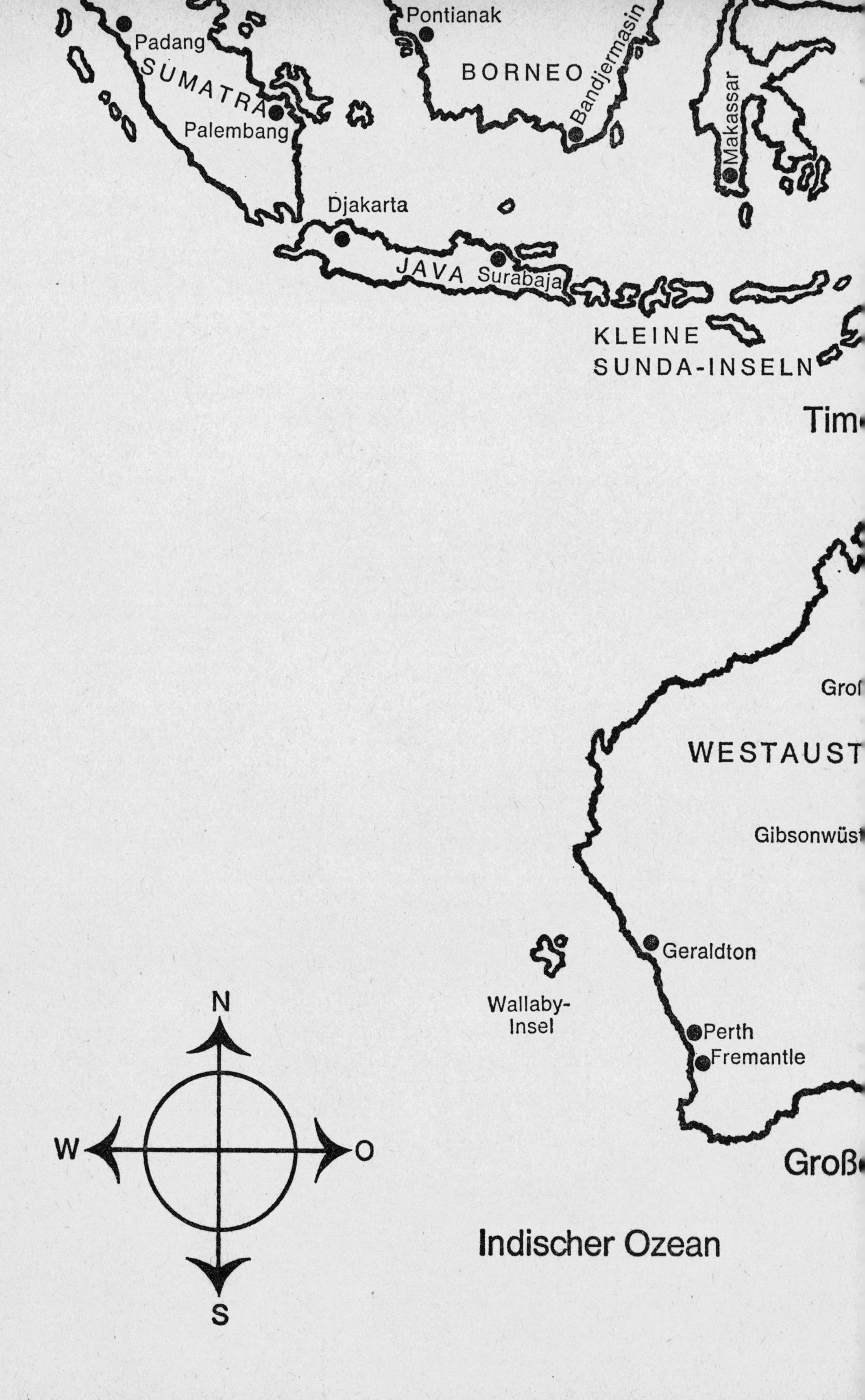

Padang
SUMATRA
Palembang
Pontianak
BORNEO
Bandjermasin
Makassar
Djakarta
JAVA
Surabaja
KLEINE
SUNDA-INSELN
Tim
Gro
WESTAUST
Gibsonwüst
Geraldton
Wallaby-
Insel
Perth
Fremantle
N
W
O
S
Indischer Ozean
Groß

See
Waren
INDONESISCH
Hollandia
Madang
PAPUA
Port Moresby
Korallen-
Meer
Port Essington
Darwin
Golf von
Carpentaria
Kap
York
Halbinsel
Großes Barriere-Riff
NORD-
TERRITORIUM
Flinders
Great Dividing Range
Tully
andwüste
Mt. Isa
LIEN
Alice
Springs
Ayers Rock
Simpson-
wüste
Dia Mantina
QUEENSLAND
Coopers
Große Victoriawüste
Eyrie
See
Brisbane
SÜD-
AUSTRALIEN
Lamington Nationalpark
NEUSÜDWALES
Mt. Hopeless
Darling
Menindee
MacQuerie
Adelaide
Murray
Murrum bidgee
Sydney
VICTORIA
Canberra
Australische Bucht
Healesville
Ballarat
Geelong
Melbourne
Bass-Straße
TASMANIEN
Tasman-See
Queens
Town

Kamele und die beiden zurückgelassenen Gefährten getroffen hatten, beschlossen sie, schleunigst nach Coopers zurückzumarschieren. Denn in den fast zwei Monaten, die sie für den Marsch zum Golf gebraucht hatten, hatten sie über zwei Drittel ihrer Lebensmittel verzehrt. Da sie sich aber alle gesund fühlten und notfalls noch einige der Tragtiere essen konnten, hatten sie keine großen Bedenken, den Weg zurück zu schaffen.

Er muß fürchterlich gewesen sein. Die Lebensmittel wurden immer knapper. Burke teilte sie täglich in vier Portionen, legte Nummern darauf, deckte sie zu, und jeder durfte eine Nummer wählen. So vermied er, daß unter den verhungerten Männern ein Streit um die Größe der Zuteilung entstand. Sie fühlten sich immer elender, und die Eintragungen in Wills Tagebuch werden immer kürzer.

Am Cloncurry-Fluß trafen sie im März das Dromedar »Golah«, das sie zurückgelassen hatten. Es sah elend und bemitleidenswert aus und schien sich allein sehr gegrämt zu haben. Das Tier war den Weg unaufhörlich auf und ab gelaufen und hatte ihn richtig festgetreten. Den Spuren nach war es von der Stelle, an der es schwach zurückgeblieben war, niemals weit weggegangen, obwohl gar nicht sehr entfernt davon gute Weide lag. Sobald »Golah« die anderen Kamele sah, begann es sofort zu grasen. Trotzdem war es zu spät für das Tier. Sie mußten es vier Tage später zurücklassen, weil es durchaus nicht mehr mitgehen wollte, auch nachdem sie ihm die Traglast und den Sattel abgenommen hatten.

Eintragung am 10. April: »Wir bleiben den ganzen Tag im Lager, um das Fleisch des Pferdes Billy in Streifen zu schneiden und zu trocknen. Es war so dünn geworden und so erschöpft vor Hunger, daß wenig Aussicht für es zu bestehen schien, die andere Seite der Wüste zu erreichen. Da wir selbst über alle Beschreibung an Nahrungsmangel litten, dachten wir, es sei besser, sein Fleisch gleich zu verwerten. Wir fanden es gesund und zart, aber ohne die kleinste Spur von Fett irgendwo im Körper.«

Eines Tages überraschte Wills den Kameraden Gray, der bis dahin die Aufsicht über die Lebensmittel hatte, dabei, wie er gerade hinter einem Baum Mehl verzehrte. Burke verabfolgte ihm eine »gehörige Tracht Prügel«. Auch den Klagen Grays über Schmerzen und Schwäche in den nächsten Tagen glaubten die Gefährten nicht recht, sie sahen sie als Entschuldigungen für den Diebstahl an. Am Morgen des 17. April fanden sie ihn jedoch tot in seiner Schlafdecke. Sie waren so schwach, daß sie ihn nicht einmal einen Meter tief begraben konnten.

Die letzten drei schleppten sich endlich am Abend des 21. April bei Mondlicht in das Lager am Coopers, voll wilder Hoffnung, sich endlich sattzuessen, auf heile Schuhe und neue Kleider.

Aber das Lager war leer.

In einen Baumstamm war frisch eingekerbt: »Grabe drei Fuß N.W. Apr. 21 1861«. Burke brach verzweifelt zusammen. Wills und King gruben nach und fanden eine Kamelkiste mit Lebensmitteln und einer Flasche, in der ein mit Bleistift beschriebener Zettel lag. Danach hatte Brahe das Lager *am selben Tage*, neun Stunden vorher, mit zwölf Pferden, sechs Kamelen und den anderen Vorräten in der Richtung nach Menindee verlassen. Bis auf einen der vier Lager-Insassen, der von einem Pferd getreten worden war, seien »alle Tiere und Menschen gesund«.

Es war eine Bosheit des Zufalls oder des Schicksals, daß Brahe nach vier Monate langem, entnervendem und geduldigem Warten am Coopers ausgerechnet ein paar Stunden abzog, bevor die erschöpften Gefährten dorthin zurückkehrten. Er konnte sich auf den Befehl von Burke berufen, nur drei Monate zu warten; immerhin war er noch vier Wochen länger dageblieben. Brahe glaubte, daß die anderen vier, die nach dem Golf von Carpentaria gezogen waren, entweder tot wären oder sich östlich nach Queensland gerettet hätten. Wäre er länger geblieben, so hätte er noch mehr Lebensmittel beim Warten verbraucht und keine Vorräte mehr für die Zurückkehrenden vergraben können. Niemals wußte er aber eine rechte Erklärung dafür zu geben, daß er auf den Zettel geschrieben hatte, seine Gruppe sei bei guter Gesundheit. In Wirklichkeit starb der schwerkranke Patten schon ein paar Tage später auf dem Rückmarsch, und die anderen drei litten stark unter Skorbut.

Diese falsche, prahlende Angabe auf dem Zettel in der Flasche ließ es für Burke aussichtslos erscheinen, bei der eigenen Erschöpfung die vermeintlich gesund und munter Abmarschierten noch einzuholen. In Wirklichkeit lagerte Brahe an diesem Abend nur 23 Kilometer vom Coopers entfernt.

So aber erholten sich die drei Zurückgekehrten erst einmal mit Hilfe der zurückgelassenen Lebensmittel. Dann beschloß Burke, nicht den bekannten Weg nach Süden zu gehen, sondern durch ein unerforschtes Gebiet zu einer etwas näher gelegenen Polizei-Außenstelle im Staate Südaustralien. Sie lag am Fuße des »Berges ohne Hoffnung«, Mount Hopeless. Wills schrieb also einen Zusatz zu der Nachricht in der Flasche, vergrub alles wieder gut, damit die Eingeborenen es nicht entdecken sollten, ließ aber die Einkerbung am Baum unverändert.

Ein Hauptgrund, warum Brahe sich zum Rückzug entschlossen hatte, war, daß in all den langen Monaten Wright mit dem Rest der Expedition nicht auftragsgemäß nachgefolgt war. Dieser zog erst nach Monaten in der Richtung Coopers los, aber er führte diese Hilfsexpedition denkbar unfähig. Nach 69 Tagen hatten sie den Coopers noch immer nicht erreicht; dafür waren aber drei der Teilnehmer, darunter Ludwig Becker, bereits gestorben. Dann endlich traf Brahe, vom Coopers zurückkommend, auf ihn. Während nun die Gruppe Brahe und die Gruppe Wright gemeinsam zum Darling zurückkehrten, beredete Brahe Wright, mit ihm nochmals zu dem Lager am Coopers zurückzureiten. Wahrscheinlich nagten doch Zweifel an ihm. Nach einem Ritt von drei Tagen waren sie wieder dort, am Morgen des 8. Mai — fünfzehn Tage, nachdem Burke mit seinen restlichen zwei Kamelen in Richtung des Mount Hopeless abgezogen war.

Brahe und Wright sahen den Platz unverändert: Kamelspuren, Dung, Reste von Lagerfeuern, die sicher von Eingeborenen stammten, und die Inschrift, die er selber vor ein paar Wochen in den Baum geschnitten hatte. Auf den Gedanken, die Kiste und die Flasche wieder auszugraben, kam er nicht. So ritten die beiden nach einer Viertelstunde wieder ab.

Zu diesem Zeitpunkt waren Burke, Wills und King noch keine fünfzig Kilometer von ihnen entfernt.

Burke zog mit den beiden Kamelen den Coopers-Flußlauf abwärts, bis er völlig in der Wüste verschwand. Er versuchte diese zu überqueren, mußte aber nach hundert Kilometern umkehren. Die Kamele gingen schon eher zugrunde als die Menschen. Am 28. April schreibt Wills in seinem Tagebuch: »Unser Marsch war heute nur sehr kurz, denn nach etwa einer Meile versank eines der Kamele (Landa) am Rande eines Wasserloches. Wir versuchten mit allen Mitteln, es herauszuholen, es war aber unmöglich. Der ganze Untergrund war bodenloser Triebsand. In diesem versank das Tier zu schnell, als daß wir hätten Büsche oder Stöcke unter es stecken können. Da es von sehr träger, stumpfer Natur war, konnten wir es auch nicht dazu bringen, selbst genügend harte Anstrengungen zu machen. Am Abend leiteten wir als letzten Versuch noch Wasser von dem Loch aus zu dem Tier, um es emporzuschwemmen, aber es gelang nicht. Das Kamel lag ruhig da, als ob es diese Lage geradezu genösse.

Am nächsten Morgen, als wir Landa immer noch in dem Loch fanden, machten wir neue Versuche, sie herauszuziehen, und erschossen sie dann. Nach dem Frühstück begannen wir alles Fleisch herunterzuschneiden, an das wir gelangen konnten.

Donnerstag, 1. Mai. Wir starteten zwanzig Minuten vor neun, nachdem wir unser Kamel Raja mit den notwendigsten und nützlichsten Dingen beladen und jeweils ein kleines Pack, Decke und Kleidung, für unsere eigenen Schultern zurechtgemacht hatten ...«

Daß sie überhaupt noch am Leben blieben, verdankten sie den Eingeborenen, denen sie früher so sehr mißtraut und die sie sich mit Gewehrschüssen vom Leibe gehalten hatten. Jetzt lernten sie von ihnen, »Nardu«, Grassämereien, zu sammeln und zwischen Steinen zu einem Mehl zu zerreiben, das allerdings offensichtlich wenig Nährwert hatte. Immerhin machte es den Magen voll. Die Eingeborenen gaben ihnen Fische und versuchten ihnen freundlich zu helfen. Aber oft zogen die schwarzen

Menschen über Nacht weiter, und die drei Europäer mußten sich bemühen, sie wieder aufzufinden.

Donnerstag, 2. Mai, Lager Nummer 7: »Wir folgten dem linken Ufer des Flußlaufes nach Westen und trafen nach neun Kilometer auf eine Schar Eingeborene, die im Flußbett selbst ihr Lager hatten. Sie hatten wohl gerade gefrühstückt und gaben uns großzügig Fisch und Kuchen. Wir konnten ihnen nur ein paar Angelhaken und Zucker zurückgeben. Das Kamel Raja zeigt Zeichen völliger Erschöpfung. Den ganzen Morgen über hat es stark gezittert. Wir haben ihm seine Bürde daraufhin auf ein paar Pfund verringert, indem wir den Zucker, Ingwer, Tee, Kakao und zwei oder drei Zinnteller abnahmen.

Dienstag, 7. Mai. Wir frühstückten bei Tagesbeginn, aber als wir aufbrechen wollten, konnte das Kamel nicht aufstehen, selbst ohne jede Ladung auf seinem Rücken. Nachdem wir alles versucht hatten, um es auf die Beine zu bringen, mußten wir es sich selbst überlassen. Nach etwa siebzehn Kilometern stießen wir auf einige Schwarze, die fischten. Sie gaben jedem von uns ein halb Dutzend Fische, und sie deuteten uns, wir sollten in ihr Lager gehen, dort könnten wir noch mehr bekommen und Brot. Das Anzünden eines Feuers mit Streichhölzern machte ihnen Spaß, aber sie legten keinen Wert darauf, Streichhölzer zu bekommen.«

Am 30. Mai kommt Wills wiederum in das alte Nachschublager am Coopers, findet keinerlei Zeichen, daß Brahe und Wright inzwischen da waren, gräbt die Flasche aus und schreibt eine neue Nachschrift hinzu.

Woran mögen übrigens die letzten Kamele zugrunde gegangen sein, obwohl sie doch offensichtlich genug Futter zum Weiden fanden? Daß Wills, 27 Jahre alt, etwa am 30. Juni, auf seinen Wunsch von den anderen beiden am Lagerfeuer allein zurückgelassen, starb, und ein paar Tage später auch Burke, scheint wohl an dessen immer noch unverständlichem Verhalten gegenüber den Eingeborenen gelegen zu haben. In einem Fall verscheuchte er sie durch Pistolenschüsse und schlug ihnen frisch gefangene Fische in Netzen aus der Hand. Daß der letzte, John King, nicht auch noch umkam, ist jedenfalls nur ihnen zu verdanken. Als er

die Eingeborenen zur Leiche von Burke führte, weinten sie alle bitter-
lich und bedeckten sie mit Zweigen. Von da an waren sie besonders
freundlich zu ihm.

Ein paar Wochen später erzählte ein alter Eingeborener namens
Sambo in einem entlegenen Außenposten Südaustraliens, auf halbem
Weg zwischen Adelaide und Coopers, daß dort oben an einem Fluß
nackte Weiße lebten, die keine Vorräte und Gewehre hätten, wohl
aber Kamele.

Diese Gerüchte und die Erinnerung an das traurige Schicksal der
Leichhardt-Expedition brachten auf einmal alles in Aufregung. Gleich
vier Hilfsexpeditionen wurden ausgeschickt, eine von Adelaide aus;
außer 24 eigenen Pferden konnte sie noch drei der Kamele verwenden,
die Wills acht Monate vorher am Coopers entlaufen waren. Offensichtlich waren sie gemächlich den Flußlauf abwärts geschlendert, hatten die
Wüste überquert und waren bis in die Gegend von Mount Hopeless
gekommen. Man schickte ein Schiff in den Golf von Carpentaria, um
dort nach den Vermißten zu suchen, und eine andere Expedition marschierte von der Küste Queenslands quer über Land nach Westen, um
irgendwo im Inneren auf die Spuren von Burke zu treffen. Vor allem
aber machte sich Alfred William Howitt, 31 Jahre alt und schon mit
großer Erfahrung in inneraustralischen Forschungsreisen, am 14. August
1861 zusammen mit Brahe von Menindee am Darling aus auf den Weg
nach Norden. Mit seinen 37 Pferden und sieben Kamelen erreichte er
den Coopers in 25 Tagen. Die Eingeborenen, die er auf dem Wege
dorthin antraf, waren alle äußerst aufgeregt. Zwar rannten sie vor der
Karawane davon, einige zitterten am ganzen Körper vor Furcht, aber
alle zeigten nach einer bestimmten Richtung und drückten aus, daß die
Europäer sich beeilen sollten. Schließlich blieb am Coopers-Flußlauf
selbst, als eine ganze Schar Eingeborener flüchtete, eine einsame Gestalt
zurück, mit einigen Lumpen und Teilen eines Hutes bekleidet, völlig
allein auf dem Sand stehen. Die Gestalt schwankte, hob die Hände
empor und fiel auf die Erde. Es war King, der einzige Überlebende.

Die Retter gaben ihm ausreichend zu essen, und er erholte sich bald so weit, daß er sie in den nächsten Tagen zu den Leichen von Burke und Wills führen konnte. Die Dingos hatten sich mit Wills Körper schwer zu schaffen gemacht. Die Knochen von Armen und Beinen lagen umhergestreut, und der Schädel war nirgends zu finden. An Burkes Leiche fehlten die Hände und Füße, der Körper war unzerstört.

King wurde in den nächsten Wochen so reichlich gefüttert, daß er bald »nicht mehr aus den Augen sehen konnte«. Als er, als einziger überlebender Überquerer des australischen Erdteils, nach Melbourne zurückgeführt wurde, brachte ihn die Menschenmasse vor Begeisterung beinahe um. Die Überbleibsel von Burke und Wills wurden durch eine neue Expedition nach Victoria geholt und in einem pompösen Trauerzug in Melbourne beerdigt; um die Leichen der übrigen Expeditionsteilnehmer kümmerte sich niemand. Man errichtete Burke und Wills in Melbourne ein überlebensgroßes Denkmal. Eine staatliche Untersuchungskommission, welche in wochenlangen Verhandlungen nach den Ursachen der Mißerfolge suchte, tadelte besonders das monatelange Zögern Wrights in Menindee und die zeitweise Entschlußlosigkeit des Komitees in Melbourne. Die Eingeborenen am Coopers wurden mit Geschenken überhäuft, die Kolonie Victoria schenkte ihnen zweitausend Quadratmeilen Land, über die sie eigentlich gar nicht verfügte, weil der Coopers nicht in Victoria liegt, und die den Eingeborenen von Rechts wegen ohnedies gehörten. Sie sind übrigens anschließend ausgestorben; im Jahr 1902 lebten nur noch fünf von ihnen. Die dramatische Expedition von Burke und Wills hat Alan Moorehead in einem spannenden Buch »Cooper's Creek« in allen Einzelheiten beschrieben. Es ist schade, daß dieses Buch ebensowenig ins Deutsche übersetzt worden ist wie seine beiden Bücher »Der Blaue Nil« und »Der Weiße Nil«, welche die Erforschung des Niltals und Ostafrikas beschreiben.

Im nächsten Jahr, 1862, wurde der australische Erdteil gleich dreimal von verschiedenen Expeditionen durchquert, ohne daß es dabei Katastrophen gab oder Menschenleben zugrunde gingen.

Am Coopers entstand eine Stadt, in den 1870er Jahren verlegte man eine Telegrafenlinie quer über den Erdteil und brauchte nur zwei Jahre dazu. Menindee ist heute ein Eisenbahnknotenpunkt, aber der Baum am Coopers, in den Burke und Wills ein zusätzliches Datum einzukerben vergaßen und dadurch ihr Leben verloren, er steht heute noch. In seiner Rinde kann man noch die Buchstaben »D I G« (Grabe) entziffern. Man hat gelernt, daß doch ein wahrer Kern in den Vorstellungen über den großen Binnenlandsee ist. Der Eyre-See zwischen dem Coopers und Mount Hopeless ist zwar heutzutage fast immer so trocken und wasserleer wie die umgebende Wüste. In längst vergangenen Zeiten aber war er durch die Flüsse Coopers und Diamantina angefüllt, die ehedem viel mehr Wasser führten. Inzwischen hat man gelernt, daß ein Teil dieses Wassers auch heute noch unterirdisch von den ostaustralischen Gebirgen dorthin fließt. So holte man es durch Tiefbohrungen empor und schuf damit Trinkstellen und die Voraussetzung für Schaffarmen.

Vor allem aber begeisterten sich die Australier an den Kamelen, die so tapfer in der Burkeschen Expedition und bei den anschließenden Hilfsexpeditionen mitgewirkt hatten. Nach Burke und Wills gab es im nächsten halben Jahrhundert wohl keine Expedition ins Innere Australiens ohne Kamele. Man lernte bald, wie man die starrköpfigen Tiere durch Flüsse bringt. Wenn sie sich eigensinnig am Wasser niederlegten, trieb man sie wieder hoch und stieß sie im richtigen Augenblick, wenn sie halb aufgerichtet und dabei unsicher auf den Beinen waren, mit Gewalt von hinten in die Fluten. Einmal darin, schwimmen sie weiter.

John Forrest (1847—1918), der später Gouverneur von Westaustralien und als erster geborener Australier geadelt wurde, fand zwar 1870 in fünf Monaten einen Weg von Perth nach Adelaide. Weil er aber Pferde benutzte und keine Kamele, mußte er immer in der Nähe der Meeresküste bleiben, und seine Expedition konnte die geografischen Kenntnisse kaum vermehren. Er blieb, nebenbei gesagt, der einzige Entdecker, der — vier Jahre später, mit seinem Bruder Alexander — diesen Weg auch durch das Innere mit Pferden bewältigte.

Mit zwei afghanischen Kameltreibern, zwei Europäern, einem jungen australischen Burschen »Charley«, mit seinem eigenen Sohn und siebzehn Kamelen zog Peter Egerton Waberton (1813—1889), ein früherer britischer Major in Indien, im September 1872 von Adelaide aus, um über Alice Springs im Herzen Australiens die Westküste hoch im Norden zu erreichen. Sie nahmen für sechs Monate Lebensmittel mit, kamen aber erst nach sechzehn Monaten ans Ziel, und das nur, weil sie ein Kamel nach dem anderen aufaßen. »Ohne Zweifel wird sich diese Kameltöterei später schlecht lesen«, schreibt Waberton in sein Tagebuch, »aber die einzige zweite Möglichkeit ist, sich hinzusetzen und zu sterben, und die Kamele nach uns, denn sie könnten ohne unsere Hilfe nicht an einen einzigen Tropfen Wasser kommen.«

17. September 1873. »Wir legten 17 Kilometer nach Westen zurück. Wir mußten am Lager zwei Reitkamele zurücklassen, die sich nicht rühren konnten. Erst dachten wir, sie hätten sich vergiftet, aber nun scheint es, als hätten sie vom Nachtwind Kreuzverschlag bekommen. Das Reitkamel meines Sohnes kann die Hinterbeine nicht nachziehen, so töten wir es, anstatt es sterben zu lassen. Welcher Schlag für uns! Unser stärkster Hengst und drei Reitkamele, alle fast an einem Tage verloren. Wenn das so weiter geht, weiß ich nicht, was aus uns werden soll.«

Mit den Eingeborenen geht Major Waberton recht hart um. Er fängt eine junge Frau, was ein großer Erfolg ist, denn die Schwarzen laufen vor den Entdeckungsreisenden davon, als ob sie von der Pest befallen wären. Die Gefangene soll ihnen Wasserlöcher zeigen, aber man kann sich nicht mit ihr verständigen. »Während wir kampierten, entkam uns die Kreatur, indem sie ein dickes Seil durchnagte, mit dem sie an einen Baum gebunden war.« Ein paar Tage später geraten sie an ein Lager von Eingeborenen, die aber alle weglaufen. »Nicht weit davon fingen wir eine heulende, scheußliche alte Hexe. Durch Erfahrung klug gemacht, fesselten wir ihr die Daumen hinter dem Rücken zusammen und banden sie mit einem Strick um den Hals an einen Baum. Sie heulte die ganze Nacht hindurch fürchterlich, während der wir sie abwechselnd

bewachen mußten. Sie war übrigens ohne Nutzen für uns und ver-
dankte es nur ihrem Geschlecht, daß wir sie nicht dafür züchtigten.«

Drei Kamele entlaufen, und einer der Afghanen verfolgt ihre Spuren
160 Kilometer weit. Weil sie aber Tag und Nacht laufen, während er
ihnen nur am Tage nachreiten kann, entkommen sie endgültig. Es wird
wegen der Hitze völlig unmöglich, am Tage zu marschieren. Die Gruppe
kann schließlich nur morgens und abends weiterziehen. Denn sie muß
ständig nach Wasserlöchern suchen, und das geht in der Dunkelheit
nicht. Andernfalls müssen sie den letzten Weg wieder zurücklaufen, um
wenigstens das letzte Wasserloch zu erreichen. Die Wasserlöcher geben
oft nur sehr wenig Wasser: eines einen Eimer in drei Stunden, aus
einem anderen kann man alle 35 Minuten einen knappen Liter schöpfen.
Die Gruppe muß einen Tag und eine Nacht an einem der Löcher bleiben, damit jedes der ausgedursteten Kamele wenigstens einen Eimer
voll bekommt. Ein Kamelhengst wird getötet, damit sich in einem wieder
aufgebrochenen Geschwür auf seinem Rücken nicht Fliegenmaden an-
siedeln. Von seinen sonnengetrockneten Fleischstreifen, die wie Rinde
schmecken, leben die sieben Leute drei Wochen lang, und zwar ausschließlich davon. Ein Kamel wird umgebracht, weil es blind geworden
ist.

Der Eingeborenenjunge Charley läuft unermüdlich weit voraus und
umher, oft findet er auch Wasser. Als er eines Tages nicht wieder-
kommt, entscheidet sich Waberton, der vor Durst und Hunger taumelt,
lieber ihn in der Wüste umkommen zu lassen, als die übrigen sechs.
Aber eine Stunde, nachdem sie abends um neun Uhr aufgebrochen sind,
treffen sie zufällig auf Charley. Er ist nach dem letzten Nachtmarsch
noch dreißig Kilometer gelaufen und hat eine Wasserstelle gefunden.

Der Sohn Richard schießt einen sperlingsgroßen Vogel, den Waberton bis auf Schnabel und Federn verschlingt. »Wenn es in diesem Land
doch irgend etwas gäbe, was man essen kann, aber wir finden keine
Schlange, keine Krähe, keinen Bussard. Es gibt ein paar Wallabies
(kleine Känguruhs) im Spinifexgras, doch wir können sie nicht er-

wischen.« Sie müssen in manchen Gegenden tagsüber in der Sonne liegen, weil sie im Schatten der Büsche von Ameisen gepeinigt werden. »Außer den gewöhnlichen Fliegen, die schlimm genug sind, und den Ameisen gibt es die australische Biene oder Honigfliege, die uns quält. Diese Insekten verlassen einen nicht mehr, und obwohl sie nicht stechen, riechen sie schlecht. Vermutlich gerade deswegen laufen sie hartnäckig um die Nasenlöcher herum.«

Wenn man Eingeborene trifft und sie nicht weglaufen, streicht man sich gegenseitig über die Bärte, um seine freundliche Gesinnung zu zeigen. Die Vollbärte, welche damals bei Europäern allgemein üblich waren, dürften die Schwarzen besonders beeindruckt haben. Der tüchtige kleine Charley wird eines Tages auf Wassersuche freundlich in einem Eingeborenenlager aufgenommen und mit Wasser gelabt. Als aber die anderen mit den Kamelen nachkommen, erschrecken die »aborigins« furchtbar, glauben sich von Charley in eine Falle gelockt, stoßen ihm einen Speer in Arm und Rücken, hauen ihm eine Keule auf den Kopf und brechen ihm beinahe den Kiefer. Er braucht Wochen, um sich zu erholen.

Noch 250 Kilometer von der Küste entfernt, bleibt Waberton völlig erschöpft an einem Fluß liegen und schickt einen Mann mit den letzten zwei Kamelen weiter, um Hilfe von Siedlern herbeizuholen. Doch Wochen vergehen: »Wir haben Überfluß an Wasser, etwas Tabak und einige Bissen getrocknetes Kamel. Hin und wieder erlegen wir einen Iguana oder einen Kakadu. Ich hoffe, durch den Regen werden einige Disteln oder andere Pflanzen sprießen, die wir essen können. Wir haben alle Skorbut, Durchfall und Nierenschmerzen. Wir können die Fische nicht fangen, wir finden keine Opossums und Schlangen, die Vögel wollen sich bei uns nicht hinsetzen und wir können nicht mehr aufstehen, um zu ihnen zu gehen. Ich dachte, wir würden keine Schwierigkeit haben, uns am Flusse zu ernähren, aber wir fallen von Tag zu Tag immer und immer mehr ab.« Gerade nach dieser Eintragung im Tagebuch erscheint der ausgesandte Mann mit haufenweise Nahrungsmitteln und sechs Reitpferden, um Waberton und seine Männer an die Küste zu holen.

Gibsons Wüste im Inneren Australiens entdeckte 1874 Ernest Giles (1835–1897). Sie ist heute nach seinem Gefährten benannt, der sich zu Pferde darin verirrte und niemals gefunden wurde. Am Rande dieser Wüste geschah Giles folgendes: »Am nächsten Morgen erfuhr ich, daß einige der Kamele sich vergiftet hatten und sich nicht bewegen konnten. Ein oder zwei würden wohl sterben. Das war, an der Grenze der Wüste, eine schreckliche Neuigkeit, und es ergab sich sofort die Frage, was zu tun sei. Sie war ebensoschnell beantwortet: nichts war zu tun, denn es wäre zwecklos gewesen, die noch gesunden Tiere mit den Lasten der kranken zu beladen und diese zurückzulassen. So blieben wir halt am Platz und kümmerten uns um die kranken und sterbenden Tiere so gut, daß eines der schlimmsten zur Nacht wieder auf seinen Beinen stehen konnte. Wir setzten ihnen mit heißem Wasser zu, mit Butter und Senf, und wir machten ihnen Einläufe mit der Klistierspritze. Das einzige, was wir aus ihnen herausbekommen konnten, waren zerkaute Gyrostemon ramulosus. Weil es beinahe dunkel war, hatten wir diese Pflanzen nicht entdeckt, als wir das Lager aufschlugen. Wir trieben die Herde weiter zu einem anderen Sandhügel, wo nur wenig von diesem Teufelsgewächs stand. Am nächsten Morgen stellte ich entzückt fest, daß die kränksten und auch die anderen sich sichtlich erholt hatten, obwohl sie noch schwankten und ihre Hinterbeine zitterten. Dieses verhexte Land scheint unter der Giftpflanze geradezu zu ersticken. Die Gyrostemon ist wohl nicht unbedingt tödlich, aber da ich ein Kamel daran verloren habe und so viele andere ständig daran erkranken, kann man sich vorstellen, wie sehr wir den Anblick dieser Gewächse fürchteten. Die noch unvergifteten Kamele verzehren sie hartnäckig. Nachdem sie daran erkrankt waren, rühren die Tiere sie für gewöhnlich nicht mehr an. Nur gibt es zum Unglück gar nichts anderes hier für sie, das sie abweiden könnten ...«

Ernest Giles durchquerte übrigens mit Kamelen 1875 den Erdteil von

Adelaide in Südaustralien nach Perth an der westaustralischen Küste und wiederholte die Reise, nach zweimonatiger Erholungspause, gleich nochmals in umgekehrter Richtung. Zwar erhielt er 1880 die Goldene Medaille der Geographischen Gesellschaft, starb jedoch siebzehn Jahre später verarmt und vergessen als unterbezahlter Büroschreiber in einer Kleinstadt Westaustraliens.

In den Jahrzehnten nach Burkes Expedition wurden immer mehr Kamele aus Indien herübergeholt, bis 1900 sechstausend, ungezählt die vielen Nachkommen, die sie bis dahin in Australien selber bekommen hatten. Diese Eroberung des trockenen Erdteils Australien durch das Kamel war ein voller Erfolg, aber er hielt nicht lange an. Es ging hier genau so wie mit der Zähmung des afrikanischen Elefanten, die jahrhundertelang für unmöglich gehalten wurde und die dann König Leopold von Belgien in der Elefantenzähmungsstation Gangala na Bodio im Kongo so überzeugend durchsetzte. Als Reit-, Trag- und Zugmittel wurden die Elefanten im Kongo und die Tausende Kamele in Australien sehr bald durch den Siegeszug des Autos überflüssig gemacht. Aber noch heute werden in entlegenen Gegenden Inner-Australiens hin und wieder Kamele benutzt, und noch heute trifft man ihre Nachkommen dort freilebend in der Wildnis.

Daß also der neue Erdteil Australien in der zweiten Hälfte des vorigen Jahrhunderts durchquert, erforscht, daß in ihm Erdschätze entdeckt, Telegrafen- und Eisenbahnlinien gebaut wurden, all das ist außer mutigen und hartnäckigen Männern vor allem Dromedaren zu verdanken. Wenn man sie heute in Australien auch schon lange nicht mehr braucht: von Rechts wegen sollte in Adelaide dem Kamel ein überlebensgroßes Denkmal errichtet werden!

10

»Du Dingo!« schimpft man sich unter Australiern

Die Eingeborenen des fünften
Erdteils aber hatten den Wildhund gern
Man lebte gut von toten Dingos
Seine Brüder zerrissen ihn
Das war selbst für Dingos zuviel
Dreieinhalb Millionen Mark für Dingoskalpe

Wild lebend, in Freiheit habe ich bisher in meinem Leben nur *einen* Dingo gesehen, obwohl ich als Zoomann diese australischen Wildhunde natürlich schon gehegt, gestreichelt und sogar gezüchtet habe. Diesen einen wilden Dingo *(Canis dingo)* traf ich etwa 200 km südöstlich von Port Darwin, also hoch im menschenleeren Norden Australiens, mitten in der Wildnis, an. Ich saß auf einer eisernen Dreschmaschinen-Sitzschale, die kunstvoll vor den Kühler eines großen japanischen Geländewagens geschraubt war. Damit ich nicht vor die Räder hinunterfiel, hatte ich mich mit dem Haltegurt aus einem alten Flugzeug daran festgeschnallt. Das ist ein wundervoller Sitz zum Filmen und Fotografieren — vorausgesetzt, daß man hinten einen geschickten Fahrer hat, der querfeldein über Stock und Stein zu sausen gewohnt ist und einen nicht gerade mitten durch hartes Gebüsch fährt, wo man sich an Zweigen blutig reißt oder die Augen ausstößt. So kann man Känguruhs verfolgen, wilde Wasserbüffel und verwilderte Hausschweine (der Staat Queensland bezahlte in zwölf Monaten 1961/62 Geldbelohnungen für das Töten von 53 918 verwilderten Schweinen!). Auch seit Jahrzehnten wild lebende Pferdeherden kann man verfolgen und hat trotzdem beide Hände frei.

Das Gelände kam mir trocken, staubig, erfreulich menschenfrei vor, sehr afrikanisch. Es hätte mich — zunächst — nicht im geringsten überrascht, wenn dort unter den Bäumen drei oder vier Elefanten ohrenwedelnd gestanden hätten oder eine Herde Impalaantilopen mit hohen

Sätzen seitwärts vom Wagen weggeflüchtet wäre. Aber solche eindrucks-
vollen Tiergestalten hat es in diesem weltverlorenen Erdteil nie gegeben.
Hätten wir Europäer sie bei seiner Entdeckung vorgefunden, so wären
sie von den neuen weißen Australiern mit völliger Sicherheit schon etwa
bis zur Jahrhundertwende ausgerottet worden.

Mitten auf einer ganz busch- und baumfreien Fläche lief auf einmal
von den Knochen eines toten Känguruhs ein gelblichgraues Tier weg.
Es war knapp so groß wie ein Schäferhund, hatte wenig Haare und sah
nicht sehr eindrucksvoll aus.

»Ein Dingo!« schrie der Besitzer des Fahrzeuges hinten am Steuer,
hielt sofort an und brachte mir seine Büchse vor. Er wollte das Tier
schnell einholen, ehe es die Baumgruppen und das lichte Gehölz in
anderthalb Kilometern Abstand erreicht hatte. Gar nicht leicht, ihm
klarzumachen, daß ich den Wildhund nicht umlegen, aber unbedingt
fotografieren wollte. So holten wir ihn, ich mit gezückter Kamera, wieder
ein, überholten ihn, er lief — nach dem Geschwindigkeitsmesser des
Autos — noch keine 50 km/h. Und immer wenn wir ihm dicht auf den
Fersen und fast neben ihm waren, drehte er seitlich ab, so daß ich ihn
fast nur schräg von hinten aufnehmen konnte. So geht das ja immer,
wenn man Tiere im Wagen verfolgt: sie laufen in Kreisen, merken
bald, daß man so eng nicht kurven kann, und so bekommt man meistens
nur Hinterteile und Schwänze auf den Film. Will man sie im vollen Lauf
von der Seite aufnehmen, so braucht man zwei Autos, die nebenher
fahren. Außerdem muß *ein* vernünftiger Mann dabeisein, der nicht ver-
gißt, daß lebende Herzen schneller versagen als Automotore.

*Seite 218 oben: Die Bartagame (Amphibolurus barbatus) aus dem australischen
Trockenland kann, wenn sie sich bedroht fühlt, alle Stacheln an Kopf und Hals
abstellen. In der Ruhe sieht das Tier dunkelbraun aus. Sobald man es aber ärgert, wird
es leuchtend gelb mit orangeroten Strichen.*

*Seite 218 unten: Eine Singzikade ist gerade aus ihrer Puppenhülle geschlüpft. Sie sitzt
noch darauf, hat aber schon ihre glasklaren Flügel »aufgepumpt«.*

Immerhin habe ich auf diese Weise einen wilden, freilaufenden Dingo fotografiert. Ich möchte nicht behaupten, daß das die erste oder die einzige Freiaufnahme eines australischen Wildhundes ist. Mir ist es nur bisher nicht gelungen, in irgendeinem Buch über australisches Tierleben oder anderswo solch ein Foto zu finden. Die Dingoaufnahmen stammen sonst aus Zookäfigen oder Freianlagen.

Tote Dingos gibt es genug. Der Staat Südaustralien und das nördliche Territorium zahlen seit 1913 jedermann Prämien für getötete Dingos, der Staat Westaustralien seit 1924. Bis 1935 hatten sie für 510 500 Dingoskalpe dreieinhalb Millionen Mark ausgegeben. Westaustralien bezahlte auch 1964 noch 5417 getötete Dingos, Südaustralien 3216. Dabei waren die Dingos die größte Landplage in zwei ganz anderen australischen Staaten. in Queensland und New South Wales, wo es die meisten Schafe gibt. Dort dürften viel mehr Dingos getötet worden sein, denn Queensland gab noch 1961/62 in zwölf Monaten Geldpreise für 30084 umgebrachte Dingos aus. Manche Dingojäger brachten es in einer Saison auf dreitausend tote Wildhunde; bei einer Belohnung von zehn bis fünfzig Mark je Skalp bezogen sie daraus ein ganz schönes Einkommen. Trotzdem ist es schwer zu erfahren, wie es wirklich um die Dingos steht. Die einen behaupten, man würde sie bald nur noch in Zoologischen Gärten sehen. Die anderen meinen, es gäbe in Australien noch mindestens zweihunderttausend von ihnen und man brauchte von der Millionenstadt Sydney nur 150 km nördlich ins Bergland zu fahren, da wären sie heute noch zu finden. Die doppelte Strecke weiter sollen sie auch jetzt noch auf Rinderfarmen wüten, wo man sie seit 160 Jahren vergeblich auszurotten sucht. Aber ich bin nicht sicher, ob solche Behauptungen womöglich aus Büchern stammen, die vor zehn Jahren das letzte Mal neu gedruckt und vor über zwanzig Jahren geschrieben worden sind.

Über Dingos hat man sich gute hundert Jahre gestritten. Waren es echte Wildhunde wie die Wölfe auf der nördlichen Halbkugel oder die schönen, kühnen, gefleckten Hyänenhunde in Afrika? Oder waren es nur die Nachkommen von verwilderten Haushunden der Menschen? Ganz sicher jagten wilde Dingos schon in ganz Australien, als die ersten Europäer diesen Erdteil entdeckten. Sie waren die einzigen Vertreter der »modernen« Säugetiere, während die anderen australischen Vierbeiner ja alle ihre Jungen in Bauchbeuteln heranziehen. Vermutlich haben die »modernen«, viel intelligenteren Raubtiere, die Dingos, nach nicht allzu langem Kampf die altertümlichen Beutelwölfe auf dem Festland ausgerottet, welche rein äußerlich Hunden so sehr ähnlich sehen. Auch die Beutelteufel, fuchsgroße Raubtiere mit Bauchbeutel, sind ihnen wohl zum Opfer gefallen — sei es, daß die Dingos sie unmittelbar umbrachten, sei es, daß sie geschickter waren und ihnen die Beute und alle Lebensmöglichkeiten wegnahmen. Jedenfalls lebten Beutelwölfe und Beutelteufel, als die Europäer nach Australien kamen, nur auf der Insel Tasmanien, wohin damals und bis heute keine Dingos gekommen sind.

Man kann Dingos weder nach den Zähnen und dem Knochenbau noch nach sonst irgendeinem Körpermerkmal oder nach ihrer Lebensweise sicher von Haushunden unterscheiden. Sie sind also, so nimmt man heute allgemein an, erst in erdgeschichtlich jüngster Zeit mit dem Menschen zusammen nach dem fünften Erdteil gekommen, wenngleich das auch viele Jahrtausende zurückliegen mag. Dingos sind verwilderte Haushunde, ähnlich wie die Mustangs, die Wildpferde auf amerikanischen Steppen, oder die wilden Wasserbüffel in Nordaustralien. Ich habe als junger Mann in Zoos gelernt, daß man bei Dingos immer darauf achten muß, Tiere in rein rötlicher Farbe zu haben. Solche mit weißen Schwanzspitzen, weißen Pfoten oder hellen Flecken an der Kehle sollten Mischlinge mit Haushunden sein. Aber das trifft nicht zu. Es gibt reinblütige wilde Dingos, die gescheckt sind, dunkelbraune, sogar schwarze. Auch solche, bei denen die Ohren umknicken oder die den Schwanz höher nach dem Rücken tragen, laufen herum.

Vielleicht hätten ihnen die australischen Schaffarmer wirklich schon den Garaus gemacht, wenn nicht andere Europäer diesen rötlichen Wildhunden wieder ungewollt geholfen hätten. Sie führten das Kaninchen ein, das sich zu Millionen vermehrte und den Dingos auch dort das Weiterleben ermöglichte, wo man sie von den Schaffarmen weg hielt. Ja, sie machten sich als Kaninchenjäger sogar recht nützlich. Auch für den Keilschwanzadler, dem unbelehrbare Schaffarmer nachsagen, er brächte Schafe um, sind die Kaninchen trotz aller hartnäckigen Verfolgung die Rettung gewesen. Dank des Langohr-Überflusses konnten sich die Adler sogar stark vermehren.

»Dingo« ist unter weißen Australiern ein böses Schimpfwort. Nur die schwarzen Ureinwohner, die »Aboriginals«, haben für die Wildhunde etwas übrig. Sie fangen sich Junge und ziehen sie auf. Dabei stellt sich heraus, daß diese Wildlinge immer wieder leicht zu treuen Menschengefährten werden. Bellen können sie nicht, nur knurren, singen, winseln. Aber das Bellen gehört keineswegs unbedingt zum Haushund; auch in weiten Teilen Afrikas können es die Hunde der Afrikaner nicht, und man hängt ihnen deswegen zum Hetzen des Wildes hölzerne Glocken um.

Wer sich in Europa einen halbwüchsigen Dingo aus der Zucht eines Zoologischen Gartens geholt hat, fand immer, daß das Tier ein guter vierbeiniger Freund wurde, auch wenn er mancherlei Unterschiede zu gewöhnlichen Hunden erkennen wollte. Der Tierpsychologe Professor Bastian Schmid hat einen Rüden gezähmt und lange Zeit in Haus und Garten gehalten; unlängst tat es der Tierarzt Dr. Werner Stähli in Bern. Dem Tierfänger Joseph Delmont schenkte ein Handelsmann einen Dingo, der schon seit drei Jahren in seinem Besitz war. Er hatte die Dingomutter abgeschossen und von den drei Jungen, die noch blind waren, zwei verschenkt, das dritte mit der Flasche großgezogen. Niemals war das Tier später mit wilden Dingos zusammengekommen.

Als Delmont den Wildhund erhielt, war er sehr verspielt, und er wurde sehr anhänglich. Ein halbes Jahr später war Delmont im Nordterritorium auf Känguruhfang, als er eines Nachts durch Dingogeheul geweckt wurde. Er sprang auf und legte seinen Hund an einer Leine fest. »Mit fliegenden Flanken stand das Tier, seine Augen verfärbten sich und wie Weinen erklang es aus seiner Kehle. Von dieser Stunde an war der Dingo wie ausgewechselt, er spielte nicht mehr, aß wenig und schien mich nicht kennen zu wollen. Als eines Nachts wieder Dingogeheul laut wurde, ließ ich meinen Hund los, und mit großen Sprüngen verschwand er im Dunkel. Ich eilte ihm nach, doch bald verlor ich ihn aus den Augen.

Am nächsten Morgen fanden wir zwischen Blut und Hautfetzen sein Halsband. Er hatte seine Sehnsucht nach den Brüdern und Schwestern mit dem Tode gebüßt, war von ihnen zerfleischt und aufgefressen worden.«

Entsprechend dem Haß und der Verachtung, welche seine menschlichen Landsleute für ihn hegen, wissen wir vom Freileben der Dingos nur sehr wenig. Die Rüden haben wohl Territorien, Eigenbesitzgebiete, die sie ähnlich wie Wölfe und andere Hundeartige mit Harnmarken kennzeichnen. Wo man die Dingos nicht verfolgt, sind sie nicht unbedingt nächtlich, sondern jagen auch tagsüber. Känguruhs werden gehetzt. Oft stellen diese Beuteltiere sich zum Schluß mit dem Rücken gegen einen Baum, versuchen den angreifenden Hund mit den Vorderpfoten zu packen und ihn, auf den starken Schwanz gestützt, mit den scharfkralligen Hinterbeinen in den Bauch zu treten. Andere Känguruhs retten sich, wie gesagt, in Wasserlöcher, gehen bis an die Brust hinein und versuchen dann, die heranschwimmenden Dingos einzeln zu packen und unter Wasser zu drücken. Wir haben solch eine Verteidigung eines Känguruhs gegen Haushunde filmen können.

Dingos sollen in Australien regelmäßige Wanderungen machen, sie sollen im Winter nach der Ostküste gehen und sich im Sommer nach dem Westen zurückziehen, und zwar auf uralten, immer wieder benützten Wegen. Es wird wohl schwer sein, sie ganz auszurotten. Denn Australien hat immerhin eine Fläche, ähnlich groß wie die Vereinigten Staaten, aber nur zehn Millionen Einwohner, von denen eine Hälfte in den Hauptstädten, die meisten der übrigen in Streifen von wenigen hundert Kilometern Länge an der Küste leben. So werden auch jetzt noch jedes Jahr viele tausend Schafe durch Dingos umgebracht, berichtet man.

Wo in einigen Teilen von Queensland und im Norden von Süd- und Westaustralien auf 4 bis 12 ha Land im Durchschnitt nur ein Schaf kommt, wo Ländereien von der Größe einer amerikanischen Provinz nur von einem halben Dutzend Leute versorgt werden, ist es sicher auch schwer, ihnen ganz beizukommen. In Queensland hat man jetzt einen »dingosicheren« Zaun von 4800 km Länge gebaut, der 1,80 m hoch ist und 114 Millionen Mark kostet. Die Regierung zahlt dort für eine Dingohaut 28 Mark Prämie.

Wie zu erwarten, ist es niemals schwer gewesen, in Zoologischen Gärten Dingos zu züchten. Andererseits hat man keinen großen Wert darauf gelegt, weil Dingos eben zu sehr wie Haushunde aussehen. Die Besucher meinen, man fülle die Käfige mit gewöhnlichen Hunden, weil man keine wirklichen Wildtiere bekäme. Dingos werfen nach neun Wochen Tragzeit im Durchschnitt vier bis fünf Junge, die zwei Monate gesäugt werden. Die Kinder folgen den Eltern mindestens ein Jahr lang bei der Jagd, oft auch mehrere Jahre, ähnlich, wie das bei Wölfen und Hyänenhunden üblich ist. Selbst die größten Dingohasser sind sich darüber einig, daß diese Wildhunde, mögen sie noch so blutgierig und verhungert sein, niemals Menschen angreifen. Nur der »Herold« in Melbourne berichtete 1941, daß ein Farmer eine tote Kuh vergiftet hatte, um den Dingos beizukommen. Als er wieder hinkam, war die Kuh teilweise aufgefressen, und um sie herum saßen sechs große Dingos und zehn Dingokinder. Keiner der Wildhunde zeigte übrigens Spuren von Vergiftung. Der unbewaffnete Farmer ritt mitten in die Wildhundmeute, um ein Jungtier zu greifen. Er wurde von den anderen angegriffen, entkam aber, indem er seinem Pferd die Sporen gab. Nun, ich glaube, auch Haushunde würden sich nicht anders benehmen, wenn man an ihr Futter herangeht und ein Junges wegholen will.

Wie alt diese australischen Wildhunde werden können, weiß man auch nur aus Zoologischen Gärten: ziemlich genauso alt wie Haushunde. Am längsten hat ein Dingo im Zoologischen Garten von Washington gelebt: vierzehn Jahre und neun Monate.

11

Die Hälfte der Kaninchenkinder
wird nie geboren

Kaninchen-Schlagfallen vermehrten die Kaninchen
Kaninchen sind Wiederkäuer
Kinder lösen sich in nichts auf
Durch Frettchen bekamen sie künstlichen Basedow
Man konnte den Seuchen-Einschlepper nicht bestrafen
Sie brauchen das Blut von Schwangeren
Kaninchen haben Könige
Parfüm am Kinn
Flohfreie Kaninchen segelten nach Australien
Der dickköpfige Kaninchentod
Mutter vergräbt ihre Kinder
Verschlucken im Bau ihre eigenen Kotpillen

Spricht man von Australiens Tieren, dann darf man eins davon nicht vergessen, das eigentlich gar kein Australier ist: das Kaninchen *(Oryctolagus cuniculus)*. Lange Zeit war es vermutlich das häufigste von allen Tieren in Australien, die mehr als Rattengröße haben. Mit 750 Millionen Köpfen, auf die man die Kaninchen schätzte, waren sie dort 75mal so zahlreich wie die Menschen. Die haben Millionen und aber Millionen ausgegeben, um sie zu bekämpfen, haben Zäune von aber Tausenden Kilometern Länge quer über den Erdteil gezogen, haben Hunderte Millionen Kaninchen umgebracht — alles vergeblich. Weil zehn Kaninchen soviel Nahrung brauchen wie ein Schaf, ging die Zahl der Wollträger von 15 Millionen im Jahr 1891 im Westteil von Neusüdwales auf sieben Millionen dreihunderttausend im Jahr 1911 zurück.

Und trotzdem: will man sich dieses hübsche kleine Tier näher besehen, das 91 Jahre lang das Schicksal Australiens mitbestimmt hat und dies auch künftig wieder mehr tun wird als im Augenblick, so muß man zunächst nach Europa gehen. Denn schließlich ist es von Hause aus ein Europäer. Merkwürdig genug, ist es hier niemals zur Landplage geworden und hat sich auf unserem Erdteil auch nur bescheiden ausgebreitet. Zwischen den Eiszeiten lebten Wildkaninchen zwar überall bei uns, aber in neuerer Zeit konnten sie sich nur im Westen des Mittelmeers halten: in Spanien, das seinen Namen von der phönizischen Bezeichnung für Kaninchen hat, auf Mallorca, Menorca, ein paar anderen kleinen Inseln und in den Atlasländern am äußersten Nordwestzipfel Afrikas. Wo sie sonst auf Erden sind, haben wir Menschen sie hingebracht.

Zu Beginn des Mittelalters gab es in Deutschland und England weder zahme Stallkaninchen noch Wildkaninchen. Die ersten vier bekam 1149 der Abt des berühmten Benediktinerklosters Corvey an der Weser zum Geschenk von dem Abt des Klosters St. Peter in Solignac, Frankreich. Albertus Magnus, der große naturforschende Dominikanermönch, der im dreizehnten Jahrhundert lebte, sah bis zu seinem Tode kein einziges Kaninchen. Noch Anfang des vierzehnten Jahrhunderts zahlte man für einen Stallhasen so viel wie für ein Ferkel. Nach England und auf die kleinen englischen Inseln kamen die Langohren etwa um die gleiche Zeit wie nach Deutschland. 1235 ist zum erstenmal vermerkt, daß der englische König zehn Kaninchen aus seinem Park Guildford in Surrey verschenkte, aber schon 1257 beklagten sich Abgeordnete aus Dunster, Somerset, über die Schädlichkeit dieser neuen Tiere. Die Wildkaninchen in unseren Ländern stammen meistens von verwilderten Hauskaninchen ab, nicht von eingeführten Wildkaninchen. Sie verbreiten sich besonders gut auf Inseln, wo es mäßig warm ist, nicht zu kalt und nicht zu heiß, also etwa den Inseln vor Kalifornien, auf Neuseeland, in England, in Australien. Wenn sie dort ungestört leben können, vermehren sie sich schnell bis auf 25 bis 37 erwachsene Tiere je Hektar. Allerdings geht manchmal dieses Massenvolk auch ganz plötzlich bis auf wenige Köpfe zurück.

An manchen Stellen klappt es gar nicht mit der künstlichen Ansiedlung. In den Vereinigten Staaten setzte man 1951 in New Jersey 20 000 Wildkaninchen im Werte von 27 000 Dollar aus. Als die Jagd anging, waren nur noch 1600 übrig, so daß jedes geschossene etwa 17 Dollar gekostet hatte. Ähnlich ging es in Ohio, Pennsylvanien und im Staate

Seite 228: Der Ringelschwanz-Kletterbeutler (Trichosurus caninus) lebt in den Buschlandschaften Ostaustraliens. Er kann sich mit dem unbehaarten Ende des Greifschwanzes gut festhalten und auf diese Weise mit den Armen nach Früchten an benachbarten Zweigen greifen. Auf dem australischen Festland gibt es etwa hundertfünfzig verschiedene Beuteltierarten.

New York. In der Schweiz gibt es nur an drei Stellen Kaninchen: auf der Peterinsel im Bielersee, im Unterwallis bei Sitten und dann bei Basel, wohin immer wieder welche aus dem kaninchenreichen Elsaß einwandern. Über vierhundert Meter hoch wollen Wildkaninchen in Mitteleuropa nicht leben, und sie sind auch nach Osten nicht weiter vorgedrungen als bis zu einer Linie, die etwa von Ostpreußen aus durch Polen, die Ukraine und Ungarn bis zu den griechischen Inseln geht.

Eine rechte Landplage sind die Wildkaninchen eigentlich nur in England, Australien, Neuseeland und Tasmanien geworden. In England ging das erst von der Mitte des vorigen Jahrhunderts an los, als man die grausamen Schlagfallen einführte. Darin bleiben die gefangenen Kaninchen, oft mit gebrochenen Gliedern, schreiend bis zum nächsten Morgen hängen, bis endlich der Bauer seinen Rundgang macht. 10 bis 15 v. H. der Fänge sind aber nicht Kaninchen, sondern Füchse, Dachse, Marder, Katzen, Hunde und Raubvögel — so werden mit den Kaninchen zusammen vor allem ihre natürlichen Feinde umgebracht. Seitdem sich die Schlagfallen in England verbreiteten, wuchs die Zahl der Ratten und Wildkaninchen ins Riesige an. Viele Landwirte verdienten mit dem Verkauf der begehrten Kaninchenbraten so viel, daß ihnen auch gar nicht daran gelegen war, die Zahl dieser Nager zu verringern. Die einen klagten über die Wildkaninchen, den anderen waren sie gerade recht.

Wo die Kaninchen streckenweise mit den Schafen und Kühen um die letzten grünen Halme wetteiferten, also in England und Australien, machten sich endlich die Forscher auch daran, einmal ihre Nase in das Privatleben der kleinen Langohren zu stecken. Bis dahin wußte man nämlich herzlich wenig davon, obwohl sie seit zweitausend Jahren wild um uns und zahm in unseren Kaninchenställen leben. Wer einer Tierart helfen oder eine andere bekämpfen will, der muß sie erst einmal ganz genau kennenlernen. Aber wie stellt man das bei Wildkaninchen an? Sie verschlafen den lieben langen Tag vom frühen Morgen bis in den späten Nachmittag einträchtig in den tiefsten Kesseln ihrer Baue; ihr oberirdisches Leben spielt sich nur am Abend und in der Nacht ab.

Deswegen haben die Wildkaninchenforscher in Australien und in England eingezäunte Gehege gebaut, die man von Türmen aus gut beobachten kann, auch nachts, mit Scheinwerfern, an denen sich die Kaninchen wenig stören, oder mit ultrarotem Licht. In Kunstbauen sahen sich die Wißbegierigen durch Glasscheiben an, was ihre Schützlinge unter Tage trieben. Mit dem, was das Dutzend Kaninchenforscher in den letzten drei Jahrzehnten auf diese Weise in Australien und England herausbekam, haben zwei von ihnen ganze Bücher gefüllt (A. V. Thompson: The Rabbit, London 1956, und R. M. Lockley: The Private Life of the Rabbit, London 1964). Aber alle paar Monate erscheinen jetzt neue wissenschaftliche Arbeiten über Versuche mit Wildkaninchen.

In solch einem begrenzten Kaninchen-Wunderland geht es zunächst einmal ganz ähnlich zu wie bei Wildkaninchen, die genug Platz und Nahrung haben. Unter den Tieren, die ins Gehege eingesetzt werden, kämpft sich sehr bald ein Bock zum »König« durch, verheiratet sich mit einer Häsin und beschlagnahmt mit ihr zusammen den Teil des Geheges, in dem das beste Futter wächst. In dieses Territorium dürfen andere Kaninchen, vor allem Böcke, nicht mehr hinein. Sonst werden sie angegriffen und sehr böse gebissen. Der König selbst, als Ranghöchster, kann ohne weiteres die Territorien betreten, welche sich andere Paare zugelegt und mit ihrem Nachwuchs bevölkert haben.

Fängt man den König heraus, dann gibt es wilde Auseinandersetzungen unter den anderen Böcken, bis sich ein neuer König durchgesetzt hat. Wenn dann der alte wieder eingesetzt wird, vermag er manchmal seinen angestammten Platz nicht mehr einzunehmen, ja nicht mal den zweithöchsten in der Rangfolge, sondern er rutscht ziemlich tief ab. Manche Böcke, die ängstlich und schwächlich sind, können sich niemals einen eigenen Landbesitz oder ein Weib erobern, sondern müssen sich am Rand herumdrücken. Sie schlafen auch für gewöhnlich oberirdisch.

Den Bau gräbt die Kaninchenfrau ganz allein, ihr Mann kratzt höchstens hier und da etwas daran herum. Dagegen sitzen die beiden friedlich zusammen an der tiefsten Stelle den ganzen Tag darin und schlafen.

Auch die schon abgesetzten Kinder kommen dazu. Niemals geben Kaninchen Harn im Bau ab. Sie halten sich sehr rein und säubern sich wie Katzen mit der Zunge und den Vorderpfoten an allen Teilen des Körpers. Auch Kot ist niemals im Bau zu finden. Soweit Kaninchen dort welchen absetzen, wird er sofort verzehrt. Wer hätte sich vorgestellt, daß Kaninchen eine Art Wiederkäuer sind?

So ein Langohr setzt in 24 Stunden im Durchschnitt 360 Kotpillen ab, die ein knappes Viertelpfund, 115 Gramm, wiegen. Aber sie erzeugen zwei ganz verschiedene Sorten von Pillen. Die einen sind hart, bestehen aus Heu- und Strohteilchen und werden während des Weidens draußen im Gras abgesetzt. Sieben bis acht Stunden später, wenn das Kaninchen unten im Bau ruht, kommen weiche, dunkle, kleinere, mit einer Schutzhaut überzogene Pillen. Zehn- bis vierzigmal während der Tagesruhe fährt das Kaninchen mit dem Kopf nach hinten zwischen die Beine und nimmt diese Pillen unmittelbar vom After ab, welcher dazu gewissermaßen herausgestülpt wird.

Das geht ganz schnell, so daß es immer übersehen worden ist. Auch während des Grasens am Tag scheinen manche Kaninchen gelegentlich Darmpillen aufzunehmen. Es sieht aus, als ob sie sie zerkauten, aber in Wirklichkeit schlucken sie die Pillen nur hinunter und säubern sich die Lippen mit der Zunge. Denn in Kaninchen, die abends frisch getötet wurden, finden sich immer im Magen Klumpen von weichen, dunklen, membranüberzogenen Pillen, die ganz unverletzt sind.

M. Griffiths und D. Davies haben 1963 diese Pillen sehr genau unter die Lupe genommen. Sie fanden in jeder viele Bakterien, welche die Ursache des hohen Eiweißgehaltes dieser Pillen sind. Diese faden-, peitschenförmigen Bakterien und Kokken machen 56 v. H. des Gewichtes der getrockneten Darmpillen aus, außerdem sind noch Wurmeier darin und 11 v. H. unverdaute Zellwände von den gegessenen Pflanzen. Insgesamt besteht so eine Pille, die Schutzhaut ungerechnet, zu einem Viertel aus Eiweiß. Im Magen bleiben die Pillen sechs Stunden lang zwischen den frisch aufgenommenen Pflanzen unverletzt, und die Bakterien darin leben weiter und verarbeiten die Kohlehydrate. Sobald die Pillen dann aufgehen, helfen die Bakterien weiter bei der Aufschließung der neuen Nahrung und liefern selbst Eiweißnährstoffe für den Körper des Kaninchens. Es geht also ähnlich zu wie bei Schafen, Kühen und anderen Wiederkäuern, nur ist die Sache auf andere Weise bewerkstelligt.

Will ein Bock auf eine Häsin Eindruck machen, dann geht er gern steifbeinig vor ihr hin und her, stellt den Hinterkörper hoch und klappt die weiße Unterseite des Schwanzes nach oben, meistens auf die Angebetete zu. Wendet er sich, so richtet sich auch die Blume nach der anderen Seite. Er besprengt die Häsin bis einen Meter weit mit Harn, oft während er über sie wegspringt. Auch Nebenbuhler werden bespritzt. Während aber Wölfe, Hunde und viele andere Tiere ihren Landbesitz mit Urin oder Kot als Eigentum geruchlich kennzeichnen, tun das Kaninchenrammler mit dem Duft aus einer eigenen Drüse, ähnlich wie Marder, Dachse, Stinktiere und Mungos. Unter dem Kinn steht nämlich ein Halbkreis von großen Poren, die einen Duftstoff absondern. Er steckt in einer gelblichen Matte von Haaren, die aber bei alten Rammlern oft vom vielen Markieren ganz weggerieben sind. Ein Kaninchenmann gibt schon vom dritten Monat an seine Visitenkarte auf diese Weise ab. Die Weibchen haben am Kinn kleinere Poren, bei ihnen bleibt das Haar dort auch glatt. Es wäre wohl auch nicht gut, wenn sie durch zu starken Duft ihre versteckten Jungen verrieten.

Leute, die Kaninchen Stunden und Tage beobachtet hatten, konnten niemals eine wirkliche Paarung sehen. Man glaubte schon, Kaninchen lieben sich nur unter der Erde. Inzwischen ist das aber zum Beispiel einem Forscher auf Tasmanien gelungen: er sah durch einen scharfen Feldstecher, wie derselbe Rammler in fünf Minuten die gleiche Häsin siebzehnmal besprang. Kaninchinnen werden regelmäßig alle sieben Tage für die Männchen interessant und anziehend. Die Böcke treiben sie dann und paaren sich mit ihnen, auch wenn die Weibchen tragend sind.

Kaninchenehepaare leben ähnlich zusammen wie Menschenehepaare. Sind überzählige Häsinnen in der Nachbarschaft, so duldet es die Kaninchenfrau, daß ihr Ehemann ihnen schöntut, sie treibt und begattet. Keinesfalls dürfen diese Nebenfrauen aber in ihren Bau einfahren, sie müssen sich als Einzelgängerinnen selbst in der Nachbarschaft ein Haus ausbuddeln. Nur wenn sie auf ihrem Wege sitzen, greift die »Königin« die Nebenfrauen an und jagt sie beiseite. Die Rammler dagegen dulden nicht, daß der Königin oder den Nebenfrauen, die in ihrem Territorium leben, von anderen Böcken schöne Augen gemacht oder daß sie sogar begattet werden. Wenn sie nur irgend können, versuchen sie es wütend zu verhindern. Dabei fliegt die Wolle, und man beißt sich recht bösartig.

In Australien während der Trockenzeit, in Europa etwa im Spätsommer, werden die Wildkaninchenböcke sehr friedlich. Sie wechseln die Haare und verlieren das Interesse an den Häsinnen. In dieser Zeit sind sie unfruchtbar und wohl auch unfähig zur Fortpflanzung. Die Hoden werden schlaff und in den Bauch emporgezogen. Dagegen scheinen die Weibchen fruchtbar zu bleiben. In dieser Zeit herrscht Frieden in dem Kaninchenvolk. Die Böcke weiden zusammen; niedere Angehörige des Kaninchenvolkes mischen sich mit der königlichen Familie; man schläft friedfertig zusammen im selben Bau. Auf diese Weise macht man außerhalb des Eigenbesitzes Bekanntschaften, die leicht später, wenn die Fortpflanzung wieder losgeht, zu Ehen oder Liebschaften führen. So wird die Inzucht in der königlichen Familie gemindert. Zahme, gut gefütterte Tiere in einem Gehege bleiben allerdings fast das ganze Jahr in der Fortpflanzung.

Wildkaninchen können auch noch auf ganz andere und recht verblüffende Weise gar zu großer Übervölkerung steuern. Zum Teil sorgt der harte Lebenskampf von außen dafür: von etwa zehntausend Wildkaninchen auf der englischen Insel Skokholm überlebten nach dem heißen Trockensommer 1959 weniger als 150 den folgenden Winter. Wir wissen inzwischen aber auch, daß bei Kaninchen ein großer Teil der Jungen den Mutterleib niemals verläßt. Für gewöhnlich werden sie nach 18 bis

30 Tagen geboren. Schon nach 12 bis 20 Tagen aber können die Keimlinge in der Gebärmutter aufgelöst und vom Körper wieder aufgesaugt werden. Das ist in 2 bis 3 Tagen erledigt, es schießt Milch ins Gesäuge ein, und die Mutter paart sich von neuem, als ob sie Junge geboren hätte. McIlwaine fand 1962 in Neuseeland, daß 53 v. H. von 226 Kaninchenschwangerschaften so beendet wurden. Der Körper der Mutter verliert bei dieser Keimlingsauflösung weniger Nährstoffe als bei einer Fehlgeburt, die bei Kaninchen außerordentlich selten ist. Je mehr sich das Kaninchenvolk in einem Gehege oder in der freien Landschaft zusammendrängen muß, je weniger das Futter ausreicht, um so mehr Kaninchenkinder erblicken niemals diese Welt. Wahrscheinlich spricht dabei die Überreizung der Mütter mit. Je dichter die Kaninchen siedeln müssen, desto mehr werden sie getrieben, um so mehr wird untereinander geprügelt und gebissen. Es gibt immer mehr Familienbesitze und die einzelnen werden kleiner und nahrungsärmer.

Junge Weibchen lösen mehr Keimlinge im Mutterleib auf als alte. R. Mykytowycz fand heraus, daß die Königinnen, also die ranghöchsten Häsinnen in einer Kaninchenbevölkerung, im Jahr 6,7 Würfe hatten, die zweiten in der Rangstufe sechs und die dritten fünf Würfe. Die Königinnen brachten 56 v. H. ihrer neugeborenen Babys auf, die Rangtiefsten nur 31 v. H. Im Laufe jedes Jahres wächst die Zahl der Jungen in jedem Wurf von anfangs vier bis später durchschnittlich sechs.

In günstigem Klima kann eine Wildkaninchenhäsin über dreißig Junge in einem Jahr bringen. Da die Töchter aus dem ersten Wurf noch im selben Jahr ein bis zwei Würfe gebären können, mögen die Kinder und Enkel einer Kaninchenfrau am Ende einer Zuchtzeit über vierzig Köpfe zählen. In Neuseeland sollen es sogar mehr als sechzig sein.

Hat die Kaninchenmutter ihre Jungen tief im Bau geboren, so scharrt sie den Eingang jedesmal, wenn sie ihn verläßt, mit Erde zu und macht diese sorgsam glatt. So ein nacktes und blindes Kaninchenkind wiegt bei der Geburt 40 bis 45 Gramm, ist aber schon nach einer Woche doppelt so schwer. Etwa vom achten Tag an kann es hören, und zu dieser Zeit ist es auch von Haaren bedeckt. Die Augen öffnen sich vor dem zehnten Tag. Die Mutter wird schon am zweiten Tag nach der Geburt wieder gedeckt und verläßt daher ihre Kinder nach vier Wochen, meistens gräbt sie im selben Bau einen neuen Kessel für den weiteren Wurf.

Den Höhepunkt seines Lebens erlebt ein Kaninchen wohl mit etwa zwanzig Monaten, nach Ablauf der ersten Zuchtzeit. Dann hat es auch sein höchstes Gewicht. Man rechnet, daß Wildkaninchen acht bis neun Jahre alt werden; bei Graf Bernd Bassewitz lebte jedoch ein zahmes zwölfeinhalb Jahre im Zimmer. Es hatte bald gelernt, seine Geschäfte nur im Sandkasten zu verrichten, hielt gute Freundschaft mit einem schottischen Terrier, mit dem zusammen es aufgewachsen war, und unterschied zwischen Bekannten und fremden Menschen. Sobald Besuch kam, verschwand es sofort von unten her in der Polsterung zwischen den Federn des Sofas, wo es sich seinen »Bau« eingerichtet hatte. Bis drei Tage vor seinem Ende war es noch höchst munter und nur gegen früher etwas grauer geworden. Die letzten Tage aß es plötzlich nicht mehr, die Läufe versagten ihm. Aber noch fünf Minuten vor dem Tod legte es den Kopf in die Hand von Frau Bassewitz. Allerdings konnte es die Hand nicht mehr lecken, was es sonst immer tat.

Seite 237 oben: Ein ausgewachsenes Kaninchen sieht sich vorsichtig am Eingang zu seinem Bau (bei Snowy Plains in der Nähe des Kosciusko-Berges in Neusüdwales) um. Die Zahl der Wildkaninchen schätzte man in Australien vor dem Ausbruch der Myxomatose im Jahr 1950 auf 750 Millionen, die etwa 100 Millionen Schafen das Futter wegnahmen. (Foto: Frederick Slater, CSIRO, Canberra)

Seite 237 unten: Eine Schwarzkopfpython (Aspidites melanocephalus) ist hier gerade dabei, eine Wassernatter zu verschlingen. Diese Pythonschlangen werden nur zwei Meter lang, bringen aber im Gegensatz zu den anderen Pythons Schlangen um. Sogar Giftschlangen, die Menschen ohne weiteres töten, sind ihnen nicht verderblich.

Seiten 238 und 239: Die australische Kragenechse (Chlamydosaurus kingii) läuft davon, indem sie die Vorderbeine und den Schwanz vom Boden abhebt. Die Halskrause ist dicht an den Körper angelegt. Paläontologen, welche aus den Knochenresten die Gestalt und Haltung ausgestorbener Saurier zu rekonstruieren haben, dürften sich diese Laufart der Kragenechse oft als Muster genommen haben.

Übervölkerung mit ihrer ständigen Überreizung scheint sich nicht nur im vermehrten Auflösen der ungeborenen Keimlinge auszuwirken, sondern auch unmittelbar. Als S. A. Barnet 1958 in ein Gehege, in dem sechs Ratten heimisch waren, 24 neue Ratten einsetzte, wurden diese ständig bedroht und angegriffen. Alle starben bis auf zwei, die Mehrzahl schon innerhalb der ersten sieben Tage. Dabei waren sie kaum verletzt, die Todesursache war überwiegend Versagen des Herzens. Der Pathologe Prof. W. Eickhoff fing Kaninchen, die in rasendem Schrecken vor dem hineingeschickten Frettchen aus dem Bau schossen, mit Netzen lebend. Sie hatten durch die Begegnung mit ihrem Erzfeind einen solchen Schreck erlitten, daß sie wie gelähmt im Netz lagen, mit weit aus dem Kopf herausstehenden Augen. Obwohl sie nachher in der Gefangenschaft ständig Nahrung aufnahmen, erholten sie sich nicht, sondern magerten ab und starben bald an Basedowscher Krankheit. Bis dahin hatten es die Erforscher dieser bei Menschen so wichtigen Krankheit niemals geschafft, Basedow bei einem Tier künstlich zu erzeugen.

In Australien haben unsere Wildkaninchen zum Teil ganz andere Bräuche angenommen. Als der Zoologe Georg Niethammer 1936 in Sachsen 63 Wildkaninchen fing, markierte und wieder freiließ, waren die sechzehn, welche er im nächsten Jahr schoß, nicht weiter als hundert Meter von ihrem Standort entfernt. Trug man gefangene Tiere weg, so kamen sie aus sechshundert Metern Entfernung wieder nach ihrem Heimatplatz zurück. In Australien setzte man erst 1788 und dann nochmals 1859 Wildkaninchen, die aus England stammten, bei Geelong im Staat Victoria aus. Nach drei Jahren waren sie bereits zu einer Plage ge-

Seite 240 oben: Dieser Zaun teilt zwei Felder, von denen eins kaninchenfrei gehalten worden ist, während das andere von der Kaninchenplage zerstört wurde. (Foto: CSIRO, Division of Wildlife Research)

Seite 240 unten: Im Zoo von Sydney kann man Giraffen und Überseedampfer im Hafen gleichzeitig sehen.

worden. Sie stießen jedes Jahr nach Norden und Westen bis etwa hundert Kilometer vor. Bis 1950 haben sie dann den neuen Erdteil immer mehr erobert, waren fruchtbar und mehrten sich. Vielleicht wäre ihr Siegeslauf schon eher unterbrochen worden, wenn nicht — wahrscheinlich während der monatelangen Reise auf dem Segelschiff — die Kaninchenflöhe auf den ersten Einwanderern abgestorben wären. Aber dahinter ist man erst sehr viel später gekommen.

In Südamerika gibt es bei den dort heimischen Wildkaninchenarten eine Krankheit, die durchweg gutartig verläuft und fast niemals zum Tode führt. Der Krankheitserreger gehört in eine Virusgruppe, zu der auch die Erreger der menschlichen Pocken, der Kuhpocken und der Pockendiphtherie der Hühner zählen. Zum erstenmal wurde diese Krankheit im Jahre 1897 entdeckt und beschrieben, als sie auf die europäischen Hauskaninchen des Krankenhauses von Montevideo übersprang und dort fürchterlich wütete. Ein halbes Jahrhundert später sollte ihr Name noch weltberühmt werden: die *Myxomatose der Kaninchen*. Erst nach fünfzehnjährigem Studium ermittelte der Forscher Aragao 1942 den Erreger und stellte fest, daß er von Kaninchen zu Kaninchen durch Moskitos und andere fliegende Stechinsekten übertragen wird. Auch in Kalifornien, wo die Seuche heimisch ist, verläuft sie sehr milde. Nur die eingeführten europäischen Kaninchen sterben daran. Sie ist überhaupt nur für diese tödlich, nicht einmal Hasen werden davon befallen.

Deswegen versuchte der englische Forscher Sir Charles Martin aus Cambridge schon 1936/37 und 1938 die etwa zehntausend Kaninchen auf der englischen Insel Skokholm damit auszurotten. Im Herbst steckte er erst 83, im nächsten Jahr 55 damit künstlich an. Aber die Krankheit verbreitete sich nicht weiter, selbst dann nicht, als er von Kaninchen, die in einem übervölkerten Gehege gehalten wurden, sieben künstlich krank machte. Den Grund für diesen Mißerfolg erfuhr Sir Charles erst zwanzig Jahre später, als er schon im Sterben lag.

Auch den australischen Forschern und Kaninchenbekämpfern ging es zunächst nicht besser. Sie versuchten es mit der Myxomatose meistens in

trockenen Gegenden, und dort wollte sich die Krankheit nicht ausbreiten. Erst 1950 brachten sie sie unter die Kaninchen in feuchten Fluß-
gegenden, und siehe da, dort, wo es bestimmte Moskitos als Überträger
gab, brach der Kaninchentod auf einmal über die Dämme. Die armen
Tiere bekommen geschwollene Köpfe, sie werden blind und taub und
laufen hilflos über Straßen und Felder. Es ist ein scheußlicher Anblick,
aber vielleicht brauchen sie nicht gar so sehr zu leiden, wie man zunächst
annimmt. Sie essen nämlich und paaren sich sogar bis einige Stunden vor
dem Tode.

In den folgenden drei Jahren hat man dann die Myxomatose an den
verschiedensten Stellen Australiens künstlich eingeführt. Dieser Seu-
chenkrieg war für die Landwirtschaft überall da ein ungeheurer Erfolg,
wo gleichzeitig Kaninchen und Moskitos lebten, also vor allem in den
südöstlichen Staaten Australiens. In trockenen Gebieten dagegen wollte
die Krankheit nicht vorangehen. Immerhin schätzt man, daß die Einführung der Myxomatose der australischen Landwirtschaft jährlich eine
halbe Milliarde Mark eingespart hat.

Der unheimliche Siegeszug des eingeschmuggelten Todes in Australien ließ den Entomologen und Tuberkuloseforscher Dr. Armand
Delille in Frankreich nicht ruhen. Er lebt in dem Schloß Maillebois in
Dreux bei Paris. Sein turmbewehrtes, mittelalterliches Haus liegt in
einem 250 ha großen Park, der ganz von einer hohen Steinmauer umschlossen ist. Tausende von Wildkaninchen verwüsteten seine Felder
darin und verbissen die jungen Bäume des Parks. So besorgte er sich
von einem Kollegen im Bakteriologischen Institut zu Lausanne in der
Schweiz die Erreger der Myxomatose, sperrte die wenigen Eingänge in
der Mauer seines Besitztums mit Drahtgeflecht ab und steckte zwei
Wildkaninchen, die er in der Falle fing, mit der Dickkopfkrankheit an.
Nach sechs Wochen waren 98 Prozent der Wildkaninchen tot; aber
keines der Hauskaninchen in den Ställen starb. Dr. Delille schloß daraus,
daß die Krankheit nicht von Mücken übertragen werden könnte.

Aber schon im Oktober 1952 entdeckte man Kaninchen, die an Myxomatose gestorben waren, im fünfzig Kilometer entfernten Rambouillet, dem Sitz des Präsidenten von Frankreich. Nach Behauptung von Dr. Delille hatten Landwirte, die von dem Erfolg des Kaninchenkriegs gehört hatten und von dem Doktor keinen Krankheitsstoff bekamen, nachts heimlich in seinem Park kranke Tiere eingefangen. Zunächst behielt er seinen Großversuch für sich, aber die Krankheit überzog ganz Frankreich und tötete nach Schätzung des Pariser Pasteur-Instituts etwa 35 v. H. der Haus- und 45 v. H. der Wildkaninchen in Frankreich. Die Landwirtschaft war glücklich darüber, und so berichtete Delille im Herbst 1953 öffentlich in einem Vortrag in der Landwirtschaftlichen Akademie. Nun sind aber Kaninchen das Hauptjagdwild im ausgeschossenen Frankreich. Der Conseil Supérieure de la Chasse, ein staatlicher Jagdrat, verkaufte vorher jährlich für über elf Millionen Mark Jagderlaubnisse. Die Zahl der Jagdscheininhaber in Frankreich ging nun von 1 860 000 auf unter 300 000 im Jahre 1956 zurück. (1961 war sie wieder auf 1 732 000 angestiegen.) Frankreich hatte bis dahin jährlich 6000 bis 8000 Tonnen Kaninchenbälge ausgeführt; 15 Millionen Bälge wurden im Lande selbst verarbeitet, und einige zehntausend Menschen waren mit der Verarbeitung beschäftigt. Deswegen verklagte der Jagdrat zusammen mit den Verbänden der Kaninchenzüchter Delille auf Schadenersatz. Erst wurde Dr. Delille zum Schadenersatz verurteilt, in höherer Instanz jedoch freigesprochen. Bestrafen konnte man ihn überhaupt nicht, weil die Einschleppung von Tierseuchen bis dahin nicht unter Strafe gestellt war. Dies geschah erst nachträglich durch ein besonderes Gesetz vom 1. Oktober 1955. Später erhielt Dr. Delille sogar eine Goldmedaille von der Landwirtschaftlichen Akademie. Trotzdem wird er nach wie vor von Jägern und Kaninchenzüchtern bekämpft. Vom Elsaß aus marschierte der Kaninchentod nach Deutschland, wo allerdings jährlich nur 1 bis 1,5 Millionen Kaninchen erlegt wurden, und von da in die anderen europäischen Staaten.

Den Kanal nach England übersprang er im Herbst 1953, niemand weiß, wie.

Der Kaninchenforscher K. M. Loockley, in dessen Besitz auf der Insel Skokholm Sir Charles Martin seine vergeblichen Myxomatoseversuche gemacht hatte, fuhr nach Surrey und Kent und besah sich die ersten dickköpfigen Toten. Eine Menge Kaninchenflöhe *(Spilopsyllus cuniculi)* krabbelten auf ihnen herum. Sie gingen auf die Hände und auf die Kleider über. Selbst auf Kaninchen, die schon seit einer Woche tot waren, lebten noch Flöhe, sie überdauerten sogar Schnee und Kälte einige Tage. Die letzten Wildkaninchen waren voll von ihnen, weil sich viele der Flöhe wohl stets von den toten auf die noch lebenden retteten und diese mehr und mehr bevölkerten. Sogar in Säcken und Taschen, worin man die toten Kaninchen gesammelt hatte, fanden sich noch lange später lebende Flöhe. Loockley konnte im Versuch nachweisen, daß sie die Myxomatose übertragen. Über einem Gehege, unter dessen Wildkaninchen die Myxomatose wütete, hing er Hauskaninchen in Behältern in die Baumwipfel. Obwohl es Moskitos gab, blieben sie gesund — die Kaninchenflöhe hatten offensichtlich nicht den Weg in die Bäume gefunden. Nun stellte sich auch heraus, daß die Kaninchen aus Skokholm überhaupt keine Flöhe hatten, während die auf der Insel Skomer, die nur drei Kilometer davon entfernt liegt, stark verfloht waren. Deswegen waren seinerzeit die Versuche von Sir Charles nicht geglückt.

Weil mitfühlende Menschen den Anblick der hilflos umherirrenden, blinden Kaninchen nicht ertragen konnten, sandten die Tierschutzvereine Trupps aus, die ihnen einen raschen Gnadentod gaben. Umgekehrt bekam Loockley, der sich als Farmer ausgab, in Unterhaltungen leicht heraus, daß Landwirte oft weite Reisen unternommen hatten, um tote oder kranke Kaninchen aus Sussex und Kent zu holen und die Wildkaninchen auf ihrer eigenen Farm damit künstlich anzustecken. Durch die Myxomatose gingen die Wildkaninchen in England auf den natürlichen Bestand etwa vom Beginn des 19. Jahrhunderts zurück. Zugleich wollte kaum noch jemand Kaninchenfleisch kaufen und essen. Deswegen lohnte es sich nicht mehr für die Landwirte, die Wildkaninchen zu verschonen und zu fördern. Ab 1958 hat man in England die Schlagfallen verboten, so daß wohl auch die natürlichen Kaninchenfeinde sich wieder stärker vermehren können.

Natürlich holten sich die Australier auch sehr bald den Kaninchenfloh aus England und versuchten seit 1955, ihn künstlich zu züchten und damit die Myxomatose auch in trockenen Gegenden zu verbreiten. Dort fehlt es nämlich am geeigneten Überträger. Wohl geht der Känguruhfloh *(Echidrophaga myrmecobii)* gelegentlich auf Kaninchen und überträgt da die Seuche, aber er tut das zu selten und zieht doch meistens Känguruhs vor. In den ersten Jahren wollten sich die europäischen Kaninchenflöhe in den australischen Versuchsinstituten nicht fortpflanzen. Bis 1960 A. R. Mead-Briggs eine erstaunliche Entdeckung machte. Die Eierstöcke in den Weibchen der Kaninchenflöhe reifen erst dann heran und sie legen erst dann ihre winzigen Eier, wenn sie das Blut von *schwangeren* Kaninchen gesaugt haben. In der Trockenzeit, wenn die Kaninchenrammler die Liebe vergessen und ihre Weibchen mit dem Kinderkriegen aufhören, geht auch die Zahl der Flöhe zurück.

In neuester Zeit hat sich Miriam Rothschild mit diesen Kaninchenflöhen näher beschäftigt. Sie fand heraus, daß sich in der Natur die Flöhe nicht auf den ausgewachsenen Kaninchen paaren. Wenn sie auf einem tragenden Kaninchen Eier ablegen, sind diese unfruchtbar. Wenige Stunden nach dem Werfen der Jungen verlassen jedoch die Flöhe die Ohren der Kaninchenmutter, an denen sie für gewöhnlich saugen, und wandern in den Pelz der Gesichts- und Scheitelgegend. Während das Kaninchen seine Neugeborenen betreut, springen die Flöhe auf diese über, und dort paaren sie sich. Offensichtlich ist der Hormonspiegel im Blut auslösend dafür. Während die Einspritzung einer kleinen Menge Cortisol in das Kaninchen bewirkt, daß die Flöhe, besonders die Weibchen, sich fester in die Haut des Wirtes einsaugen, führt eine größere Menge des gleichen Steroids dazu, daß sich die Tiere ablösen und frei im Kopffell des Wirtes herumlaufen. Im Blut des Kaninchens treten also wohl einige Stunden nach der Geburt hormonale Umstimmungen auf, die ihrerseits das Verhalten der Flöhe ändern.

Sind die Flöhe einmal auf neugeborenen Kaninchen angelangt, fangen sie gierig an Blut zu saugen. Sie verteilen sich über den ganzen Körper, aber sie ziehen die Kreuzgegend und die seitlichen Teile des Rückens vor. Nach einigen Stunden paaren sie sich. Der Stoff, welcher diese Paarung auslöst, muß wohl in eintägigen Kaninchen am wirksamsten sein. Er nimmt dann ab und verschwindet, wenn die Tiere sieben bis acht Tage alt sind. Der Flohmann nähert sich dem paarungswilligen Weibchen im Zickzack, schlüpft dann unter das Weibchen und streckt seinen Hinterleib empor. Dabei saugen beide Geschlechter Blut. Auch ihr Kot ist flüssiges Blut, das langsam trocknet und schließlich in das Nest des Kaninchens fällt. Später ernähren sich die Flohlarven, die auf dem Boden des Nestes heranwachsen, in der Hauptsache davon. Die Flöhe werden also durch den Hormonspiegel veranlaßt, ihr Kaninchen im rechten Augenblick nach der Geburt zu verlassen und die Eier in die Bodenschichten des Nestes zu legen, in dem soeben der Wurf junger Kaninchen geboren worden ist.

Kommen kleine Kaninchen schwächlich oder tot zur Welt — und das ist im Winter sehr häufig der Fall —, dann verlassen die Flöhe das Muttertier nach dem Werfen nicht. Vermutlich ist der Hormonspiegel im Blut nicht stark genug gestiegen, um die Flöhe zum Aufgeben ihres Haltes am Ohr zu bewegen. Wer weiß, was noch für Wunderdinge bei den gewöhnlichen, unscheinbaren Kaninchen herauskommen werden!

Als die Seuche 1950 in Australien ausbrach, mordete sie 99,8 v. H. der befallenen Kaninchen. So gut wie keines davon erholte sich wieder. Die ersten genesenen Kaninchen gab es erst 1953. Die Fachleute sagten von Anfang an voraus, daß die Myxomatose die verhaßten langohrigen Schädlinge nicht für immer niederhalten würde. Von Jahr zu Jahr sind seitdem immer mehr von den Kaninchen nicht von der Seuche befallen worden, und immer mehr von den befallenen sind wieder gesund geworden. Die Krankheitserreger sind allmählich schwächer geworden, aber gerade diese geschwächten Stämme breiten sich schneller aus als die neuen stärkeren Erreger, die man immer wieder in den Laboratorien züchtet. Kaninchen, die vorher die schwache Form durchgemacht haben, sind schutzgeimpft, sie widerstehen der starken Ansteckung.

Die Myxomatose war ein einmaliger, glücklicher Zufallstreffer, sagen die Gelehrten, es besteht gar keine Aussicht, daß man etwa immer wieder andere Arten von Erregern züchten könnte, die dann von neuem den rasenden Kaninchentod ausbreiten. Deswegen predigt man, beizeiten die Kaninchen auch mit anderen Mitteln zu bekämpfen. Tasmanien zum Beispiel hat die Myxomatose niemals gehabt, und trotzdem sind die Kaninchen durch Vergiftung und Zäune ab 1950 so planmäßig bekämpft worden, daß sie heute der Landwirtschaft nicht mehr schaden. Wirft man Köder mit Fluoracetat mit Tieffliegern ab, so kann man neun von zehn Kaninchen umbringen. Und das sei nötig, so sagt man, denn während zehn Kaninchen soviel wie ein Schaf abweiden, macht ein Schaf immerhin dreimal soviel Fleisch aus der gleichen Menge Gras wie die Kaninchen. Einige australische Staaten haben den Verkauf von Kaninchenfleisch ganz verboten. Andere aber nicht, oder sie führen diese Gesetze kaum durch. So gibt es also immer noch »Kaninchenfarmer«, Landwirte, die an der Kaninchenbekämpfung gar kein Interesse haben, sondern lieber mit dem Verkauf dieser Tiere Geld verdienen.

Wie wenig die Myxomatose ab 1950 die Kaninchen in Australien wirklich ausgerottet hat, zeigt sich aus folgendem: In zwölf Monaten, 1955/56, wurden in Australien die Felle von 23,4 Millionen Kaninchen ausgeführt und von 7,1 Millionen im Land verarbeitet, zwölf Millionen geschossene Wildkaninchen verkaufte man nach anderen Ländern und 33,2 Millionen aß man im Lande. Insgesamt macht das 45,2 Millionen Wildkaninchen und einen Wert von 62 Millionen Mark im Jahr aus. Das sticht zunächst in die Augen, ist aber in Wirklichkeit ein winziges Pflaster auf die große Wunde, die das Kaninchen jedes Jahr der australischen Landwirtschaft und auch der ganzen australischen Natur schlägt.

12

Der Zoo über dem Hafen

Besuch im Tarongapark von Sydney

Sicher hat der Tarongapark, der Zoologische Garten von Sydney, die schönste Aussicht von allen Zoologischen Gärten der Welt. Allerdings ist das mit einigen Nachteilen verknüpft.

Sydney, 1788 gegründet, ist, nach europäischen Maßstäben gerechnet, eine junge Stadt. Es ist mit 2,3 Millionen Einwohnern zugleich die größte Stadt Australiens, wenngleich das südlicher und also kühler gelegene Melbourne jetzt in scharfem Wettbewerb mit ihm steht. Sydney, die Hauptstadt des australischen Staates New South Wales, bedeckt wohl von allen Großstädten der Erde die größte Bodenfläche, verglichen mit der Zahl seiner Einwohner. Das liegt an dem hügeligen, von vielen Schluchten wild zerrissenen Gelände und den großen Meeresbuchten Botany Bay und Port Jackson, die sich tief in das Land hineinfressen. Es ist ein Wunder, daß sich eine Riesenstadt auf so ungünstigem Gelände entwickelt hat; man kann so weit fahren wie von München nach Regensburg, und ist doch immer noch innerhalb der Stadtgrenzen von Sydney.

Schon 1880 wurde im Moorpark ein Zoologischer Garten errichtet, aber das Gelände erwies sich bald als zu klein. Und so eröffnete man am 24. April 1912 den neuen Tarongapark auf damals noch jungfräulichem Gelände gerade am Eingang zum Jackson-Hafen. Der Park war damals 17,2 ha groß und ist durch verschiedene Erweiterungen jetzt auf 28 ha angewachsen. Allerdings ist das herrlich gelegene Gelände stark hügelig und besteht zum großen Teil aus steilen Abhängen.

Man kann vom Stadtzentrum aus entweder über die riesige »harbour bridge«, die Hafenbrücke, mit ihren zehn nebeneinander herlaufenden Autofahrbahnen, ihren 1200 m Länge und 60 m Höhe über dem Wasser in den nördlichen Stadtteil fahren und so in etwa zwanzig Minuten zum Tarongapark kommen. Oder man kann sich dem Zoo vom Circular Square auf dem Fährboot zu Wasser nähern.

In jedem Fall überwältigt der Ausblick von diesem Zoo über die weite Wasserfläche des Hafens auf die vorbeifahrenden Ozeandampfer und auf das Häusermeer und die Wolkenkratzer der gegenüberliegenden Stadtteile von Sydney. Ähnlich schöne Aussichten, nur in viel bescheidenerem Maß, haben etwa der Zoo von Halle und der neue von Innsbruck. Aber in Sydney ergibt sich auch ein Nachteil aus der schönen Lage, weil die Tiergehege damit dem scharfen Wind vom Meer und von der weiten, offenen Hafenfläche ausgesetzt sind. So mußte man überall Zementschutzmauern errichten, denn schließlich wird es in Sydney im Winter recht kalt, die Temperaturen gehen nahe an den Nullpunkt. So kann man also die Affen und Elefanten oder andere Tiere nicht vor dem prächtigen Landschaftshintergrund sehen; der Fotograf muß schon irgendwo emporklettern, um beide zugleich ins Bild zu bekommen. Diese Schutzwände sind bei einem Spaziergang im Park etwas störend. Für die Tiere wirkt sich dieser Windschutz aber recht günstig aus. Sogar die Giraffen haben in einem nicht besonders großen, zementierten Gehege fleißig gezüchtet. Von einem Paar Giraffen sind bisher fünfzehn Kinder und Enkelkinder gezogen worden, die sich auf die übrigen Zoos Australiens verteilt haben. Auch Spitzmaulnashörner, Schimpansen, Thars und die meisten anderen der üblichen Zooinsassen haben sich gut vermehrt, von den verschiedenen Känguruharten ganz abgesehen.

Daß auch die Tierwelt anderer Erdteile gut vertreten ist, mag an der besonderen australischen Tierausfuhrpolitik liegen. Obwohl viele einheimische Arten nur unvollkommen Schutz genießen und zum Teil sehr bedroht sind, verbietet man recht streng sogar die Ausfuhr häufiger australischer Tiere und läßt sie nur im Austausch gegen andere Zootiere zu. So ist eine gewisse Monopolstellung geschaffen, und der Zoo Sydney konnte selbst Kostbarkeiten, wie weiße Nashörner, Gorillas oder ein Okapi, eintauschen (das allerdings aus veterinärpolizeilichen Gründen noch in den Vereinigten Staaten steht).

Ein Hauptverdienst an dem Aufbau des Tarongaparks hat zweifellos Sir Edward Hallstrom, der 1948 zum Direktor der Zoologischen Gesellschaft gewählt wurde und seit dem 25. 9. 1959 ihr Ehrenpräsident ist. Sir Hallstrom ist ein sehr wohlhabender Geschäftsmann, der viel Geld durch den Bau von Kühlschränken verdiente. Seine Mitarbeiter haben ihm schon zu Lebzeiten im Tarongapark ein Denkmal gesetzt.

Der Zoo Sydney hat im Jahr 1,2 Millionen Besucher, die sich die rund
4900 Tiere ansehen, darunter 900 Säugetiere, 2500 Vögel, 120 Reptilien
und 1400 Fische in einem kleinen Aquarium. Der Zoo beschäftigt über
hundert Angestellte.

Die guten Zuchterfolge bei Pflanzenessern sind sicher zum Teil darauf zurückzuführen, daß Sir Edward Hallstrom in eigenen landwirtschaftlichen Betrieben das Grünfutter anbaut. Während meiner Besuche
im Tarongapark bemerkte ich, daß zum Beispiel die Giraffen ständig
kurze grüne Grünluzerne von knapp Fingerlänge erhielten, also besonders eiweißreiches, frisches Junggrün. Da Giraffen ja in Baumwipfeln
weiden und dort kaum Nahrungswettbewerber haben, dürften sie sich
auch in Freiheit sehr wählerisch die besten und jüngsten Triebe aus-
suchen. Während ich mich im Zoo aufhielt, kam Sir Hallstrom gerade
aus den Vereinigten Staaten zurück, wo er ein ungewöhnliches Geschäft
getätigt hatte: zwei weiße Känguruhs, die er aus Liebhaberei auf seiner
Privatbesitzung züchtet, hatte er gegen das vollständige Skelett eines der
berühmten, ausgestorbenen Säbelzahntiger eingetauscht.

Die australische Tierwelt kann man im fünften Erdteil zum Teil in kleineren Tiergärten unter ansprechenderen, mehr natürlichen Verhältnissen bewundern, etwa im Healesvillepark bei Melbourne, wo man sogar Schnabeltiere unter Wasser sieht, Känguruhs und Emus im Kurieng-gai-Naturschutzpark (25 km vom Stadtkern Sydneys entfernt), Felsenwallabies im Zoo von Adelaide. Sehr sauber gehalten und mit viel Liebe gepflegt ist der Zoo von Perth, Westaustralien. Trotzdem besteht kein Zweifel, daß der Zoo von Sydney der führende Australiens ist und daß sich sein eigenwilliger Ehrenpräsident Sir Edward Hallstrom nicht nur um ihn, sondern um das Tiergartenwesen des ganzen Erdteiles große Verdienste erworben hat. Im übrigen wird die Zoogesellschaft Sydney seit 1959 von seinem Sohn John Edward Hallstrom geleitet.

Seite 256 oben: Der Wombat ist ein derber Bursche, der als einziges Beuteltier richtige Nagetierzähne hat. Vor zehn Millionen bis vor einer Million Jahren hat es in Australien Wombats gegeben, die bald so groß wie afrikanische Flußpferde waren.

Seite 256 unten: Dieses Bild wurde 1914 im Zoo Halle (Saale) aufgenommen. Denn bisher haben sich Wombats nur zweimal in Gefangenschaft fortgepflanzt. Die Öffnung des Bauchbeutels geht beim Wombat nach hinten, nicht, wie bei fast allen Beuteltieren, nach vorn. Daher sieht das Junge zwischen den Hinterbeinen der Mutter heraus. (Foto: R. Eisbein)

13

Das Tier mit dem
verkehrten Bauchbeutel

Von rauhhaarigen und weichhaarigen Wombats
Nacktnasen und Haarnasen
Bricht Hunden die Nase
Schwergewichte unter den australischen Beuteltieren
Affen tobten vergeblich

Wer vom Beutel der Beuteltiere spricht, denkt unwillkürlich an den der Känguruhs im Zoologischen Garten. Er sitzt am Bauch wie der Wäscheklammerbeutel bei der Hausfrau; das Junge sieht oft bequem heraus, wie menschliche Gaffer sich aus dem Hausfenster lehnen. Eigentlich kann ja bei einem Tier, das sich meistens aufrecht hält wie ein Mensch, die Bauchbeutelöffnung gar nicht anders als oben, nach dem Kopf zu, sein. Bei vielen Beuteltieren ist es jedoch ganz anders.

Deswegen war es recht überraschend, ja geradezu verblüffend, als im Zoologischen Garten Halle im April 1914 auf einmal ein kleiner Wombat unter dem Hinterteil der Mutter zwischen den Beinen nach rückwärts aus dem Beutel herausblickte. Das war meines Wissens überhaupt das erste Mal, daß die Zucht von Wombats in einem Tiergarten geglückt ist; 1931 hat es sich noch einmal in Whipsnade, England, wiederholt. Für den kleinen Wombat oder den Koala ist der erste Marsch des Lebens, von der Scheide der Mutter bis in den Bauchbeutel, sehr viel kürzer und weniger gefährlich als für ein neugeborenes Känguruhlein. Dafür kann wieder die Wombatmutter nicht so leicht den Beutel mit den Händen öffnen, mit dem Kopf hineinfahren, ihn säubern und »ausmisten«. Bei den Wombats sind überdies die Gliedmaßen viel zu ungeschickt dazu. Meistens haben grabende, in Erdgängen lebende Beuteltiere die Öffnung nach hinten. Der Vorteil ist einleuchtend: sonst würden sie beim Schaufeln sehr leicht den Sand hineinwerfen oder ihn gelegentlich beim Laufen auflöffeln. Der Koala, der auf Bäumen lebt, hat solche Sorgen nicht. Sein Beutel öffnet sich trotzdem nach hinten, aus anderen Gründen, die man erst sehr spät erkannt hat.

Die ersten Europäer, die Wombats zu sehen bekamen, zerbrachen sich über solche Fragen nicht den Kopf. Für sie waren es einfach »eine Art Wildschweine«, die sie schossen und aufaßen. Ihr Schiff, die »Sydney Cove«, war nämlich auf dem Wege nach Indien in der Bass-Straße, der Meerenge zwischen dem australischen Festland und Tasmanien, untergegangen. Sie hatten sich auf eine der vielen kleinen Inseln in dieser Meerenge gerettet. Diesen Seeleuten schmeckte das Fleisch der Wombats gut; als sie daher im Juli 1797 von der »Francis« gerettet und nach Sydney gebracht wurden, nahmen sie einen lebenden Wombat mit, den sie dem britischen Gouverneur Hunter schenkten. Ein Jahr später fuhren George Bass und Matthew Flinders nach dieser Meerenge und untersuchten die Inseln, auf denen sie sämtlich Wombats antrafen. Die beiden fanden wiederum, daß sie »wie kleine Bären« aussehen. Die ersten Siedler nannten sie gern »Dachse«, ihr Fleisch »Dachsschinken«. In einem Buch fand ich neulich die Behauptung, der Wombat sehe genau aus »wie ein großer Hamster«. Inzwischen hatten die neuen Siedler in Port Jackson, dem heutigen Sydney, entdeckt, daß es die gleichen Tiere auch dort im Hinterland gab. Aus der Sprache der Eingeborenen, die damals noch in dieser Gegend lebten, stammt übrigens der Name Wombat.

Entweder der Wombat, den die Schiffbrüchigen mitgebracht hatten, oder ein anderer, der bald danach von einer der Inseln in der Bass-Straße kam, wurde von dem Botaniker Brown lebend nach London gebracht. Das Tier lebte dort zwei Jahre im Hause des bekannten Chirurgieprofessors Clift vom Royal College of Surgeons, wo viele bekannte Anatomen seine Bekanntschaft machten, darunter der große Chirurg Everard Home. Dieser Wombat war recht freundlich zu Menschen, die ihn mochten, er richtete sich auf, legte seine Vorderfüße auf ihre Knie und schlief auf ihrem Schoß, wenn man ihn aufnahm. Sogar die Kinder durften ihn herumtragen. Wenn er biß, so tat er das nicht ernsthaft. Everard Home beschrieb 1808 seine Lebensgewohnheiten, die Leidenschaft zu graben, seine Unruhe während der Nacht, seine rein pflanzliche Lebensweise.

Über hundert Jahre später, im Jahre 1924, vermerkte Wood Jones, daß sich in dieser langen Zeit unser Wissen von der Lebensweise der Wombats nicht wesentlich vermehrt hätte. Zwar hatte man inzwischen nach der Mode der Zoologen im letzten Jahrhundert fleißig Skelette und Häute in die Museen geschickt und eine Menge verschiedener Wombatarten beschrieben. Heute wissen wir, daß diese Tiere je nach der Gegend, in der sie leben, in Größe und Färbung wechseln. Deswegen unterscheidet man jetzt in der Hauptsache nur zwei Arten (oder wenn man will auch Gattungen), und zwar einmal den rauhhaarigen, nacktnasigen Wombat *(Phascolomis ursinus)*, der im südöstlichen Australien, auf der Insel Tasmanien und auf Flinders Island in der Bass-Straße vorkommt. Er hat rundliche Ohren, einen haarlosen Nasenspiegel und kann gelblich, grau oder sogar schwarz in allen Schattierungen sein. Sein Haar ist borstig rauh, während der behaartnasige, weichhaarige Breitstirnwombat *(Lasiorhinus latifrons)* weiche Haare, spitzere Ohren und vorn auf der

Nur auf der schwarzen Fläche des Kontinents, auf den zwei umrandeten Inseln in der Bass-Straße und auf der großen Insel Tasmanien lebt der glattnasige Wombat

Nase kurze Haare hat. Er lebte früher in den hügeligen Gegenden des südöstlichen Queensland, wo er heute wohl ausgerottet ist, und kommt jetzt noch in der südlichen Hälfte des Staates Südaustralien vor. Bei diesen »Haarnasen« sind Kehle und Brust oft weiß, das übrige Haarkleid ist meist mit Grau, Schwarz und Braun gesprenkelt.

Den Siedlern waren die Wombats nicht nur als »Dachsschinken« willkommen, sondern sie ärgerten sich auch, daß die kräftigen Tiere ihnen Löcher in die Drahtzäune rissen und daß in den Wombatbauen die neu eingeführten Kaninchen, eine rechte Landplage, Schutz suchten. Mit diesen zusammen wurden die Wombats vergiftet und vergast. Außerdem kreidete man den derben Gesellen an, daß sich hin und wieder in ihren Bauen ein Pferd oder eine Kuh das Bein brach. Man schoß sie nicht nur, sondern fing sie auch lebend, indem man eine Kastenfalle genau vor den Eingang des Baues setzte. Nach ein paar Tagen Hungern saß der Wombat darin. Oder man grub genau an der Stelle, wo der Wombat sich ein Loch durch den Gartenzaun gearbeitet hatte, eine große Tonne in den Boden und legte oben locker ein Brett darauf, das dann herunterklappte. Der Staat Victoria hat den Wombat schon 1909 zum »Schäd-

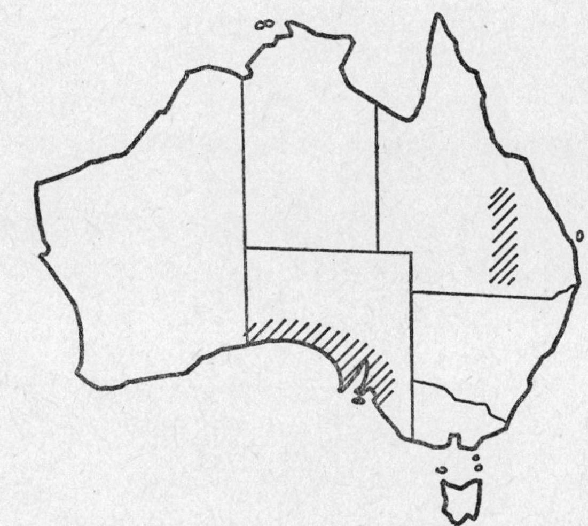

In den gestrichelten Gebieten kommen noch haarnasige Wombats vor

ling« erklärt. Noch 1963 wurden Prämien für 7814 getötete Wombats bezahlt.

An gefangenen oder geschossenen Wombats konnte man mit Staunen entdecken, daß sie ganz andere Zähne haben als alle übrigen Beuteltiere. Die Wombatzähne haben ähnlich wie die der Nagetiere keine richtigen Wurzeln, sondern wachsen zeitlebens nach, was wohl daran liegt, daß sie an harter Nahrung abgebraucht werden. Wie bei einem Biber sitzen vorn oben und unten je zwei große Nagezähne — mit Bibern sind die Wombats übrigens auch sehr häufig verglichen worden. Sozusagen sind sie »Beutelnagetiere«. Sie leben von Gras, Wurzeln, Rinde, auch von

Pilzen. Der Wombat, der ja nur einen kurzen Stummelschwanz hat, wird 70 bis 120 cm lang und 15 bis 27 kg schwer.

Obwohl manche Wombatbaue so weiträumig sein sollen, daß Kinder bis in den Nestkessel hineinkriechen können, ist so ein Versuch selbst Hunden nicht gerade zu empfehlen. Wombats, die man am Rücken faßt, schlagen gern plötzlich mit beiden Füßen sehr kräftig nach hinten aus. Ein Hund kann sie, da der Schwanz fehlt, im Bau schlecht fassen, und das Hinterteil hat eine so harte Haut, daß Hundezähne kaum durchdringen. Außerdem drücken die stämmigen, kräftigen, kleinen Kerle plötzlich den Hundekopf mit dem Rücken gegen die Seitenwand oder die Decke des Baues, indem sie die kurzen Beine gegen die andere Wand stemmen. Dabei kann eine Hundenase sogar gebrochen werden, auf jeden Fall tut es sehr weh. Auch Hände und Arme von Menschen, die einen Wombat herausziehen wollen, können auf diese Weise böse eingeklemmt werden.

Obwohl Wombats einzeln leben und sich nur zur Paarungszeit zusammenfinden, gehen ihre Baue doch oft ineinander über. Man fand einmal eine Kolonie, die achthundert Meter lang und sechzig Meter breit war. Ob die Insassen dann doch irgendeine Art geregeltes Gemeinschaftsleben führen, weiß man nicht. Auf jeden Fall sind oft neben den Eingängen flache Mulden, etwa an einem Baumstamm, in denen sich der Wombat über Mittag sonnt. Auf Tasmanien, wo die Tiere neuerdings nicht mehr sehr verfolgt werden, siedeln sie sich oft in der Sicht von Städten, mitunter dicht neben Straßen an. Allerdings bekommt man von diesen Nachttieren nicht viel zu sehen, und die meisten Menschen ahnen gar nicht, daß sie so dicht neben ihnen leben. Gern legen sich die Wombats feste, getretene Wege an, die oft kilometerlang sind.

Die Fischer auf King Island in der Bass-Straße hatten sich noch einen Spaß daraus gemacht, Wombats ganz wie Hunde als Haustiere zu halten. Diese zahm aufgezogenen Beutler gingen tagsüber in den Wald und kamen abends ins Haus zurück. Während aber George Bass 1798 sie noch zahlreich wildlebend auf allen Inseln in der nach ihm benannten

Meeresenge fand, waren sie schon neunzig Jahre später völlig ausgerottet. 1908 entdeckte dann der Zoologe Charles Barrett noch welche auf Flinders Island, als er mehrere Wochen dort zeltete. Diese Insel ist etwa fünfzig Kilometer lang und dreiundzwanzig Kilometer breit, sie hat Hügel von 300 bis 500 m Höhe. Auf ihr haben die rauhhaarigen Nacktnasen inzwischen sogar zugenommen.

Weil die Wombats sich mit dem Leben in Gefangenschaft so gut abfinden, hat man sie häufig nach Übersee in Zoologische Gärten geschickt, obwohl sie dort als Nachttiere nicht gerade sehr interessante Insassen sind. Im Londoner Zoo hat eine weichhaarige Haarnase siebzehn Jahre, eine rauhhaarige Nacktnase sogar 20 Jahre gelebt. Berühmt war »Wenda« im MacKenzie Sanctuary bei Melbourne, die frei in diesem Landschaftstiergarten umherlief und sich sogar von den Besuchern tragen ließ. Als 1910 ein Paar Wombats im neuen Zoo Rom eintraf, hatte das Männchen sein Weibchen auf der langen Schiffsreise ziemlich übel zerbissen — kein Wunder, wenn man weiß, daß die Tiere in Freiheit für sich leben und sich nur zur Paarung zusammenfinden. Ein Wärter vergaß zum Ärger des Direktors Dr. Knotterus-Meyer, die Tiere nachts im Stall mit Zementfußboden einzuschließen. So gruben sie sich im Auslauf unter dem Zaun durch und verschwanden. Das war im November. Sie lebten dann im angrenzenden Park der Villa Borghese, wo damals — und vielleicht sogar heute noch? — auch europäische Dachse hausten, ohne daß viele Menschen das ahnten. Es war für die Tiere von Vorteil, daß dieser Park über Nacht abgeschlossen wird. Erst im März des nächsten Jahres wurden die beiden Wombats von fremden Arbeitern wieder eingefangen, jeweils mit einem Fuß an einen Baum gebunden und dem Zoo gemeldet. So kamen die Ausreißer zurück.

Damals hielt man in Zoologischen Gärten noch gern Bodentiere, zum Beispiel Gürteltiere oder Schildkröten, im selben Gehege zusammen mit Affen. Das ist zweifellos kein sehr beneidenswertes Leben. Der Wombat ertrug im römischen Zoo die Paviane mit Gleichmut. »Bei den Fütterungen nahm der Wombat ruhig, besonnen und bestimmt seinen Platz mit den Affen zusammen ein und ließ sich gar nicht stören. Doch störte *er* bald, denn den Pavianen aß er augenscheinlich zu viel. Erst begannen sie die Augenbrauen hochzuziehen und zu kauen, als Zeichen beginnender Erregung, dann schlugen sie mit der Hand auf den Boden, gingen zurück, liefen gegen den Wombat mit drohender Miene vor, alles umsonst. Den rührte das ganze Theater nicht. Nun drückte einer sanft und kühn gegen des Wombats breite Denkerstirn, was diesen nur veranlaßte, nun erst recht vorzudrängen und unter leisem Fauchen ruhig weiterzuessen. Wohl hüteten sich die Affen dabei, seinen Zähnen zu nahe zu kommen, auch wenn sie nun dazu übergingen, am Wombat Mundraub zu verüben, ihm das Futter blitzartig schnell vor der Schnauze wegzustehlen. Dann konnte der Wombat auch fauchend vorspringen, natürlich ohne den gewandten Affen zu fassen. Schließlich endigte die Szene in einem furchtbaren Geschrei sämtlicher Paviane, die den Wombat mit Sand bombardierten, während er fauchend weiteraß und mit beiden Hinterbeinen zugleich ausschlug, wie ein Esel, und so auch Sand in die Luft warf. Zu Beißereien kam es jedoch nie. Denn wo soll man die dicke, pralle Schwarte des Wombats anfassen? Beine und Ohren sind da erst recht zu kurz dazu. Und der Wombat beißt zu gut.«

Als der Wombat später mit freundlicheren Tieren zusammenkam, ritten Hutaffen, aber auch Palmenroller gern auf ihm. Er ließ alles ruhig über sich ergehen. »Er hielt mit allen Tieren gut Freundschaft und schlief mit Affen, Zibetkatzen und Palmenrollern zusammen, wobei der Wombat den Ofen bildete.« Auch ein Wombat, der im Alter von sechs Monaten gefangen worden war und bei einer Dame in Bullallaba, Neusüdwales, lebte, legte sich im Garten Baue an, beschädigte aber die Pflanzen nicht. Er spielte gern, rollte sich herum, machte sich auf seinen Beinen groß und versuchte wie eine Ziege zu stoßen. Er lief mit den Kindern durch die Koppeln und kam ins Haus, wenn er hungrig war.

In Gefangenschaft haben sich manche Wombatpaare mit dem Zusammenleben abgefunden, wie zum Beispiel die weichhaarigen Haarnasen im Zoo Halle, die dort ein Kind bekamen — genau wie in ihrer Heimat, wo die Jungen auch zwischen April und Juni geboren werden und bis zum Dezember im Beutel der Mutter bleiben. »Oft schaute ein Fuß, vielleicht gleichzeitig ein Vorder- und ein Hinterfuß, aus der Beutelöffnung hervor. Die zarte Rosafärbung der Sohlen ließ erkennen, daß die Füße ihren Außendienst noch nicht aufgenommen hatten«, so schrieb damals Dr. W. Staudinger. »Etwa drei Wochen, nachdem das Junge zuerst beobachtet worden war, kam es dann ganz und gar zum Vorschein und lief für kurze Zeit neben der Mutter her, verschwand aber sofort wieder im Beutel, sobald ihm die Freiheit irgendwie unbehaglich wurde. Jetzt konnte man das etwa kaninchengroße Junge stets beobachten, sobald die Mutter die Höhle verließ; es schien nunmehr den Beutel gar nicht oder doch nur sehr selten aufzusuchen. Um Schutz zu finden, kroch es einfach unter die Mutter, welche es liebevoll zudeckte, wie die Henne ihr Küklein.«

So freundlich zu Menschen scheinen Wombats allerdings wohl — wie so viele andere Tiere — nur zu sein, solange sie jung sind. Als Harry Frauca so einen zahmen Hauswombat in einem großen Gehege aufnehmen wollte, ging das Tier plötzlich auf ihn los. Es stieß ein lautes Knurren aus und wuchtete seinen steinharten Kopf gegen das Bein des Fotografen, der davon rückwärts umgeworfen wurde. Der Wombat folgte ihm, griff nochmals an, biß durch die Gummistiefel, Hosen und die wollenen Socken noch drei Zentimeter tief in das rechte Bein und lief dann davon. Harry Frauca mußte acht Tage im Bett liegen.

Seite 269: So holt man heute Koalas mit Stangen und Schlingen von den Bäumen herab, steckt sie in Säcke und bringt sie in Gegenden von Australien, wo man sie in vergangenen Jahrzehnten sinnlos und grausam ausgerottet hat. Im Staat Victoria sind auf diese Weise über fünfzig neue Koalakolonien geschaffen worden.

Seite 270 oben: Der Beutelteufel (Sarcophilus harrisii) ist auf dem australischen Festland ausgestorben; er kommt nur noch auf der Insel Tasmanien vor. Beutelteufel sind die zweitgrößten Raubbeuteltiere.

Seite 270 unten: Das zweite eierlegende Säugetier, das Schnabeltier, trägt die Eier nicht in einer Bauchtasche herum. Das wäre im Wasser dem Brüten auch recht abträglich. Von allen Säugetieren brauchen die Schnabeltiere wohl, verglichen mit ihrem Eigengewicht, die meiste Nahrung.

14

Auf einer fernen Insel
wohnt der Teufel

Der Beutelteufel ist nicht so böse, wie man ihm nachsagt
Die Teufel waschen sich das Gesicht

Der Beutelteufel, welcher eine Reihe von Jahren bei uns im Frankfurter Zoo lebte, sang laut und ausdauernd, wenn man ihn darum bat. Man brauchte sich beim Saubermachen des Käfigs nur vor ihn hinzustellen und den richtigen Ton anzustimmen, dann fiel er ein und hielt das mit geöffnetem Mund eine ganze Weile durch. In ähnlicher Weise konnte ich übrigens früher meine Wölfe zum Singen veranlassen.

Dieser Beutelteufel war uns bald nach dem Krieg von einem italienischen Tierhändler geschenkt worden, als der Frankfurter Zoo ganz bombenzerstört war und nur sehr wenig Tiere hatte. Dem schwarzen kleinen Kerl war nämlich ein Hinterbein halb abgeschlagen, weswegen er wohl unverkäuflich war. Ich war damals trotzdem froh, ein so ungewöhnliches Tier zu bekommen. Seine Verkrüpplung sahen die Besucher kaum, denn tagsüber lag er meistens in einer Ecke. Beim Laufen störte ihn das fehlende Hinterbein nicht übermäßig, wie das oft bei vierfüßigen, nicht zu schweren Tieren ist. Dieser Beutelteufel, den ich noch in freundlicher Erinnerung habe, ist uns schließlich an einer bösen Vereiterung des Kiefers gestorben, die von einem schlechten Zahn ausgegangen war. Leider haben wir das erst später, nach seinem Tode bei der Sektion festgestellt, sonst hätten wir ihn wahrscheinlich durch eine Operation retten können. Am längsten hat ein Beutelteufel im Zoo von Basel gelebt: sechs Jahre und fünfzehn Tage.

Die Beutelteufel *(Sarcophilus harrisii)* haben ihren unliebenswürdigen Namen von den weißen Siedlern der Insel Tasmanien, südlich von Australien, bekommen, weil diese Tiere so bösartig und wütend sein sollen. Wenn man sie allerdings am Schwanz packt und hochhebt, kann man ihnen nicht übelnehmen, daß sie spucken, knurren, beißen und vor Wut schäumen. Die Mär von ihrem satanischen Wesen und ihrer ständig schlechten Laune stammt offensichtlich schon von dem Zoologen Harris, der die Tiere 1808 entdeckte und beschrieb: »Sie scheinen unzähmbar wild zu sein, beißen sehr und äußern zur selben Zeit ein lautes, bellendes Knurren.« Ein Pärchen, das er gefangenhielt, begann sich miteinander zu streiten, sobald es dunkel wurde (sie schliefen den ganzen Tag hindurch) und fuhr damit die ganze Nacht hindurch beinahe ohne Unterbrechung fort, wobei sie eine Art hohles Bellen ertönen ließen. Daß es hohl klang, war nicht erstaunlich, denn Harris hielt die armen Tiere »für eine Reihe von Monaten aneinandergekettet in einer Tonne!« Kein Wunder, daß Raubtiere dann verzweifelt und rasend werden. Kennzeichnend für die Einstellung Wildtieren gegenüber zur damaligen Zeit ist es, daß ihre Gefängniswärter die armen, hilflosen Wesen nicht nur derartig quälten, sondern das auch noch höchst unbekümmert zu Papier brachten.

Damals waren die schwarzen kleinen Raubtiere noch recht zahlreich in der Umgebung der tasmanischen Hauptstadt Hobart. Sie holten viel Geflügel und Kleintiere von den Häusern weg, lieferten aber ihrerseits willkommenes Frischfleisch für die Strafgefangenen, die dort lebten, weil man sie leicht mit Fleischködern fangen konnte. Dann verschwand allmählich der Busch immer mehr um die neue Siedlung, und mit ihm auch die Teufelchen in der Nähe der Häuser.

In den Zoologischen Gärten baut man wohl gitterlose große Freianlagen für Löwen, Tiger und geräumige Behausungen für Leoparden, aber schon Hyänen oder kleineren wilden Raubkatzen geht es wesentlich schlechter. Für so wenig auffällige Tiere wie Beutelteufel, die noch dazu tagsüber meistens schlafen, hat man im allgemeinen keine sehr prächtigen Behausungen übrig. Ganz danach ist auch ihr Benehmen; Beutelteufel werden meistens als mürrisch und langweilig beschrieben.

Bringt man aber einer Tierart etwas mehr Freundlichkeit und Interesse entgegen, dann zeigt sie sich oft von einer ganz anderen Seite. So hat eine Frau Mary Roberts, die Beutelteufel in Beaumaris auf Tasmanien hielt und züchtete, ihr Charakterbild geklärt. Die kleinen Teufel, die sie aufzog, waren reizend anhänglich, verspielt und lustig. Sogar wildgefangene erwachsene ließen sich so zähmen, daß man gut mit ihnen umgehen konnte. Die Tiere waren sehr sauber, liebten es, zu baden und sich zu sonnen. Sie brauchten die Vorderpfoten, um das Gesicht zu waschen, legten beide zu einer becherartigen Vertiefung zusammen, leckten sie gründlich und rieben sie dann über den Kopf. Ein Farmer auf Tasmanien machte zwei Beutelteufel so zahm, daß sie an der Leine gingen und er sie so bis nach Melbourne mitführen konnte.

Für Wasser haben diese dachsgroßen Tiere überhaupt viel übrig; verfolgt man sie, so gehen sie gern hinein, schwimmen untergetaucht weiter und kommen erst an einer anderen Stelle leise wieder empor, am liebsten unter einer Pflanzendecke.

In den Zoos haben Beutelteufel als Ausbrecher eine gewisse Berühmtheit. Dabei mögen ihnen die starken Zähne und die sehr kräftigen Kaumuskeln helfen. In Wien hatte ein neu angekommener schon in der ersten Nacht ein sehr kräftiges Stabgitter verbogen und war durch eine Öffnung von nur 7,5 cm Breite entkommen. Man fand ihn dann in einer acht Zentimeter breiten Spalte hinter einer Kiste festgeklemmt. Wenn ein Beutelteufel sich aufregt, werden seine sonst blassen Ohren allmählich immer röter.

Der Beutelteufel, von dem es nur eine einzige Art gibt, ist heute auf der Insel Tasmanien keineswegs sehr selten. Diese Insel ist mit 63 000 qkm etwa so groß wie Ceylon, aber kleiner als Irland (82 000 qkm). Die Insel Tasmanien ist nur durch die Bass-Straße vom australischen Festland getrennt. Diese ist mit 150 km etwa so breit wie die Straße von Sizilien zwischen Tunis und Sizilien; in der Bass-Straße liegen aber viele kleine Inseln. Trotzdem gibt es auf dem Festland keine Beutelteufel. Zwar ist dort einer 1912, etwa neunzig Kilometer von der Großstadt Melbourne entfernt, getötet worden, aber vermutlich war das ein Tier, das aus einem Zoo oder von einem privaten Liebhaber entkommen war. Knochenreste von ausgestorbenen Beutelteufeln hat man dagegen auf dem Festland wiederholt gefunden. Schon mehr zu denken gaben Schädel in den Küchenabfällen von Eingeborenen im Staat Victoria.

Hier und da wird deswegen behauptet, es müßten auch heute noch welche in sehr entlegenen Gegenden Australiens vorkommen. Daß sie auf dem Festland verschwunden sind, liegt sicher an der Ausbreitung der Dingos, der Wildhunde. Diese sind niemals nach Tasmanien gekommen.

Die Beutelteufel gehen vor allem nächtlich auf die Jagd, und zwar mit erhobenem Schwanz. Auch tote Tiere nehmen sie gern an und sind daher mit Ködern leicht zu fangen. Da sie nicht besonders schnell laufen, kann man sie auch mit Hunden oder zu Fuß einholen. Gegen Hunde setzen sie sich nicht selten vor einem Baumstamm oder einem Felsen zur Wehr. Der Fänger wirft ihnen dann seine Jacke oder eine Decke über, packt sie am Schwanz und steckt sie in einen Sack.

Die Beutelteufel paaren sich im April und Mai, also ausgangs des südlichen Sommers. Die Jungen kommen Ende Mai oder Anfang Juni zur Welt und sind zunächst nur 12 mm lang. Sieben Wochen später haben sie es in der Bauchtasche, die völlig geschlossen gehalten wird, auf 7 cm gebracht. Mit fünfzehn Wochen lassen die kleinen Teufel die Zitze fahren, die sie zunächst ständig mit dem Mund umschlossen halten; dann haben sie auch schon Haare, und die Augen sind offen. Ende September, im tasmanischen Frühling, sieht hier und da mal ein Bein oder der Schwanz aus der Tasche heraus. In Freiheit bauen Vater und Mutter in hohlen Stämmen, unter einem Felsen oder auch im Bau eines Wombats ein weich gepolstertes Nest und legen die Kinder dort ab. Sie haben niemals mehr als vier, denn die Mutter besitzt nur vier Zitzen. Kleine Beutelteufel säugen mindestens fünf Monate lang, sind nicht vor dem zweiten Lebensjahr selbst fortpflanzungsfähig und werden wohl sieben bis acht Jahre alt. Die Öffnung der Bauchtasche geht übrigens nach hinten. Die tasmanischen Beutelteufel stehen heute in ihrer Heimat unter gesetzlichem Schutz.

Außerhalb Tasmaniens scheinen Beutelteufel bisher nur einmal in Gefangenschaft Kinder bekommen zu haben, im Baseler Zoo. Bei einem Weibchen, das in der Nähe von Hobart in einer Rattenfalle gefangen worden war, sah knapp drei Wochen nach der Ankunft in Basel ein hellfleischfarbenes Schwänzchen aus dem Beutel. »Fünf Tage später waren es zwei. Das Weibchen war sehr angriffslustig und stellte sich am Gitter des Innenkäfigs hoch, um zu beißen, so daß man die Beutelöffnung gut sehen konnte. Nach vierzehn Tagen sah ich selbst zwei Hinterteile aus dem Beutel hängen und langsam hineinkriechen. Jetzt waren die Jungen schon gefärbt und etwas größer als eine Hausmaus. Zwei Tage später war der Beutel leer. In einer Ecke bewegte sich etwas unter einem Heuhäufchen. Deutlich war ein Maunzen hörbar, und das Weibchen stellte sich darüber. Leider war tags darauf alles still und nichts mehr von den Jungen festzustellen«, schreibt der Direktor Dr. E. Lang.

15

Unschuldige Pelzaustralier
starben zu Millionen

Beinahe wären die Koalabären ganz verschwunden
Sie schreien, wenn sie lebendig verbrennen
Statt Millionen nur noch Tausende
Vorverdaute Babynahrung
In London zog ein Seemann zwei aus dem Sack
Mehr Werbung für Australien als durch Informationsbüros

Im Februar 1952 schlenderte Herr Russell Brown von der Paramount-Filmgesellschaft in das Dienstzimmer einer guten Bekannten von mir, Mrs. Belle Benchley, die damals noch Direktorin des großen Zoologischen Gartens in San Diego, Kalifornien, war. Die Paramount wollte einen Film »Botany Bay« drehen, und dazu würden sie Koalas, australische Beutelbären, aus ihrer Heimat herüberholen.

Der Gegenstand des Filmes war aufregend genug, zum mindesten für ein so selbstbewußtes, aufblühendes Land wie Australien. Denn nach Botany Bay, unweit der heutigen Millionenstadt Sydney, hatte 1787 die britische Regierung eine ganze Flotte mit 750 Strafgefangenen auf dem Umweg über Brasilien geschickt, damit sie in dem neu entdeckten Erdteil eine Sträflingskolonie gründen sollten. Die Gefängnisse in England waren überfüllt, weil die unglaublich ungleiche Besitzverteilung die unteren Klassen geradezu in Straftaten trieb und weil man die Gefangenen nach der Unabhängigkeit Amerikas nicht mehr dorthin als Arbeiter verkaufen konnte. In England stand damals allein auf 160 verschiedene Vergehen die Todesstrafe, daher wurden sieben, vierzehn Jahre oder lebenslange Verschickung auch für kleinere Vergehen schnell ausgesprochen. Wie dann in wenigen Jahrzehnten aus den Sträflingskolonien blühende Staaten wurden, geht uns hier nur insoweit an, wie die Tiere davon betroffen wurden. Sie waren im wesentlichen die Leidtragenden.

Für Belle Benchley waren in dem Film natürlich die Koalas *(Phascalarctos cinereus)* aufregender als das Schicksal des Gouverneurs Arthur Phillip und seiner Verbannten. Denn Koalas zu besitzen, war seit langem ihr stiller Wunsch. Nicht *einer* lebte außerhalb Australiens in einem Zoologischen Garten. Und zwar aus zwei Gründen.

Seite 279: Bei einer Kragenechse (Chlamydosaurus kingii), deren Kopf und Rumpf zusammen nur zwanzig Zentimeter lang sind, kann der ausgespannte Halskragen beinahe ebenso breit sein. Bei Gefahr spannt das Tier die Muskeln, die vom Zungenbein aus wie die Speichen eines Regenschirmes die Halskrause durchziehen. Wie ein Regenschirm spannt sich die große Hautfalte senkrecht vom Hals ab. Für den Gegner sind Kopf und Mund auf einmal vielfach vergrößert.

278

KOALAS CROSS HERE
AT NIGHT

Der erste war das strenge Verbot der australischen Regierung, Koalas auszuführen. Das ereingnet sich immer wieder auch in anderen noch ursprünglichen Ländern: man glaubt, mit einem Verbot, lebende Tiere aus dem Lande zu bringen, etwas für ihren Fortbestand getan zu haben. Nur bei ganz wenigen, wie zum Beispiel dem Orang-Utang, trifft das zu; durch die unsicheren politischen Verhältnisse in der Heimat dieses Menschenaffen und die primitive Art, ihn zu fangen und zu transportieren, wird er tatsächlich von der Nachfrage aus Zoologischen Gärten bedroht. In Kenya aber beklagte die Jagdverwaltung, daß sie 1963 235 Tiere für Zoos hätte ausfühlen lassen müssen – während sie gleichzeitig gegen achttausend Schußlizenzen allein an Ausländer erteilt hatte.

In Australien gab es noch vor hundert Jahren Millionen der niedlichen kleinen Teddybären. Es war damals ein beliebter »Spaß« für junge Leute, Koalas zu schießen, denn sie waren ein leichtes Ziel in den lichten Wipfeln der Eukalyptusbäume. Meistens braucht man zwar mehrere Schüsse, da sie recht zählebig sind. Allerdings ist diese Art Sport nichts für zarte Gemüter, denn die verwundeten Tiere schreien oft laut, und das erinnert peinlich an das Weinen eines hilflosen Menschenkindes. Außerdem halten die Teddybären sich auch noch, wenn sie schon halb tot sind, krampfhaft an den Ästen fest, und sei es nur mit einem Bein oder einem Fuß. Ihre Hände sind besonders gut darauf eingerichtet. An den Füßen haben sie einen richtigen, abstellbaren Daumen, so daß sie um einen Ast herumfassen können; an den Händen haben sie sogar zwei Daumen. Nicht nur der erste Finger kann abgestellt werden, sondern auch der zweite, unser Zeigefinger, so daß drei Finger auf der einen und zwei auf der anderen Seite des Astes herumgreifen.

Die kleinen Kerle schreien ärgerlicherweise auch, wenn sie lebendig verbrennen. Und verbrannt sind Millionen von ihnen, auch heute verbrennen noch genug Koalas. Das liegt an der australischen Sitte, den Wald jedes Jahr anzuzünden. Er wird dadurch nicht unbedingt zerstört wie die Nadelwälder in Kanada oder Europa. Das geschieht nur, wenn man vorher die Bäume »geringelt«, also ringsherum die Rinde durchtrennt hat, damit der Saft nicht mehr nach oben steigen kann und der Baum verdorrt. Auch das wird immer wieder in großen Bezirken gemacht, um Weide für noch mehr Schafe zu bekommen. Sonst stehen wohl die Eukalyptusbäume in den lichten Wäldern, sobald das Feuer sie erreicht, im Augenblick von der Wurzel bis zur Spitze in Flammen, sie explodieren förmlich. Die locker an den Stämmen und Ästen hängende Borke, welche jedes Jahr abgestoßen wird, ist nämlich sehr leicht brennbar, und das Feuer schießt geradezu am Stamm empor. Das ist ein prächtiger Anblick, so ein brennender hoher Baum. Die meisten Bäume treiben wieder aus, denn die verbrannte Borke war ja tot. Ich bin zwischen solchen Waldfeuern umhergegangen, um zu erleben, wie sich immer wieder ein neuer Baum in Sekundenschnelle in eine hohe Fackelsäule verwandelte. Aber natürlich kommen viele Kleintiere um, die auf den Bäumen leben, besonders wenn sie sich so langsam bewegen wie die Koalas.

Selbst diese Brände hätten ihnen noch nicht den Garaus gemacht. Schlimmer war es für die niedlichen kleinen Beutelbären, daß sie ein so schön silberhellgraues, weiches und auch dauerhaftes Fell haben. Im Jahr 1908 gingen 57 533 solcher Felle allein über den Markt von Sydney. 1924 wurden über zwei Millionen aus den Staaten Ostaustraliens ausgeführt. Damals hatten als erste die Vereinigten Staaten ein Einsehen: sie verboten die Einfuhr von Koalafellen. Als die hübschen Bärchen 1927 durch Ausrottung und Krankheit bereits in den Staaten Neusüdwales und Victoria so gut wie verschwunden waren, erklärte Queensland, der letzte Staat, in dem es noch etwas größere Mengen von ihnen gab, »freies Jagen«. Er gab allein in diesem einen Jahr zehntausend

Lizenzen für Jäger aus. Sechshunderttausend Felle der Unschuldigen wurden ausgeführt. Der Australier Ellis Troughton schreibt: »Es scheint einfach unglaublich, daß in einem zivilisierten Gemeinwesen solch ein harmloses einheimisches Tier so unbarmherzig nur für selbstsüchtigen Handel und Gewinn geschlachtet worden ist.« Noch in den Jahren 1887 bis 1889 und 1900 bis 1903 hatten große Seuchen unter den Millionen von Koalas gewütet, sie starben an Augenkrankheiten und einer Knochenhautentzündung des Schädels, auch an Nierenentzündungen und Eingeweideschmarotzern. Eine Massenbevölkerung kann so etwas vertragen. Sind die Tiere aber so selten geworden, dann kann ein neuer Seuchenzug sie leicht ganz auslöschen.

In den dreißiger Jahren wurden endlich die Herzen der Australier für die letzten dieser hilflosen und niedlichen Tiere gerührt. Man kann sie so leicht in Freiheit beobachten, im Gegensatz zu vielen anderen wilden Tieren, denn sie hausen im trockenen, offenen Wald und in der Baumsteppe. Geht man dort nachts durch — auch im wildesten australischen Busch gibt es keine gefährlichen Tiere —, dann kann man sie zumindest an der Stimme leicht finden. In der Paarungszeit sind die Männchen nämlich in der Nacht recht laut, ihre Stimme klingt, als ob man mit einer Handsäge ein dünnes Brett durchsägt. Nur der Riesenflugbeutler benimmt sich ähnlich geräuschvoll. Leuchtet man die Tiere mit dem Scheinwerfer an, so stört sie das gar nicht, wie sich überhaupt Koalas auch bei Tag kaum um Menschen kümmern. Meistens sehen sie ebenso interessiert vom Baum herunter wie wir zu ihnen hinauf. Deswegen haben die Eingeborenen sie früher getötet, indem sie Keulen nach ihnen schleuderten.

Nachdem die Australier also entdeckt hatten, daß die lebenden Koalas mindestens so hübsch und wertvoll waren wie die Felle der toten, haben sie sie unter Schutz gestellt. Sie kommen jetzt nur noch im Osten des Erdteils vor, etwa südlich von der Küstenstadt Townsville beginnend, dann herunter in Queensland bis nach Melbourne in Neusüdwales. Nach dem Inneren zu gehen sie bis an die Westhänge des Great Dividing Range. In Südaustralien und Westaustralien gibt es keine mehr. Auch in

Queensland ist ihre Zahl von Millionen auf Tausende zurückgegangen. In den letzten Jahrzehnten bemüht man sich im Staat Victoria, wieder Koalas in den Wäldern anzusiedeln. Die meisten von ihnen stammen von der Phillipinsel, wo man schon besonders geschickte Fangweisen für sie gefunden hat.

Mit Hilfe einer langen Stange wird dem Koala im Baumwipfel eine Schlinge über den Hals gestreift, die aber durch einen Knoten so blockiert ist, daß sie ihm nicht ganz die Luft abschnüren kann. Mit Hilfe dieses

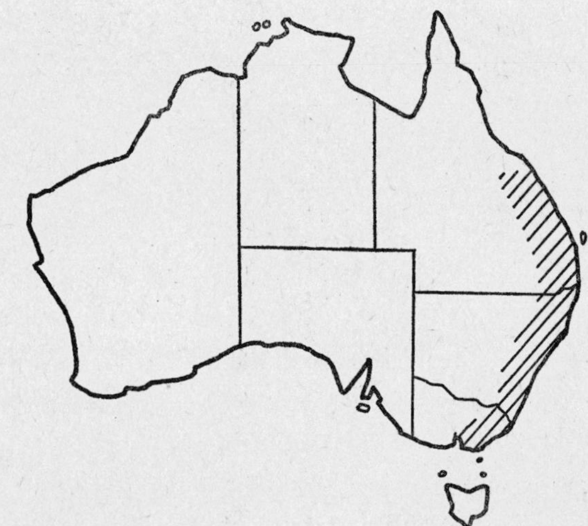

Der Koala lebt heute nur noch in den Gebieten Australiens, die hier gestrichelt sind (nach Basil Marlow)

Lassos zerrt man ihn mit Gewalt von seinem Ast ab, hält aber unten ein Feuerwehrsprungtuch auf, so daß er sich beim Fall aus der großen Höhe nicht weh tut. Der schwerste Koala, den man auf Phillip's Island gefangen hat, wog sechzehn Kilo. Inzwischen hat man in Victoria an über fünfzig Stellen Koalas wieder neu angesiedelt. Aber immer wenn die Wildwarte ihre Pfleglinge zu solch einem Wiederbesiedlungsplatz bringen, halten sie unterwegs an jeder Schule an, machen ihre Kästen auf und zeigen den Kindern, wie hübsch und harmlos diese australischen Wappentiere sind. Das ist der beste Weg, um zu verhindern, daß sie in Freiheit sofort wieder abgeknallt werden. Denn Schießprügel sind leider in Australien in jedermanns Hand. So kann man seit einiger Zeit von einem »come back« der Koalas in ihrer Heimat sprechen.

Gar so schnell geht das nicht, denn Koalas haben es mit der Vermehrung nicht sehr eilig. Sie werden vermutlich erst mit drei bis vier Jahren geschlechtsreif. Tüchtige Männchen haben dann einen kleinen Harem, den sie eifersüchtig bewachen. Die Schwangerschaft dauert 25 bis 30 Tage, das Junge ist bei der Geburt nur $5^{1}/_{2}$ g schwer und bleibt zunächst sechs Monate in der Bauchtasche der Mutter. Sie hat immer nur ein Kind, Zwillinge sind äußerst selten. Mehr können es gar nicht sein, denn es sind nur zwei Zitzen in ihrer Bauchtasche.

Das ist alles noch nicht besonders aufregend. Koalas aber sind so ausschließlich und allein auf eine Nahrung eingestellt, wie wir es sonst bei Säugetieren nicht kennen. Zunächst einmal sind sie reine Pflanzenesser, und zwar verzehren sie nur Blätter. Weil das kein leicht zu verdauendes Gericht ist, hat so ein Koala erstens Backentaschen und zweitens einen Blinddarm von 1,8 bis 2,5 m Länge. Der Blinddarm dient ja bei vielen Tieren, zum Beispiel bei Hühnern — die gleich zwei große davon haben — und beim Pferd, zum Verdauen der Rohfaser. Da der Koala nur 60 bis 85 cm lang ist, hat sein Blinddarm also die drei- bis vierfache Länge seines Körpers.

Solche Nur-Blätter-Esser gibt es auch in anderen Tiergruppen, etwa bei den Affen. Koalas verspeisen aber nicht Blätter schlechthin, sondern nur solche von Eukalyptus- oder »Gummibäumen«. Davon gibt es in Australien 350 verschiedene Arten. Für die Ernährung der Koalas kommen jedoch nur gut zwanzig davon in Frage, und sie bevorzugen nur fünf. Am beliebtesten ist der Manna- oder Zuckergummibaum *(Eucalyptus viminalis)*, ferner der Gefleckte *(E. maculata)* und der Rötliche *(E. rostrata)*. Ein Koala kaut gemächlich am Tag zweieinhalb Pfund solcher Blätter. Dabei gibt es noch örtliche Lieblingsgerichte. Als man zwei Koalas aus dem südlichen Staat Victoria in einen kleinen Tierpark bei Brisbane in Queensland brachte, rührten sie die »blauen« und »grauen« Gummibaumblätter nicht an, welche sich die Queensland-Koalas dort schmecken ließen. Man mußte sechs Monate lang mit der Eisenbahn Mannabaumblätter von Victoria nach Brisbane schicken, bis sie sich endlich an die Nahrung der anderen Zooinsassen gewöhnt hatten.

Doch damit noch nicht genug: auch wenn die Koalas auf einem Mannabaum sitzen, den sie so sehr lieben, sind sie wählerisch. Sie lassen oft Büschel von Blättern unberührt und langen dafür nach dem nächsten. Das hat seine guten Gründe, wie man erst viel später herausgefunden hat. Sicher können Sie sich aber schon jetzt vorstellen, wie schwer es ist, Koalas in Zoologischen Gärten am Leben zu erhalten.

Herrn Ambrose Prett, dem Präsidenten der Zoologischen Gesellschaft in Victoria, war aufgefallen, daß im Zoo von Melbourne scheinbar ganz gesunde und vergnügte Koalas am nächsten Tage tot waren. Keinerlei ärztliche Behandlung half, und auch in den toten Tieren war kaum etwas festzustellen. Zu Hilfe kam ihm, daß sich zufällig zur selben Zeit die Chemiker und Pharmazeuten für die Eukalyptusblätter zu interessieren begannen. Dabei kam heraus, daß der Lieblingsbaum der Koalas, der Mannabaum, zeitweise Blausäure in seinen Blättern und Trieben erzeugt. Im Winter mehr als im Sommer, und in jungen Blättern und Trieben mehr als in ausgereiften. In der Freiheit wechseln die Koalas dann auf andere Eukalyptusbäume über und vermeiden gerade die jungen Sprossen. Wenn man ihnen in der Gefangenschaft nichts anderes vorlegt, und oft in bester Absicht gerade die zartesten und saftigsten jungen Triebe, nehmen die Bärchen sie schließlich doch auf. Manche der untersuchten Proben enthielten jedoch 0,09 v. H. Blausäure. Das ist eine unglaubliche Menge. 25 g von solchen Blättern töten bereits ein Schaf. Die Tierpfleger hatten ihre Koalas also geradewegs zum Selbstmord gezwungen.

In den meisten Gummibaumblättern sind auch noch Stoffe enthalten, die in anderer Hinsicht für den Koala wichtig sind, besonders das Cineol und das Phellandren. Das erste setzt Blutdruck und Körpertemperatur herab und macht die Muskeln schlaff; nimmt man zu viel davon auf, so steht die Atmung still. Das Phellandren scheint die Körperwärme zu erhöhen. Die im warmen Norden von Queensland lebenden kleineren Koalas meiden, so glaubt man gefunden zu haben, die phellandrenhaltigen Eukalyptusarten und ziehen welche vor, die Cineol enthalten. Der größere Koala aus dem kühleren Süden von Australien kaut wieder die Gummiblätterarten, in denen es umgekehrt ist.

Es ist also eine wahre Wissenschaft, gefangengehaltenen Koalas das richtige Menü zu bereiten. Eigentlich kann man sich nur dadurch helfen, daß man ihnen stets Blätterzweige von verschiedenen Gummibäumen vorlegt und sie die Auswahl selber treffen läßt. Das ist der Grund, warum man noch nie auf dem europäischen Festland lebende Zoo-Koalas zu sehen bekommen hat. Woher soll bei uns diese ständige Auswahl frischer Blätter von tropischen Eukalyptusbäumen in solchen Mengen kommen?

Die Koalas sind von den ätherischen Ölen, die in den Blättern stecken, so »durchtränkt«, daß sie wie Hustenbonbons riechen. Vielleicht findet man auch darum kein Ungeziefer in ihrem schönen, weichen Fell. Im Jahr 1933 hat dann Keith Minchin in einer »Koalafarm« bei Adelaide in Südaustralien durch Zufall entdeckt, auf wie seltsame, ja unappetitliche Weise Koalakinder von ihren Müttern entwöhnt werden. Eine Koalafrau, die etwa zwanzig Jahre alt wird, bekommt nur jedes zweite Jahr ein Kind und schleppt es noch das ganze erste Lebensjahr auf dem Rücken herum. Eines der Koalaweibchen, dessen Kind noch im Beutel saß und erst vor fünf Wochen zum erstenmal den Kopf herausgesteckt hatte, saß eines Tages zusammengekauert in einer Astgabel. Aus dem nach hinten offenen Beutel sahen nur Kopf und Arme des Jungen hervor. Sein Gesicht war mit gelbgrünlichem Schleim verschmiert. Das Kind zwängte seine Nase in den After der Mutter, versuchte die Öffnung mit den Händen zu erweitern und verzehrte gierig den Inhalt des Darmes. Auch die Mutter war in der After- und Beutelgegend gelbgrün verschmutzt. Obwohl ihr der Vorgang sichtlich unangenehm war, wehrte sie sich nicht dagegen. Das Junge trieb das etwa eine Stunde lang. Was es aß, war vorverdautes Gummilaub, das keineswegs an Durchfall erinnerte. Weil normaler, frischer Kot darunter auf dem Boden lag, sah es aus, als ob der untere Teil des mütterlichen Darmes so weit entleert worden war, um den halb verdauten Inhalt aus dem oberen Teil rasch durchschleusen zu können. Vielleicht wird auch der Inhalt des Blinddarmes getrennt entleert? Offensichtlich handelt es sich um eine Art Übergangsnahrung, wenn der kleine Koala nicht mehr allein von Milch leben soll, für die harte Blätterkost aber noch zu schwach ist.

Das Junge bekam etwa einen Monat lang jeden zweiten oder dritten Tag in dieser Form Futter aus dem Leib der Mutter, und zwar für gewöhnlich zwischen 15 und 16 Uhr. Vielleicht hat es auch noch während der Nacht gegessen.

Das erklärt auch, warum bei den Koalas die Öffnung des Beutels nicht wie bei den Känguruhs nach vorn, nach dem Kopf zu zeigt, sondern nach hinten, dem After. Bei den Wombats ist das wohl so, damit sie als Grabtiere keine Erde hineinschaufeln. Für die baumkletternden Koalas hatte man bis dahin die Öffnung des Beutels nach unten nicht erklären können. Keith Minchin hat gesehen, wie fünfzehn andere Koalajunge ebenso entwöhnt wurden. Ging das in einer Jahreszeit vor sich, in der es viel junge, zarte Blätter gab, war die Abgewöhnung kürzer.

Von klein an einzeln aufgezogene Koalas können sich sehr an Menschen gewöhnen. Bekannt geworden ist der vielgereiste »Teddy«, der im Alter von drei Monaten zu dem Ehepaar Faulkner im nördlichen Queensland gebracht wurde, in ein Stück Fell eingewickelt. Dieses kleine, weibliche Tierchen weinte die ersten Nächte hindurch und mußte ständig getröstet werden, bis die Zieheltern ein Koalafell um ein Kissen banden. Mit dieser künstlichen Ersatzmutter war das Kleine zufrieden, wenn es allein gelassen wurde. Zuerst bekam es Kuhmilch, die es wie ein Kätzchen langsam aufschleckte, später frische blaue Eukalyptusblätter. Schon vier Wochen später reiste es nach Westaustralien und schlief dabei in seinem Körbchen gern in den Armen eines großen Spielzeug-

Teddybären. In Westaustralien verzehrte es die Blätter von bestimmten Eukalyptusarten, die sicher früher einmal die Nahrung der dort ausgerotteten Koalas gewesen sind. Das Tier bekam außerdem etwas Milch und einige kleine Pfefferminzpastillen. Man sah es häufig Erde oder kleine Steinchen aufnehmen. Es lebte zwölf Jahre, was wahrscheinlich bisher die längste Lebensdauer eines gefangengehaltenen Koalas ist.

Haben sich Beutelbären erst einmal an Menschen gewöhnt, so wollen sie nicht gern allein bleiben; sie lieben es, herumgetragen zu werden, und zeigen gar nicht das Bestreben wegzulaufen. Sie sind auch, für Beuteltiere, geistig erstaunlich regsam. Ein Spiegel interessierte einen Beutelbären ungemein, er ging auch dahinter, um zu sehen, wo der andere eigentlich steckte.

Zur Zeit ist es in Australien Privatleuten verboten, Koalas zu halten. In Büchern findet man stets zu lesen, daß »Koala« in einer Eingeborenensprache ursprünglich »trinkt nicht« heißt. Gefangengehaltene Koalas nehmen jedoch so gut wie alle Milch und Wasser auf, sie schlappen es wie Hunde.

Weder der Entdecker Kapitän Cook hatte 1770 Koalas gesehen, noch fielen sie den ersten Sträflingssiedlern in Sydney auf. Erst 1798 berichtete ein junger Mann, der eine Expedition in die Blauen Berge westlich von Sydney machte, über »ein anderes Tier, das die Eingeborenen Cullwine nennen und das an die Faultiere in Amerika erinnert«. 1802 handelte dann ein interessierter junger französischer Forscher, Ensign F. Barallier, gegen Speere und ein Tomahawk von den Eingeborenen »Teile eines Affen ein, den sie ›Colo‹ nannten«. Leider bekam er nur die Füße, die er in einer Flasche Cognac dem Gouverneur schickte. Schon ein Jahr später gelangte eine lebendige Koalamutter, sogar mit Zwillingen, nach Sydney zu seiner Exzellenz, dem Gouverneur King.

Wohl weil man sich sehr schnell über die Schwierigkeiten klargeworden war, die Tiere außerhalb Australiens zu ernähren, kam der erste lebende Koala erst sehr viel später nach Europa. Der Zoo London kaufte ihn »von einem Händler« am 28. April 1880. Es muß ein besonders zäher kleiner Bursche gewesen sein, denn erst wurde er mit trockenen Eukalyptusblättern gefüttert, die aus Australien mitgekommen waren, und später gab man ihm dann frische Blätter. Kaum zu glauben, daß er dabei vierzehn Monate am Leben blieb. Auch dann kam er nur um, weil er im Zimmer des Direktors frei umherlief und versehentlich mit dem Kopf unter den schweren Deckel des Waschtisches geriet.

Spätere Versuche des Londoner Zoos waren weniger glücklich. Als 1908 der Kurator des Aquariums Koalas mit dem Schiff hinbringen wollte, verweigerten sie die Nahrung, nachdem die mitgenommenen Eukalyptusblätter welk geworden waren. Brot, Milch und Honig nahmen sie weiter, und mit größtem Vergnügen Eukalyptus-Hustenbonbons. Aber schon auf dem Wege erkälteten sich die Tiere und starben, als das Schiff in Kaltwetterzonen geriet.

Auch ein Koala, der im Oktober 1920 im Zoo von New York ankam, lebte nur fünf Tage. So ähnlich erging es all den wenigen Koalas, die in diesen Jahrzehnten in großen Abständen aus Australien über das Meer gebracht wurden.

Im Dezember 1927 kam eines Vormittags in das Geschäftszimmer des Londoner Zoos ein Seemann, der einen Sack in der Hand hielt. Er öffnete ihn über dem Schreibtisch des Rechnungsführers, und zu aller Erstaunen kamen zwei hübsche, quicklebendige kleine Koalas heraus. Beide waren sehr zahm, einer kletterte auf die Schulter des Seemanns, blieb da sitzen und spielte mit seinen Haaren.

Der Schiffer hatte, so erzählte er, die Bärchen »eben mit nach Hause gebracht.« Futter? Ah, ja natürlich, damit hatte es keine Schwierigkeiten gegeben. Er hatte seinen beiden Pfleglingen frische Gummiblätter gegeben, die er im Kühlraum des Schiffes frisch gehalten hatte. Er wollte nur fragen, möchte der Zoo sie kaufen? Die Antwort war natürlich ja, diese seltene Gelegenheit wollte man sich nicht entgehen lassen. So wurden die Koalas »über den Ladentisch« gekauft.

Zum Unglück war der mitgebrachte Vorrat von Eukalyptusblättern zu Ende. Die Koalas wurden dem Publikum gezeigt, und Hilferufe nach Eukalyptusblättern gingen durch die Zeitungen. Ein kleiner Vorrat kam aus einem Botanischen Garten in der Provinz, aber das war nicht genug, um den Bedarf der Koalas zu decken. Dann wurde es noch kälter, und die Nachfuhr blieb ganz aus. Schon nach vier Wochen waren die beiden entzückenden Tierchen tot, wenn auch ungezählte Londoner sie bis dahin besichtigt hatten.

Nach diesen Erfahrungen mit »deportierten« Koalas mag verblüffen, daß Mrs. Benchley im Zoo von San Diego so begeistert war, als ihr die Filmleute im Winter 1952 Koalas aus Australien ankündigten. Aber die Tiergärten in Kalifornien sind dabei in weit glücklicherer Lage als wir in Europa. Besonders gilt das für den Zoo von San Diego. Dort hatte man nämlich schon seit 28 Jahren die Eukalyptusbäume, von denen die Koalas leben, gepflanzt, gepflegt und wieder neue gepflanzt. Sie gehören zu einem Teil des Gartens, in dem vorwiegend die australische Pflanzenwelt angesiedelt ist. Sie kommt ja in dem halbtrockenen Kalifornien, das dem Klima Australiens sehr ähnelt, ganz besonders gut fort. Deswegen hatte bereits 1925 einer von zwei Koalas, die der damalige Direktor Faulconer selbst von einer Australienreise mitgebracht hatte, immerhin zwei Jahre gelebt. Nach dem Tod dieses Tieres fand man vertrocknete Blätter im Blinddarm. Aber inzwischen war ja eine viel größere Auswahl von Gummibäumen herangewachsen.

Und so kamen dann bald acht Koalas, vier Männchen und vier Weibchen, im Zoo von San Diego an. Diesmal lebten zwei Männchen davon fünf Jahre, ein Weibchen sogar beinahe sieben Jahre. Im April 1959 reisten nochmals je drei Beutelbären in die Zoos von San Diego und San Francisco; in jeder Gruppe war ein Weibchen, das ein Junges im Bauchbeutel trug. In beiden Zoos wurden später sogar junge Koalas gezüchtet.

Es gibt wohl keine amerikanische Tageszeitung und kein Magazin, das diese »fotogenen« Tiere nicht mehrfach abgebildet hätte. Sie waren und sind immer noch ständige Fernsehstars. Weil sie so bedächtig und freundlich sind, weil sie beinahe zum Liebkosen und Gedrücktwerden herausfordern, haben sie im Unterbewußtsein von Millionen Amerikanern mehr für Australien geworben, als das Generalkonsulate, Informationsbüros und Werbeprospekte hätten tun können.

Zum Glück wissen die Australier inzwischen endlich auch selbst, was für Schätze sie in diesen freundlichen Bärchen haben, die sie einst beinahe ausgerottet hätten.

INHALTSVERZEICHNIS

BILDNACHWEIS

Farbbilder sind in *Kursiv*schrift angegeben.

Alan Root (Grzimek): *Titel,* 17 unten, *29,* 30 unten, 39 oben, 39 unten, *40 oben,*
40 unten, 45 unten, 46/47, 48, 53, 54, 63, 64, 81, 82, *89 unten,*
90 oben, 90 unten, 99 oben, 99 unten, 105, *107,* 108 oben,
108 unten, *117,* 118/119, *120 oben, 120 unten, 125,* 126, 135
unten, *136 oben, 136 unten,* 141, 142/143, 144 oben und unten,
154/155, 162 unten, 171, 172 oben und unten, 181, 182, 191,
192, 217 unten, 218 oben und unten, 228, 237 unten, 238/239,
253 oben und unten, *254/255,* 256 oben, 269, *270 oben und*
unten, 279.

Bernhard Grzimek: Seite 17 oben, *18/19,* 21, 30 oben, 45 oben, 69 oben, 70/71,
72 oben, 72 unten, 80 oben, 83, *89 oben, 100, 106, 153, 155,*
161 unten, 162 oben, 217 oben, 240 unten, 280 oben, 280 unten,
hinteres Umschlagbild.

Andere Bildurheber: Seite 53 unten rechts: Chicago Natural History Museum.
Seite 96 unten: Smithsonian Institution.
Seite 81 unten: J. B. Sharman, E. Slater, Canberra.
Seite 135 oben: Sten Bergmann, Stockholm.
Seite 227: W. Jones, Brisbane.
Seite 237 oben und 240 oben: Countrylife Newspaper Sidney.
Seite 256 unten: R. Eisbein.

7 – 1 – 10 – 2 – 2